臨床心理学 18-2（通巻104号）

［特集］発達的視点を活かす

1　総論：発達的視点とは
発達的視点を活かす——マクロな発達とミクロな発達 …………………… 森岡正芳　133
精神発達をどう捉えるか ………………………………………………………… 滝川一廣　138
体験としての発達と障害——当事者研究から ………………………………… 熊谷晋一郎　143

2　支援の場での発達的理解の基本
発達の遅れとは何か——知的障碍の場所からの理解 ………………………… 宮内眞治　149
DSMにおける発達的視点——神経生物学の知見と心理支援をつなぐ ……… 黒木俊秀　153
アタッチメントと神経科学——子どもの心の発達を支えるもの …………… 鵜飼奈津子　158
育ち育てられる関係発達の視点 ………………………………………………… 大倉得史　164
発達系への血の通った理解 ……………………………………………………… 老松克博　169

3　発達的視点が活きる現場
発達検査でわかることと検査者を鼓舞するもの——新版K式発達検査2001を通して …… 川畑　隆　174
療育現場での発達支援 …………………………………………………………… 古田直樹　178
バウムに発達を読む ……………………………………………………………… 中島ナオミ　182
情動発達支援——ASDへの自然感情チューニング …………………………… 須田　治　189
小児科臨床での心理支援——育て直しを考える ……………………………… 井原成男　193
キンダーカウンセリングで発達的視点が活きる——子どもの語りを聴くことについて …… 森岡理恵子　198
自我体験の発達と危機 …………………………………………………………… 高石恭子　203
この場で発達を作る——パフォーマンス心理学による社会療法 …………… 茂呂雄二　208
生涯発達としての「老い」——多様な関係性・コミュニティの力とプロダクティブ・エイジング …… 山口智子　212

投　稿
系統的事例研究論文
　地域子育て支援拠点におけるグループ活動の展開——相互支援活動の促進を目指して
　　　　　　　　　　　　　　　　　　　　　鬼塚史織　219
原著論文　発達障害児童をもつ保護者は学校との関わりをどのように体験しているのか
　　　　　　　　　　　　　　　　　　　　　平田祐太朗　229

リレー連載
臨床心理学・最新研究レポート シーズン3
　第10回「認識された批判——現場の実践家のための研究知見のアップデート」　三田村仰　243
主題と変奏——臨床便り
　第30回「森林セラピー」　春日未歩子　247

書評　248
伊集院清一 著『空間と表象の精神病理』（評者：佐々木玲仁）／日下紀子 著『不在の臨床——心理療法における孤独とかなしみ』（評者：祖父江典人）／三田村仰 著『はじめてまなぶ行動療法』（評者：斎藤清二）／門本　泉・嶋田洋徳 編著『性犯罪者への治療的・教育的アプローチ』（評者：横山仁美）／境　泉洋 編著『地域におけるひきこもり支援ガイドブック——長期高年齢化による生活困窮を防ぐ』（評者：齊藤万比古）

第2回 金剛出版主催ワークショップ「臨床アセスメント入門」 132／次号予告 217／改訂 実践研究論文の投稿のお誘い 241／改訂 投稿規定 253／編集後記 254

Asian Pacific Center for Therapeutic Assessment第8回2018年春のワークショップ 168／第21回（2018年度）森田療法セミナー開催のお知らせ 173／第15回日本うつ病学会総会 188／日本遊戯療法学会第24回大会 197／NCAST講習会 202／第5回 公益財団法人こころのバリアフリー研究会総会 207

第2回 金剛出版主催ワークショップ

臨床アセスメント入門

日程 2018年4月8日(日)

会場 TKP市ヶ谷カンファレンスセンター（東京都新宿区市谷八幡町8番地 TKP市ヶ谷ビル）
（会場に駐車場はございませんので公共の交通機関をご利用ください）

定員 400名（定員になり次第締め切ります）

参加費 8,000円（税込）

お申し込み方法 参加には事前登録が必要となります。金剛出版ホームページにて募集を開始しております（http://kongoshuppan.co.jp）。

臨床心理士資格更新ポイントについて 本ワークショップは，公益財団法人日本臨床心理士資格認定協会の定める臨床心理士資格更新ポイントを取得できます。

プログラム ［各コース］10：00〜16：30（休憩12：00〜13：30）

※ワークショップの各コースは選択制となります。4つのコースから1つを選んでお申込みください。お申込み後のコース変更はお受けできませんので，あらかじめご了承ください。

コース	講師	内容
コース1	阿部惠一郎（あべクリニック）	バウムテストの読み方
コース2	中村紀子（中村心理療法研究室）	アセスメントを活かしきる「治療的アセスメント」見えない心を見える形に
コース3	平木典子（統合的心理療法研究所）	家族のアセスメント
コース4	本田秀夫（信州大学）	発達アセスメント入門レッスン

※コースの並びは講師50音順

備考 開催内容およびプログラム内容は変更になる場合もございます。今後更新される詳しい内容につきましては，金剛出版ホームページ（http://www.kongoshuppan.co.jp）にて随時ご案内いたします。

お問い合わせ 株式会社 金剛出版 ワークショップ係（2018kenshu@kongoshuppan.co.jp） ※お問い合わせの際には必ずお名前をフルネームでお書き添えください。

[特集] 発達的視点を活かす

発達的視点を活かす
マクロな発達とミクロな発達

森岡正芳 Masayoshi Morioka
立命館大学総合心理学部

I　はじめに

　発達的視点を心理支援場面に応用するとなると，私たちにはすぐに発達検査が連想される。心理支援の多様な現場では，発達検査ができることが専門性の基本的素養となり，その習得に初学者は明け暮れる日々である。何よりも，発達障害という概念が専門家だけでなく，生活の場でも大きくクローズアップされ，教育現場や医療現場さらに産業界においても，「発達」という言葉が話題になって久しい。

　心理支援の場で，クライエント家族との相談にあたり，発達の道筋を描くことは，アセスメントのための基本素養となっているが，そこで求められる発達の知識と技術はどのようなものだろう。どのような発達理論や測定の方法がこの場で使えるのか。この問いに対するすっきりとした答えを得るのは意外に難しい。もとより年齢尺度を基本とする発達的理解はわかりやすい。支援の基本的目安になるのは自然なことである。しかし，発達を直線的にとらえる観点だけでは，現場で求められている心理支援に必ずしも，即応しない。発達の遅れと促進という観点がつきまとい，発達課題はすぐに到達目標にすりかえられてしまうのである。

　発達的視点とはどういうことなのか。発達をどうとらえるか。論はさまざまである。発達はマクロにもミクロにもとらえられる。マクロには生涯にわたって続く発達，ミクロには，今この場で，一人ひとりの発達可能性を引き出し共につくっていく発達がある。次に向かう発達すなわち，タテの発達変化はとらえやすいが，一方で，関係のなかで支え合うことで維持されるヨコの発達がある。一人の子どもの発達を読もうとする手前で，接する私たちに，その子の世界が入り込んでくることがある。生活者と支援者が関係性を育むなかで，「体験される発達」がある。このように発達を関係的で，多軸的にとらえる視点が，検査の前に少しゆとりをもって与えられればと思う。

　この特集が，心理支援の場で交錯する多様な発達的視点をつなぎ，アセスメントや支援の技量を現場でより活性化する一助になればと願う。

II　現場における遊動視点

　高度に彫琢された発達理論の数々は，子どもをとらえる羅針盤となるもので，迷ったときのチャートである。発達の方向を指し示してくれるので，次にどのような課題が待っているのかがわかり安心できる。発達をとらえる，対象者の発達

の状態を客観的にとらえるという視点がまずあり，定型発達との照合が行われる。この視点は揺らぎないように見える。

　一方，当事者家族の視点に立って，相手の世界の内側から理解することが，心理臨床の場の特徴の基本としてある。援助者の側の姿勢も相手に応じて変化し動く。対象をとらえる視点は動くのが基本である。しかも援助者のその場での内省が資料として重要な場合があり，視点はあちらに向かったりこちらに向かったり，たえず揺れ動いている。本特集の各論者が，検査や行動観察の場面で，何を目安にして発達をとらえているかをまず見てみたい。

　宮内は，子どもがどのように周囲や他者と「まなざし」を移行させ，交換し，そこに「いっしょに」いるという体験を生み出しているかに注目する。こちらに向かっていた子どものまなざしが折り返されて自分自身に向かう。子どもといっしょにいて，その瞬間をキャッチする。相手との視点の往還と，自らのうちに生じる視点の微細な往復運動は，臨床のアセスメントと支援に欠かせないよりどころでもある。川畑が述べている子ども・検査者・検査課題の三項関係のなかでメタ視点を獲得すること，そして新版K式発達検査場面で子どもと場面の共有感覚がどのように成り立つかという古田の留意点に一致している。また視点の往還は大倉の述べる「育ち−育て合う」関係づくりの基盤である。

　一方で，発達と心理臨床の立場が現場において時に葛藤が生じることがあるのは，以上のような視点の動きのどこに力点を置くかの違いから生じることが多いと思われる。その点で，滝川の臨床から抽出された発達の基本軸はきわめて実践的である。

III　行動を通して生活と人生をイメージする

　現場では，今，目前の人が見せる行動の表れそのものが雄弁で，手助けを求められ，こちらも手を差し伸べようとする。その直接的な感覚は，制度やシステムにのった医療や福祉の専門職−患者・クライエントという関係からくる職業意識，役割以前の問題である。ある当事者がおし黙ったまま動かないという状態であっても，その行動は強いメッセージを含む。そして私たちは何らかの形で動かされる。

　子どもが急に暴れだす。人に噛みついたり，たたいたりする。大声を出す。前後の脈絡からは理解できない突発的行動やこだわりに対して，何らかの発達的把握を行うことは可能だろうが，目前の行動だけを切り取って，その人の障害が表れたととらえるのは早計である。その場で表れた行動がその人のかかえる「障害，疾患」からくるのかどうかすぐには判断できない。しかし現場においてこのような判断が求められることは度々ある。

　行動を外部から明確にとらえる視点は欠かせない。観察の事実にもとづく資料は，客観的な根拠として基本である。他方で必要なのは，相手の世界に入り，その現実を知り，可能な限りその人の内側から眺めてみる視点である。臨床リハビリテーションの立場から発達の問題に深く切り込み，オリジナルな知見を残した人見（2012）は，Perfettiの認知運動療法において欠如している内部観察という視点を補い，脳性マヒなどの障害へのリハビリ臨床が，実に発達支援であることを提示している。「リハビリにおいては，外からではなく本人の経験が結果的に組織化に向かうことが必要である」（人見，2012，p.374）。ここで内部観察とは，当事者が自らの身体をどのように感じているか。世界をどのように感じ，関わろうとしているのかを了解し，そういう自分自身のありようを当事者がどのように感じているかの把握である。それを重度障害児の臨床に欠かせないとするのである。

　内部観察の視点を発達においてどのように立て，それを外部観察の資料とつなぐかが，臨床のなかで発達的視点を活かすポイントであろう。本特集の宮内や森岡理恵子の実践が参考になる。また，高石が「人がどのように自分との関係を発達

させていくかという質的な観点」から自我体験を考察するところに，発達と心理臨床の交差領域が開かれる。

その場の行動の異変だけをとって相手の障害や病気の表れだとすることのなかに，発達の方向性に関わる暗黙の前提が含まれている可能性がある。発達の把捉においても臨床と同様，プロセスをふまえることが必要である。プロセスのなかで行動の連関を見る。その意味を生活の文脈においてとらえてみる（守屋，2005）。いいかえると，行動を通して当事者の人生と生活をイメージする力が，発達的視点を臨床の場に活かすのに不可欠である。

IV マクロな発達とミクロな発達

生涯という視野で発達を見る。老いにおける語りは聞きごたえがある。山口は，老いをむかえ話しかけに反応がない利用者に対して，若い実習生が写真を介して交流を生み出したエピソードを描いている。これを見ると，発達は個人単位のものではないことがよくわかる。関係のなかでの，そして将来世代へとつなぎ，世代を超えた発達がある。発達をマクロにとらえれば，このような視点が可能であろう。一方，語らいの場を通して実習生の側にも深い贈与を残しているのを見ると，その交流で生じた相互の変化は，時間単位としては束の間のものであったとしても，この交流こそが発達の基盤をつくっている。

目前の行為のなかで，初めから終わりまでを読み取れる発生を，微視発生（microgenesis）という。これも，発達様式のひとつとして位置づける考え方がある（Werner, 1948；森岡，2002）。Wernerは，ある漠然とした構想が次第に明瞭な意味としてはっきりとらえられるようになるといった日常的経験も，微視発生の領域に含まれると考えている。山口が描いているエピソードは，まさに微視発生的な事象である。

また，心理臨床場面とくにアートセラピーや遊戯療法の各場面でも，微視発生的，いいかえるとミクロな発達がとらえられる。プレイのなかで私たちがよく経験することであるが，子どもたちは，遊びを通して以前の出来事を何度も繰り返し，再現しようとする。井原の「育ち直し」のアプローチをミクロな発達という観点からとらえることも可能だろう。セラピストを前に，セラピーの場面を借りて，自らの体験を繰り返し確かめているように見える。

長井（1991）は，臨床場面における患者主体の言語活動のなかに，成人においてもそのつどたどりなおさねばならない微視発生的な次元があることを指摘している。茂呂の紹介しているHolzmanのソーシャル・セラピーは，Vygotskyの最近接発達領域という着想の豊かな実践的展開である。今この場で，一人ひとりの発達可能性を引き出し共につくっていく発達がある。これもミクロな発達のあらわれととらえうるだろう。

V 病気・障害の過程という発達

病気・障害の状態からの変化は，治癒回復というだけでなく，発達としてとらえてみると，新たな知見が見出せる。能智（2000）の頭部外傷者の研究などは，その先駆的なものと考えられる。「自己をどのようにとらえるか」という問題に向き合う過程で，「障害を自分にとりこみつつ肯定する」ことへと当事者が向かうプロセスには，障害受容の達成という観点にはおさまらない「発達」がある。病気や障害のなかでの自己回復の道筋を伴走することによって，定型発達の図式からは見落とされがちな発達プロセスが見えてくる。

病気や障害の回復過程として展開する発達を，協力者と研究者が協働して研究することで，発達研究はより豊かな知見を得られるだろう。守屋（2005）は，発達研究者の立場からこのように述べる。熊谷の記述にあるような，病気や障害の当事者がとらえた生活場面の詳細な分析から，マクロの発達がミクロの発達によって支えられている様相を明らかにできるのではないか。

微視発生をミクロな発達とする観点に加えて，

新たに開発されてきた発達領域がある。行動遺伝学の飛躍的進展は，必然的にミクロな発達と深く接点をもつ。個体の遺伝的基盤が明確になってくると，個体の遺伝子情報の発現のタイミングが大きな目安となってくる。どのような環境が与えられれば，個体における遺伝子発現が生じるのか。あるいはストレス負荷のなかで，生体を防御する遺伝子の発現がどのように抑制されるのか。それらのメカニズムが解明されつつある。鵜飼が指摘するように，アタッチメント研究はこのような知見と結びついて新たな展開を見せるだろう。また須田が論じるように，神経発達科学側面から情動の調整メカニズムが跡づけられてくる時代において，行動遺伝学や神経発達学の分野から，発達における生体基盤が精緻化されるだろう。そして，黒木が述べる発達的視点による精神疾患の構造的理解が成り立つ。たとえば老松が示唆するように，神経学的知見からてんかんと発達障害の接点が見えてくる。環境と遺伝という古くまた困難な課題に新たな光があてられるのである。

VI 観察を支える関心の維持

発達的視点と心理臨床的視点は，現場における観察力において，一致し，交差する。臨床において磨くべき力は第一に観察力であることは，多くの専門家が述べている（村瀬・青木，2014）。一方，発達のいわゆる大理論の形成においても，観察資料がそのベースになっていることはいうまでもない。たとえばPiagetの理論は，Piaget自身の子どもたちへの綿密な観察による資料にもとづいてその理論を形成している（Piaget, 1936）。その記述の精密さには驚く。もっとも，心理臨床と発達の立場では，観察における姿勢，焦点のあて方，記述の方法において違いがある。

観察力の基盤となるものは，相手への関心である。関心の働きにはいくつかの次元があるが，今ここで，私から相手に向ける関心だけでなく，その手前にある関心，相手にすでに関心を向けてしまっていて，それが維持されている状態が，観察力の支えになっている。鯨岡（1999）がメタ観察と呼んだこのような関心の次元は，心理臨床と発達の共有する領野であろう。

津守（1991）は長年の障害児教育経験を通して次のように述べる。「子どもは大人が本気でそこにいるのかどうかをすぐに見抜きます。たとえ二，三分でも，子どもと共にいるその『いま』に腰をすえて楽しめるようにするとき，そこから次の時間が展開します」（津守, 1991, p.184）。相手の行動の理解には，今ここでいっしょに動く私を抜きにしては成り立たないと津守はいう。相手がとくに，意味や行動のまとめあげがゆっくりの場合，観察は粘り強く維持する必要がある。今とゆっくりつきあうなかで保たれているほとんど意識には上らない関心があってはじめて，子どもたちの生活のなかでのわずかな変化や，今取り組んでいる発達上のテーマが見えてくる。子どもの世界と像がこちらの心のなかに入ってくる瞬間がある。

「子どもは自分自身が過去からひきずっている悩みがあるとき，それをいまの行動に表現します」（ibid.）。一人の子どもの行動は時間性，歴史性のなかでとらえる必要がある。しかもそれは今とゆっくりつきあう人にのみ見せてくれる。こういう関心の維持こそ，心理支援の共通基盤なのだと思う。

VII むすびに

中島の長年の研究成果，バウムを通して見た発達の表現，その豊かさにあらためて驚く。バウムという検査媒体があればこそ見えてくる世界である。測定用具は，臨床での理解可能性を広げる媒介でもある。発達を生活の場や教室の場で，あるいは療育の場で，その場の人々といっしょに動きながらとらえる目を養いたい。そこでは，発達と支援を別々にとらえる必要はなくなってくる。もちろん心理支援の現場では，相手の状態を専門家の立場から，説明することがもとめられる。結論を出すためのアセスメントを前提にするのではなく，子どもと家族や教師にわからないことを聞い

てみる。わからないことがあれば率直に問いかける。当事者家族によって，専門家としての私の考えが補われ，まとまってくることを待ち受ける。この子の遅れや障害が何であるかと特定することを，心理支援の目標に直結させ，特性をさがすという視点から脱して，子どもたちが遊びを通して新しい何者かに成っていく姿に沿っていきたい。

▶文献

人見眞理（2012）発達とは何か―リハビリの臨床と現象学．青土社．

鯨岡峻（1999）関係発達論の構築―間主観的アプローチによる．ミネルヴァ書房．

森岡正芳（2002）物語としての面接―ミメーシスと自己の変容．新曜社．

守屋慶子（2005）発達研究の課題―事例から「発達」を学ぶ．In：日本児童研究所 編：児童心理学の進歩2005年版, pp.182-201.

村瀬嘉代子・青木省三（2014）心理療法の基本―日常臨床のための提言（完全版）．金剛出版．

長井真理（1991）内省の構造．岩波書店．

能智正博（2000）頭部外傷者の〈物語〉／頭部外傷者という〈物語〉．In：やまだようこ 編：人生を物語る―生成のライフストーリー．ミネルヴァ書房, pp.185-218.

Piaget J (1936) La naissance de l'intelligence chez l'enfant. Lonay : Delachaux et Niestlé. (谷村覚, 浜田寿美男 訳（1978）知能の誕生．ミネルヴァ書房)

津守真（1991）人間の発達にかかわる．In：シリーズ授業第10巻 障害児教育―発達の壁をこえる．岩波書店, pp.177-194.

Werner H (1948) Comparative Psychology of Mental Development. New York : International Universities Press. (鯨岡峻, 浜田寿美男 訳（1976）発達心理学入門．ミネルヴァ書房)

[特集] 発達的視点を活かす

精神発達をどう捉えるか

滝川一廣　Kazuhiro Takikawa
学習院大学文学部心理学科

I　精神発達の基本構造

　精神発達は，構造面の発達と内容面の発達との2つの面から捉えることができる。もちろん両者は画然と切り離せるものではないけれども。

　一般に「精神発達」とは，こころの構造面の発達を指す。すなわち，こころの仕組みとはいかなるもので，その仕組みがどんな過程をたどって形成されるかの構造的な理解である。その形成の歩みを「発達」と呼んでいる。発達障害との関連にも触れながら，こちらを考えてみよう。

　子どもは胎内ではまったく出会わなかった未知の世界に生み落とされる。生きるには，①その未知の世界を知る活動，②その世界と関わりを結ぶ活動をすぐに始めねばならない。もちろん，人間にかぎらず，どんな動物もそうだろう。しかし，動物一般が生きるべき世界は物質からなる天然自然の世界なのに対して，人間が生きるべき世界は何よりも人間自身が長い歴史を経て構築してきた社会的・文化的な世界という違いがある。この人間世界は「物質」ではなく，さまざまな意味（概念）や約束（規範）から，すなわち「観念」からできあがっている。この人間たちだけが共にしている観念世界を生きる力を培い，その世界に一歩ずつ参入していく歩みを「精神発達」と呼ぶのである。

　このため子どもは，①世界を単に感覚や運動を通して「捉える（cognition）」のではなく，それを意味や約束によって捉え直すこころの働き，すなわち「認識（recognition）」の力と，②世界と単に物質的に交流するのではなく，ひと同士で社会的に交流しあうこころの働き，すなわち「関係（社会性）」の力を伸ばさねばならない。この①と②は互いに媒介しあっている。認識の発達にはしかるべき認識をすでに身につけた成人との交流（関係）が必要だし，関係の発達には対人関係を成り立たせるさまざまな意味や約束の理解（認識）が必要だからである。精神発達は，「認識の発達」と「関係の発達」とが支えあったベクトル構造をなして進む（図1）。

II　認識発達を推し進めるもの

　①の認識発達を推し進めるのは乳児期からの活発な「探索活動」である。未知だらけの世界を乳児はもてる感覚能力と運動能力を総動員して積極的に知っていく。最初は自力（だけ）での単独の探索活動だが，生後数カ月にして②の活動と連動しはじめる。

　それはまず外界の探索対象が「ひと」と「もの」

精神発達をどう捉えるか ❋ 滝川一廣　特　集

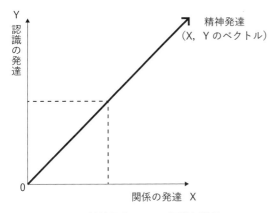

図1　精神発達における認識と関係

とに分かれるところから始まる。ひとは生後すぐからたえず身近に現れるうえ，ものは注視してもそのままなのに，ひとは注視すれば反応を返すところに大きな違いがある。乳児が自分を見ていると気づいたひと（とくに養育手）は，その子を見つめ返したり微笑みかけたり接近して抱き上げたりなど，乳児の愛着希求を充たす関わりを引き出される。それによって「ひと」は乳児の関心をひときわ引きつける特別な対象となり，その姿や動きを乳児は選択的に熱心に観察するようになる。

かといって，ものへの関心が薄れるわけではなく，外界の諸事物の性状を感覚的に捉え分ける探索活動もなお活発に進められる。しかし，この段階からはもはや単独の探索ではなく，ひととの関係に媒介された二人三脚の探索活動へと発展する。どんな二人三脚かは，以下の通りである。

乳児が何か「もの」を注視していると気づけばおとなはおのずと自分もその対象に注意を向けて「ニャンニャンね」「きれいなお花ね」と声をかける（これがやがて共同注意（joint attention）へと発展する）。「ひと」の行動への関心が強まっている乳児は，「もの」の観察とあわせて，そのつどこうしたおとなの反応も同時にキャッチする。おとなは乳児の注視するものすべてに注意を共にするわけではなく，意味の薄いもの（壁のシミとか）を乳児が注視しても気づかないか，たとえ気づいても「壁のシミね」と声をかけはしない。乳児のほうも，おとなが何に目を向けるかを観察して，それにとりわけ関心を向けはじめる。これらによって乳児の探索世界に，おとなと注意を共にするもの（＝注意を向けるべき刺激，意味あるモノ），共にしないもの（＝無視してよい刺激，無意味なモノ）という濃淡が生じてくる。私たちは一般に外界の知覚刺激をすべて等価にキャッチするのではなく，そのなかから必要な（意味ある）知覚情報だけを「図」として浮き上がらせて認識している（それ以外は「地」として背景化させる）。発達の早期から始まるおとなと注意を連動させた二人三脚の探索活動が，このように外界を「図」と「地」に濃淡づける力を育むと考えられる。

これを教えてくれるのは「アスペルガー症候群」と呼ばれるひとたちである。そのひとたちの語る体験に「みんなは気にしない（無視できる）微かな感覚刺激，無意味な感覚刺激も拾ってしまう」「まわりに溢れるさまざまな知覚情報のどれもこれもが無差別に意識に入ってきて処理しきれない」というものがある。これは関係発達のおくれのため，乳幼児期を通して単独での探索活動（のみ）を続けてきた結果であろう。知力（探索能力）は高いので独力で自分なりに外界の諸対象を捉え分けていき，それを土台に独習性の高いやり方で言葉も獲得する。しかし，二人三脚の探索活動の蓄積が乏しいため，まわりの人と注意を共有できる／できないによって世界を濃淡づける体験を重ねられず，その結果，知覚世界を「図／地」に分ける力が十分に伸びない。関係の媒介に乏しいまま独力で切り拓かれた認識世界は幾つかの特徴をもつが，これがそのひとつである。

III　関係発達を推し進めるもの

②の関係発達を推し進めるのは乳児期からの「愛着（attachment）」である。これは動物行動学の概念で，自力で身を守れぬ鳥や哺乳動物の仔には出生直後から養育手に接近（アタッチ）して安全を確保する行動が生得的にプログラムされている。ひとも哺乳類である以上，養育手への接近を強く求める

希求性を備えて生まれ，これが愛着と呼ばれる。

けれども，ひとの愛着には鳥や哺乳動物のそれとは決定的な違いがある。鳥獣の仔は移動能力をもち，生後，すぐさま自力で一方的に養育手に接近できる。ところが乳児は移動能力がなく，接近への希求は強くても養育手の側から接近しないかぎり，愛着は成立しない。子どもからの接近希求と養育手からの接近行動という双方向的な構造にこそ人間の愛着の本質があり，人間が他の動物にみられない高度な社会性（関係性）を進化させえた原点はこの相互構造にあるかもしれない。

この双方向性によって乳幼児の愛着は，動物行動学がいう安全確保の目的をこえて，愛撫的な相互接近や親密な交流それ自体を目的とする希求（「甘え」）へと発展し，それが豊かな関係（社会性）の発達を推し進める原動力なのである。Freud Sが「幼児性愛（infantile sexuality）」と呼んだものも，この希求性を指していた。

愛着は生物的・生得的な能力なので，その力には必ず自然の個体差がある。愛着構造が一方向の鳥獣では，その力が弱い個体はそのまま淘汰される。しかし，双方向構造をもつひとでは，子に愛着力が少々弱くても養育手からの接近によって補完されて愛着が成り立ち，それによって親密な相互関係が育まれ，関係発達が進む。とはいえ，個体差として愛着力が過度に弱い子では，その養育者による補完がうまくいかないケースが生じうる。

この場合，養育手からの愛着的な接近が，かえって子どもの回避行動を招くというパラドキシカルな現象が現れる。この子どもたちにも愛着的な希求はあるけれども，その希求力・接近力に大きな力不足があるため，希求に応えるはずの養育手からの接近行動が，その子の力では受けとめきれない刺激や圧力となってしまう。そのため子どもは養育手からの接近を回避し，さらに養育手の接近行動を引き出すような働きかけも避ける（目を合わせない，近づこうとしない，関心を見せない，など）。これが「自閉的」とされる現象だが，かれらは決して愛着希求や接近希求が皆無でもひとにまったく無関心なわけでもない。それらを安心感をもって働かせられぬのである。愛着の双方向的な関係ゆえに生じるこの機微を，小林隆児（2014）は「甘えたくても甘えられない」という日常表現で言い当てている。微妙な甘えのサインをアラートにキャッチし，その子のもつ弱い希求力（接近力）にとって脅威とならないデリケートな接近による補完が，愛着形成と関係発達への大切な鍵となる。

IV 規範と自己制御の発達

幼児期に入ると言語の獲得が始まる。情報伝達の信号としてのコトバならミツバチやイルカももっている。しかし，人間の言語はただの伝達信号ではなく，世界を認識的に捉え直すための意味（概念）や約束（規範）の体系をなしている。おとなとの二人三脚の探索を介して感覚的に捉え分け，濃淡づけてきた世界が，いまや社会的（共同的）な意味や約束のもとに認識的に捉え直されるのである（認識発達）。そして，それによってまわりの世界が秩序づけられるとともに，子どもは自分の体験世界をまわりの人々と言葉によって分かちあえるようになる（関係発達）。

幼児期には言葉の獲得に加えて，衝動・欲求を自分でコントロールする力が獲得される。養育手との関わりを通して幼児がこの力を身につけるプロセスは一般に「しつけ」と呼ばれる。言語獲得が語彙・文法など「言語規範」の習得を意味するとすれば，こちらは「排泄はトイレで」「食事は箸やスプーンで」などの約束やルール，すなわち「社会規範」の習得を意味する。幼児期とは，子どもがその社会におけるさまざまな「規範」を取り込み，本格的に社会的存在へと向かいはじめる時期である。

動物は衝動・欲求のままに生きている。衝動・欲求は生存の必要から生じるものだからである。しかし，高度に共同的な社会を生きる人間においては，社会の規範にあわせてそれらを制御するこ

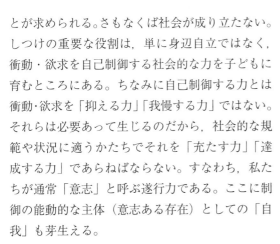

図2　精神発達の立体構造

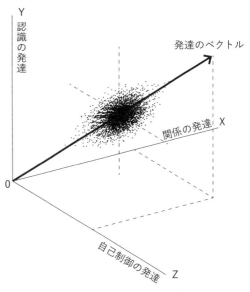

図3　精神発達の全体分布

とが求められる。さもなくば社会が成り立たない。しつけの重要な役割は，単に身辺自立ではなく，衝動・欲求を自己制御する社会的な力を子どもに育むところにある。ちなみに自己制御する力とは衝動・欲求を「抑える力」「我慢する力」ではない。それらは必要あって生じるのだから，社会的な規範や状況に適うかたちでそれを「充たす力」「達成する力」であらねばならない。すなわち，私たちが通常「意志」と呼ぶ遂行力である。ここに制御の能動的な主体（意志ある存在）としての「自我」も芽生える。

　この段階に至って，図1に③「自己制御」の力の発達というもうひとつの軸（Z）が加わる（図2）。これも関係（X）や認識（Y）の発達と支えあっている。この制御力は養育手との愛着的な関係を介して培われる力だが，規範や状況に適った自己制御には認識の力も必要だからである。このX－Y－Zの三次元構造は，私たちが経験的に自分たちのこころを「知情意」の3つの複合体とみてきた伝統とも重なる。知はY軸，情はX軸，意はZ軸にほぼ相応するからである。

Ⅴ　精神発達と発達障害

　子どもは図2の三次元座標の0点からスタートして「関係の発達（X軸）」「認識の発達（Y軸）」「自己制御の発達（Z軸）」が互いに支えあったベクトル，矢印の方向へと発達の道を歩む。この構造はすべての子どもに共通で，だれもが同じ道を歩んでいる。ただ，道は同じでも歩む脚力には個体差がある。歩む脚力はさまざまな条件によって多因子的に決まるため，確率論的に考えて，その個体差はおおよそ正規分布をなす。その結果，多数の同年齢者を母集団にして発達の全体分布をみれば，発達のベクトルを軸に中心ほど密度が濃く周辺ほどぐっと薄くなる紡錘形の広がりをもった立体的な分布となるだろう（図3）。私たちは皆このどこかにいる。

　発達障害も例外ではなく，必ずこの分布図のうちにある。図中，認識の座標軸（Y）に沿って平均よりおくれたところに広がっているものを「知的障害」，関係の座標軸（X）に沿っておくれたところに広がっているものを「自閉症スペクトラム」，自己制御の座標軸（Z）に沿っておくれている広がりを「ADHD」，それらのおくれをもた

ず中心部に密集しているものを「定型発達」と医学は名づけ分けている。このように医学概念的には分けられているけれども，実際には切れ目なく互いに浸透しあって分布しており，いずれも発達の歩みの脚力とその結果生じる到達レベルの連続的・相対的な個体差にすぎない。

発達障害は，知的・対人的な理解や判断，制御力の相対的なおくれや，そこからくる主体的な力の弱さに加えて，平均的な発達者とは一見異なる（質的な差とも映る）独特の感覚や記憶のあり方，行動のパターンをしばしばみせる（いわゆる「障害特性」）。しかし，それらは精神発達の過程を丁寧に吟味すれば，「認識」や「関係」という極めてベーシックなこころの働きに発達早期から大きく遅れてきた結果，二次的に形成された特性とわかる。これについては他で詳述している（滝川，2017）。

発達のおくれをもつ者の体験世界は，おくれそのものに加えて，上述のような発達過程で二次的に形成されたものから成り立っている。さらに，それらによって強いられる困難への対処努力（これも障害特性とされる「パターンへのこだわり」「常同行動」「自己刺激行動」など）が，その体験世界を形作っている。支援の道を探るには，こうした精神発達の構造面からの多角的な理解と判断が欠かせない。

それと同時に，そのひとが具体的にどんな生活環境をどう生き，どんな体験をもってきたかへの個別的な理解と洞察が求められる。めいめいがそれぞれのパーソナルな経験のなかで育んできたもの，すなわち「内容面の発達」が，構造的なおくれの有無にかかわらず，精神生活のあり方に深く与っているからである。内容的な発達支援，つまり日々の日常が少しでもよき経験となるもの，豊かなものになるための個々人に応じた工夫と配慮が重要となる。

▶文献

小林隆児（2014）甘えたくても甘えられない―母子関係のゆくえ．発達障碍のいま．河出書房新社．

滝川一廣（2017）子どものための精神医学．医学書院．

[特集] 発達的視点を活かす

体験としての発達と障害
当事者研究から

熊谷晋一郎 Shinichiro Kumagaya
東京大学先端科学技術研究センター

I ASD 急増の背景と異論

近年，自閉スペクトラム症（ASD）と診断される人の数は急上昇している（Centers for Disease Control and Prevention, 2012）が，社会学者Bearmanらのグループは，①かつて知的障害とされていた子どもがASDと診断されるようになった（25%），②親や小児科医などがASDを認知するようになった（15%），③特定地域へのASD人口の集積（4%）など，社会文化的要因が急増の多くを説明するという疫学的データを示した（Keyes et al., 2011 ; King & Bearman, 2009 ; King et al., 2009 ; Liu et al., 2010 ; Mazumdar et al., 2009）。また，同じ診断基準を用いればASDの増加は確認されないという証拠を提示している研究（Kim et al., 2011 ; Brugha et al., 2011 ; Kadesjö et al., 1999）もあり，診断数の急増は，かつてはそれほど問題視されてこなかった人々がここ最近急に問題にされはじめるようになったという社会文化的要因の変動を反映している可能性が高い。そして，社会文化的要因を鋭敏に反映してASDの診断率が増加するようになった背後には，他の障害には見られないASD固有の概念や診断基準の特徴が存在しているように思われる。

DSM-5ではASDを，①社会的コミュニケーションと社会的相互作用における持続的な欠損，②行動，興味，活動の限局的かつ反復的なパターン，という2つの特徴で定義している（American Psychiatric Association, 2013）。しかし，これらの特徴記述は障害学的には大きな問題がある。障害の社会モデルの考え方では，主流派とは異なった個体側の永続的特徴であるimpairmentと，主流派に合わせてデザインされた人為的環境（制度や道具，規範など）とimpairmentとの間に生じる齟齬であるdisabilityを区別する。そのうえで，個体側が過剰なコストを払ってimpairmentを除去し，既存の人為的環境に過剰適応するのではなく，さまざまなimpairmentを包摂するデザインを社会実装すべきとの主張が可能になる。

この区別に基づき先述のASD概念を再検討してみよう。そもそも診断記述のなかで用いられている「社会的コミュニケーションと社会的相互作用」という概念は，複数の人と人との「間」に生じるinter-personalな現象である。ゆえに，コミュニケーションにおけるすれ違いの原因を誰か一人のintra-personalな特性に帰着させることには論理的な問題がある。たとえば，アメリカ人と日本人との間にコミュニケーションのすれ違いが起き

たときに，日本人にだけコミュニケーション障害があると考えるのは早計と言えよう。だとすると「社会的コミュニケーションと社会的相互作用における持続的な欠損」とは，impairment レベルではなく，disability レベルの記述概念であると考えられる。にもかかわらず，それが診断基準として採用され impairment を記述したものとして活用されることによって，ASD 概念は社会的排除を個人に帰責させる言説資源として機能しうるものになっているのではないか。Verhoeff (2012) も，ASD 概念を神経生物学的な impairment レベルに限定して捉えることは，ASD 概念が「子どもが世界に対してもつ関係のなかで，異常なもの，有害なもの，障害であるものとは何かに関するその時代の考え方」に根本的に依存しているという事実を見えなくさせると言っている。

ASD 概念が地域や時代によって揺れ動く disability レベルを含むとしたら，impairment レベルでは ASD 内部の多様性を還元できないため impairment の探究はケースごとに行う必要がある。また社会性以前の impairment を探究するには，一人でいるときの経験に関する自己報告が極めて重要になる。我々は上記のような問題意識に基づき，2008 年に ASD の診断をもつ綾屋の経験についての当事者研究を発表した（綾屋・熊谷，2008）。disability を impairment へとすり替えるような既存の「社会的コミュニケーションの障害」という概念をいったん脇に置き，一人でいるときのモノの見え方，身体における感じ取り方などのレベルを探究したのである。以下ではその内容を紹介しつつ，先行研究との関連について検討を加える。

II 長期的目的のもとでの制御の非典型性

1 つ目に紹介する綾屋の報告は，日常生活のなかで目的志向的な行為を遂行するにあたり，相対的に長期的目的を維持することが困難で，周囲の事物にあおられるように短期的な目的志向的行為にジャックされるというものである。

今日はいつもより早く出かけなくてはならない。でも地肌のかゆさとべとべとした感触が「今日こそ頭を洗え！」と強烈に訴えている。急いで風呂場に向かうとその手前で洗濯かごに山盛りの洗濯物と目が合う。うなだれた姿で「私たちをこのまま置いて行くの？」と言うので洗濯機に洗濯物と洗剤を入れてスタートボタンを押した時，「おかあさ〜ん，ごはんは〜？」と子どもの声。「あ〜，今から作るわ〜」と返事をしながら冷蔵庫をあけて中を眺めると，いろいろな食材が目に飛び込んでくる。卵が「目玉焼きにする？　スクランブルエッグがいい？」と聞き，ハムも「俺を焼く？」と言うので，「時間がないから君たちまとめてハムエッグだ」と答える。そこへ「あの，私，水分足りなくてカラカラなんですけど」と口腔内の粘膜が言うので，冷蔵庫で見つけたブドウを一粒つまんで口に入れる。すかさず「え，突然そんなことされても甘すぎてまとわりつく！」と舌とのどから異議申立てがあったためコップに麦茶を注いで飲む。
(綾屋，2013，p.156)

システム論の知見からは，短期的目標を担当し迅速に変化する制御変数をもった制御系と，長期的目標を担当しゆっくりと変化する制御変数をもった制御系という，異なる 2 つの制御系を実装したシステムは，高度に安定していると同時に柔軟であるといわれている。Dosenbach et al. (2008) は fMRI を用いた研究の結果をふまえ，2 つの制御系からなるモデルを提案した。長期的目標は帯状弁蓋ネットワーク（以下，CON）が担当している。このネットワークには，内臓感覚をモニターする島皮質や，それをふまえて内臓の恒常性維持を目標として制御信号を出す前部帯状回が含まれている。一方，変化や想定外の出来事に満ちた環境中では，最短コースで長期的目標に到達することはむしろまれであり，所与の長期的目標に過剰に固執していると，外乱に柔軟に対応することはできない。前頭頭頂ネットワーク（以下，FPCN）は，想定外の環境情報を敏感に察知し，それに応じて短期的目標を柔軟に切り替える。

綾屋の報告とDosenbachらのモデルをあわせて考えると，CONにおける非典型性にはASDの機序を説明する可能性がある。実際に先行研究では，CON内部の機能的結合の特徴は，他のネットワークよりも高い78％の分類精度（感度75％，特異度80％）でASD児と定型発達児を判別することが示され，CONの血流量は限局的・常同的な行動尺度と有意に相関していた（Uddin et al., 2013）。

III　感覚過敏と予測誤差への過敏

次に，感覚過敏についての報告を見てみよう。

> 視覚において情報が多すぎて処理できないと感じるとき，私は何が見えていえるのかを判断できなくなっている。影になっている黒い部分とそうでない部分のコントラストがより強く感じられ，色つきの陰影としてのみ飛び込んでくる。
> 　　　　　　　　　　　（綾屋・熊谷，2008, p.64）

先行研究では，ASD児において明度の高い視覚入力に対する縮瞳反応である対光反射が減弱しており，平均心拍数が高いほどその減弱の程度が大きい（Daluwatte et al., 2013）。このことは，ASDにおける視覚過敏症状の少なくとも一部は，交感神経系の活動亢進によって説明しうる可能性を示唆する。さらに交感神経系の活動は，先述のCONの一部を構成する前部島皮質の活動と強く相関していることもわかっており（Ridderinkhof et al., 2009），CONの非典型性は何らかの形で感覚過敏にも影響を与えている可能性がある。

実際CONの活動は，侵害刺激（Peyron et al., 2000），感情的・社会的（Lamm & Singer, 2010），認知的（Ramautar et al., 2006），恒常性維持や交感神経活動，内臓知覚的な自律神経（Critchley et al., 2005）などの広範なレベルおよび領域にわたって，個体にとって重要な顕著性情報（salience）の処理に関与する。また前部島皮質の活動度は，モダリティの種類を超えた感覚の"量（quantity）"を表象している可能性があり（Ullsperger et al., 2010），CONの非典型性は視覚以外の感覚過敏とも関連しているかもしれない。

また，綾屋の報告のなかで重要な説明概念のひとつに，予測誤差への過敏性がある。

> 一般的に，行為をすれば環境（他者，モノ，自己身体）に変化が生じ，その変化は知覚を送り返してくる。もし環境が変わらないのならば「ある行為をしたときにはこのような変化が知覚される」という，行為と知覚の対応関係は変わらないはずである。しかし実際は，時々刻々と環境は変化しており，同一の行為をしたとしても戻ってくる知覚はそのつど変わっている。従って「ある行為をしたときにはこのような変化が知覚されるだろう」という予測は，正確に言えば毎回外れており，予測からズレた知覚，すなわち「予測誤差」を誰もが経験することになる。（中略）
> 　私の場合，相対的にわずかな予測誤差も意識にのぼってしまい，多くの人よりも変化に翻弄されることになる。例えば私が声を発した時は，自分の声以外にも，壁からの反響音，周囲で生じるさまざまな音，他者の声なども摂取し，わんわんとした音の束として聞こえてしまうので，自分の声が音の束のうちのどの部分なのかわからなくなる。その結果，自分が運動指令通りに話せているのか否かを確認しづらいため発声調整にかかりきりになってしまい，話すべき内容を考える余裕がなくなってしまう。
> 　　　　　　　　　　　　　（綾屋，2013, p.169）

先行研究によると，前部島皮質の活動は感覚の量だけでなく，予測誤差とも関連する（Ullsperger et al., 2010）。綾屋（2013）は，発声に限らず感覚フィードバック全般の予測誤差（自分の出した運動指令から予測される情報と，実際に戻ってきた情報との差）に気づきやすいことが，運動の自動化を阻害しているのではないかという仮説を提案してきた。この仮説を検証する実験として，共同研究者とともに，自分の声を少しだけ遅らせて聞かせたとき，どのくらい言いよどみが生じるか

について，健常者と自閉スペクトラム症者を比較した。結果としては予想通り ASD 者のほうがフィードバックの変化に気づきやすく，言いよどみが多いという結果となった（Lin et al., 2015）。

IV 内臓感覚と環境情報の結びつきの非典型性

島皮質がモニターしている内臓感覚は，感情にも深くかかわっている（Craig, 2009）。感情の二要因理論（Schachter & Singer, 1962）によれば，「胸がドキドキする」というひとつの内臓感覚も，誰かに殴りかかられそうになっているという視覚情報（外受容感覚）と同期して入力されれば恐怖感情をもたらすが，恋い焦がれる誰かの視覚情報（外受容感覚）とともに入力されれば恋愛感情と解釈される。つまり，ある内臓感覚ひとつだけでは感情は生じず，それが特定の外受容感覚と統合され，解釈されたものが感情なのである。

ASD 者は，自分の感情への気づきにくさを表すアレキシサイミア得点が高く，他者への共感への高さを表す得点が低い。また2つの得点には相関がある（Silani et al., 2008）。前部島皮質は，内臓感覚と外受容感覚とを統合することで，感情を生成するうえで中心的な役割を担うと言われている（Seth, 2013）注）。

綾屋によれば内臓感覚と外受容感覚の統合困難は，内発する意図（綾屋はそれを〈したい性〉と呼ぶ）の立ち上がりをも困難にさせる。

> 細かくてたくさんの身体内部の情報と身体外部の情報の「需要と供給」のすりあわせが完了することによって，ようやく私の〈したい性〉がまとめあがるのだが，これはとても時間がかかったり，まれだったりするわけである。　　（綾屋・熊谷, 2008, p.29）

綾屋は〈したい性〉のまとめ上げ困難によって行為が滞ることを避けるために，内発する意図を待たず，外的なルール（綾屋は〈します性〉と呼ぶ）を適用することで日常生活を遂行しているという。実際 ASD 者では，感情的な価値価（内臓感覚）に基づくのではなく，ルールに基づいて意思決定を行う傾向がある（South et al., 2014 ; Faja et al., 2013 ; De Martino et al., 2008）。綾屋によれば，この〈したい性〉のまとめ上げ困難は，周囲からは「感覚鈍麻」として観察される表現型の原因になっている可能性があるという。内臓感覚や外受容感覚への過敏さがある一方で，口渇感，空腹感，満腹感，体温など，純粋な内臓感覚ではなく内臓感覚を特定の外受容感覚情報や運動指令（対処行動）と結びつけることによって生じる高次の感覚に関しては，ASD 者のほうが気づきにくいという報告もあり（Fiene & Brownlow, 2015），綾屋の仮説を傍証する知見と言えるだろう。

以上を合わせ考えると，感情，内発的意図，感覚鈍麻の問題に共通する傾向として，ASD では内臓感覚が外受容的な環境情報や運動指令と統合されることなく，低次のレベルでのみ過敏な形で入力している可能性が示唆される（Quattrocki & Friston, 2014）。

V 結語──インペアメントを知ることの帰結

当事者研究による自己の不変項（環境によってそれほど変わらない自己に帰属される impairment）の抽出は，学術的な意義をもつだけではない。これまで無秩序に思えて見通しの立たなかった自分の経験に，他者とわかちあえる一定のパターンが存在するという発見は，やみくもな社会適応ではなく，自分の特徴に配慮した社会側への主張を可能にした（熊谷・綾屋，2014）。ASD 者同士のコミュニティ（Bagatell, 2010）や，ASD

注）ただし他者への共感能力は，アレキシサイミア得点で補正すると，ASD と定型発達（TD）とで有意差がない（Bernhardt et al., 2014 ; Bird et al., 2010 ; Cook et al., 2013）。ASD そのものが共感能力と関連するわけではなく，ASD と合併しやすいアレキシサイミアが共感能力と関連するという知見は，ASD という個体要因に還元できない環境要因（たとえば，多数派に囲まれた養育環境のなかでは，少数派固有の感情体験──言い換えると少数派固有の内臓感覚と外受容感覚の統合様式──を共有される機会が乏しくなる，など）の影響を示唆するものかもしれない。

児の日常生活（Ochs & Solomon, 2010）を調査した人類学的な研究では，ASD 者は社会性やコミュニケーションに障害があるのではなく，定型発達の人々が共有しているデザインとは異なる感情規則や社会性，コミュニケーションのあり方（Autistic Sociality：Ochs & Solomon, 2010）を実現しうることが示唆されている。多様な個人を包摂する社会を望むならば，社会性の障害やコミュニケーションの障害というラベルを少数派に貼り付けて，問題を個人化するのではなく，少数派のインペアメント理解を手がかりに，定型発達者が中心となって構築・再生産している感情規則，社会性，コミュニケーション様式を相対化する視点も必要であろう。

▶文献

American Psychiatric Association（2013）Diagnostic and Statistical Manual of Mental Disorders. 5th Ed. Arlington, VA : American Psychiatric Publishing.

綾屋紗月（2013）アフォーダンスの配置によって支えられる自己―ある自閉症スペクトラム当事者の視点より．In：河野哲也 編：知の生態学的転回 3 倫理―人類のアフォーダンス．東京大学出版会，pp.155-180.

綾屋紗月，熊谷晋一郎（2008）発達障害当事者研究―ゆっくりていねいにつながりたい．医学書院．

Bagatell N（2010）From cure to community : Transforming notions of autism. Ethos 38 ; 33-55.

Baird G, Simonoff E, Pickles A et al.（2006）Prevalence of disorders of the autism spectrum in a population cohort of children in south thames : The special needs and autism project（SNAP）. Lancet 368 ; 210-215.

Bernhardt BC, Valk SL, Silani G et al.（2014）Selective disruption of sociocognitive structural brain networks in autism and alexithymia. Cerebral Cortex 24 ; 3258-3267.

Bird G, Silani G, Brindley R et al.（2010）Empathic brain responses in insula are modulated by levels of alexithymia but not autism. Brain 133 ; 1515-1525.

Brugha TS, McManus S, Bankart J et al.（2011）Epidemiology of autism spectrum disorders in adults in the community in England. Archives of General Psychiatry 68 ; 459-465.

Centers for Disease Control and Prevention（2012）Prevalence of autism spectrum disorders : Autism and Developmental Disabilities Monitoring Network, 14 sites, United States, 2008. MMWR Surveillance Summaries 61 ; 1-19.

Cook R, Brewer R, Shah P et al.（2013）Alexithymia, not autism, predicts poor recognition of emotional facial expressions. Psychological Science 24 ; 723-732.

Craig AD（2009）How do you feel - now? : The anterior insula and human awareness. Nature Reviews Neuroscience 10 ; 59-70.

Critchley HD, Tang J, Glaser D et al.（2005）Anterior cingulate activity during error and autonomic response. NeuroImage 27 ; 885-895.

Daluwatte C, Miles JH, Christ SE et al.（2013）Atypical pupillary light reflex and heart rate variability in children with autism spectrum disorder. Journal of Autism and Developmental Disorders 43 ; 1910-1925.

De Martino B, Harrison NA, Knafo S et al.（2008）Explaining enhanced logical consistency during decision making in autism. Journal of Neuroscience 28 ; 10746-10750.

Dosenbach NU, Fair DA, Cohen AL et al.（2008）A dual-networks architecture of top-down control. Trends in Cognitive Sciences 12 ; 99-105.

Faja S, Murias M, Beauchaine TP et al.（2013）Reward-based decision making and electrodermal responding by young children with autism spectrum disorders during a gambling task. Autism Research 6 ; 494-505.

Fiene L & Brownlow C（2015）Investigating interoception and body awareness in adults with and without autism spectrum disorder. Autism Research 8 ; 709-716.

Kadesjö B, Gillberg C & Hagberg B（1999）Brief report : Autism and Asperger syndrome in seven-year-old children : A total population study. Journal of Autism and Developmental Disorders 29 ; 327-331.

Keyes K, Susser E, Cheslack-Postava K et al.（2011）Cohort effects explain the increase in autism diagnosis among children born from 1992 to 2003 in California. International Journal of Epidemiology 41-2 ; 495-503.

Kim YS, Leventhal BL, Koh YJ et al.（2011）Prevalence of autism spectrum disorders in a total population sample. American Journal of Psychiatry 168 ; 904-912.

King M & Bearman P（2009）Diagnostic change and increased prevalence of autism. International Journal of Epidemiology 38 ; 1224-1234.

King M, Fountain C, Dakhlallah D et al.（2009）Estimated autism risk and older reproductive age. American Journal of Public Health 99 ; 1673-1679.

熊谷晋一郎，綾屋紗月（2014）共同報告―生き延びるための研究．三田社会学 19 ; 3-19.

Lamm C & Singer T（2010）The role of the anterior

insular cortex in social emotions. Brain Structure and Function 214 ; 579-591.

Lin IF, Mochida T, Asada K et al. (2015) Atypical delayed auditory feedback effect and Lombard effect on speech production in high-functioning adults with autism spectrum disorder. Frontiers in Human Neuroscience 9 ; 510.

Liu K, King M & Bearman P (2010) Social influence and the autism epidemic. American Journal of Sociology 115 ; 1387-1434.

Mazumdar S, King M, Liu K et al. (2009) The spatial structure of autism in California, 1992-2001. Health and Place 16 ; 539-546.

Ochs E & Solomon O (2010) Autistic sociality. Ethos 38 ; 69-92.

Peyron R, Laurent B & Garcia-Larrea L (2000) Functional imaging of brain responses to pain : A review, meta-analysis. Neurophysiologie Clinique 30 ; 263-288.

Quattrocki E & Friston K (2014) Autism, oxytocin and interoception. Neuroscience and Biobehavioral Reviews 47 ; 410-430.

Ramautar JR, Slagter HA, Kok A et al. (2006) Probability effects in the stop-signal paradigm : The insula and the significance of failed inhibition. Brain Research 1105 ; 143-154.

Ridderinkhof KR, Ramautar JR & Wijnen JG (2009) To P(E) or not to P(E) : A P3-like ERP component reflecting the processing of response errors. Psychophysiology 46 ; 531-538.

Schachter S & Singer JE (1962) Cognitive, social, and physiological determinants of emotional state. Psychological Review 69 ; 379-399.

Seth AK (2013) Interoceptive inference, emotion, and the embodied self. Trends in Cognitive Sciences 17 ; 565-573.

Silani G, Bird G, Brindley R et al. (2008) Levels of emotional awareness and autism : An fMRI study. Social Neuroscience 3 ; 97-112.

South M, Chamberlain PD, Wigham S et al. (2014) Enhanced decision making and risk avoidance in high-functioning autism spectrum disorder. Neuropsychology 28 ; 222-228.

Uddin LQ, Supekar KS, Lynch CJ et al. (2013) Salience network-based classification and prediction of symptom severity in children with autism. JAMA Psychiatry 70 ; 869-879.

Ullsperger M, Harsay HA, Wessel JR et al. (2010) Conscious perception of errors and its relation to the anterior insula. Brain Structure and Function 214 ; 629-643.

Verhoeff B (2012) What is this thing called autism? : A critical analysis of the tenacious search for autism's essence. BioSocieties 7 ; 410-432.

［特集］発達的視点を活かす

発達の遅れとは何か
知的障碍の場所からの理解

宮内眞治 Shinji Miyauchi
社会福祉法人ル・プリ

わたしは，養護学校（特別支援学校）で，ついで福祉施設でというふうに，知的障碍のある人たちの教育や福祉的支援にかかわってきた。そこで，発達の遅れとは何かというテーマに対して，知的障碍の理解という観点から，これにコメントしてみたい。

I　発達とまなざし

人の発達を考えるとき，身体機能の発達や，認知能力の発達，言語の発達……とさまざまな観点から迫ることができようが，わたしは以前に，まなざしの段階が上がっていくことで発達を捉えることを提案した[注1]。そしてそれ以降も，このアイディア自体はそれほど変更を加えることなしに使えると考えてきた。そこで本稿でも《まなざしの発達論》という枠組から，遅れの問題を捉えていくことにする。

まず，まなざし（gaze）は，視覚的＝知覚的な体験とは違うものである。ひとは，世界をまなざすとき，見えないものをもまなざすことができる。また他者をまなざすとき，ただ顔や仕草を見ているわけではなく，その内心にもさわろうとする。さらにひとは絶えず，自分の内側をまなざし，自分の構えを点検したり，もし何か波立つことが

あれば，そこに起こった情動が何なのかわかろうとしたりするだろう。このようにまなざしは，人間の主観的なものが成り立つ様式にほぼ重なるほど，人間存在のそのつどの経験を支えているものだと理解される。

わたしが発達を，ほかでもないこのまなざしにおいて捉えようとしたのは，次の2点において，他の発達論に対して際立つものがあると思ったからである。ひとつは，まなざしは，母親との関係から始まり，徹頭徹尾，他者との関係のなかで作られていくということ，つまりまなざしの境位の変化は，人の他者認識の深まりとかかわるため，この側面を追えるということである。もうひとつは，まなざしは，あとでも説明するように，ただ一方的にある方向に発達するのではなく，あるところで折り返されていき，ここに人と人との関係の包摂の可能性が示されるということである。

II　6段階のまなざし

まなざしがその段階を上げていくということを，発達論的に示そう[注2]。

まなざしの0段階：胎児期から生後3カ月くらい。まなざしはすべて感覚と運動，原型の不安と安心と満足のなかに内在している。他者との関

係で言えば，全面的にまなざされているという受動性のなかにいる。

まなざしの1段階（イメージをつかみ，イメージのなかでたゆたうまなざし）：生後3～6カ月くらい。他者との，まなざしのやりとり。イメージに対するまなざしが，自分のなかで微かに分離される（自分の手を見ている，不在の気配を知る，誰もいないと泣く，満足に浸っている……）。

まなざしの2段階（概念へのまなざし）：生後6カ月～1歳半くらい，およびそれ以降。まなざしは因果性にふれる（ものを落とすと机の下を見る）。ものごとをひとつの行程としてみるとき，すでに概念は成立している。ことばの始まり。自己でさえ徐々に，〈ひとつ〉の概念になっていき，やがては対象化される。

まなざしの3段階（規範へのまなざし）：1歳半くらいから，ひとによっては2歳半くらいから。概念は規範に同致させられ，コンパクトな像が成立する。主体は，像を扱い，ことばを扱う。自己は固有なものになっていく。

まなざしの4段階（地平へのまなざし）：4歳半くらいから。対自としての自己の誕生，（絶対基準としての）共同性という心的地平の成立，そこへのまなざし。ルールの絶対性がだいぶわかってくる。

まなざしの5段階（まなざしへのまなざし）：13歳くらいから。思春期の始まり。今までのまなざしを成り立たせていたものへの問い直し・対象化・相対化。他者への（からの）あらためての，激しいまなざし（の獲得）の欲望。すでに折り返しのまなざしは始まっている。

まなざしの6段階（死からのまなざし）：まなざしの相対化，多重化。終わりからのまなざし。もしかしたらまた，いのちの受け渡しという意味での生誕にかえっていくかもしれないまなざし。ここのところで，折り返すまなざしは決定的に重

注1）宮内（2002）に今回考えたところをいくつか加えた。
注2）村瀬（1981, 1983）を参照した。とくに，「概念」「規範」「地平」については，多くを受け取った。

要になっていって，生きていくことに影響を与え続ける。

III　まなざしと世界への参入

紙幅がないため以上のまなざしの段階表示は，ていねいなあとづけなしでポイントだけを記したものになっている。ただ，漠然としたイメージをつかむまなざしから，概念，規範，そして地平を見るまなざしへと，自らを開花させ，高次化させること，そして，自らの成立を見るまなざしとして，己を相対化しはじめ，やがて死からの折り返しのまなざしに至るというアイディアは，つかんでもらえたのではないだろうか。

子どもはいつまでもひとつところにとどまることなく，一つずつ段階を上げていくまなざしの新しさにさらされ続けるとともに，そのことに気づき，やがて新たなまなざしを自分のなかに組み込んでいく。以前のまなざしは，次の段階に組み込まれ，そのままのかたちで出現することは困難になっていくが，無意識の痕跡として自分のなかに折り畳まれていくことだろう。

ここで，先のまなざしの段階表示において，知的障碍の問題を考えるための興味深いポイントを，ひとつ確認しておこう。それは，**まなざしの3段階とまなざしの4段階**のところでは，子どもはそこに同調していかなくてはならないということである。もちろん，無理やりの同調ということはないが，やってはいけないことを知らされ，ほめられることで，何をすればいいのかもわかるようになる。そしてそれは単に大人の都合だけではない，大きなルールや，正しさがあるという理解にまで至る。このことは，言われて直ちにわかることではないにしても，それがいつまでもわからないということは，この世界への参入という点では問題が生じる。直ちにではないにせよ，**このまなざしには遅れてはならない**のだ。当然ながら，ここで遅れることなく，ある決まり事に自分を同調させられて，それを使いこなしていくこと，それは，いつまでも規範の内部で子どもを自由にさ

せないことではない。まなざしの5段階のところでは，今まで合わせてきたルールや規範や正しさが，そのまま正しいものか，そのまま同調していていいのか，再度問われはじめる。また，まなざしの6段階では，さらにこの問題が深く相対化されうる。

IV 知的障碍とは何か

ここで，「知的障碍とは何か」という問題に移ることができよう。知的障碍の人たちの特徴は，このまなざしの段階の高度化に《遅れる》ということにある。子どもはそれぞれ，ほとんど急ぐようにして新たなまなざしの境位に至っていく。子どもが思春期に至って，急に態度がきつくなり，まなざしがとげとげしくなって困った親が，子どもがかつて一生懸命，大人のまなざしに加わろうとしていた頃のことを思い出して，嘆息することはよくあるだろう。これに対して，知的障碍の人たちは，ある段階にとどまっていたり，ゆっくりとしかある段階にとどかなかったりする。そして，まなざしの5段階で現れる，自分を見るまなざし，自分を客観的に知ろうとする自分へのまなざし，さらに，実際に自分を相対化するきっかけをつかんだまなざしの段階に至ることが極めて困難であることは，経験的に認められる事態である。彼／彼女らはここで決定的に遅れてしまう。現在「知的障碍」と名づけられている，ある人たちの状態に対して，「遅れ」「遅滞」「retarded/retardation」といった名づけ方があった（ある）ことは，今述べた《遅れ》という現象に，ひとがずっと目を引かれてきたことのひとつの現れであると思える。

そしてなお，どうしてそうなるのかを問うときだけは，《能力》という概念をもちださざるをえない。というのも，ある程度以上の速度をもって衝突していかないとこの段階はかけあがれないというイメージが，生じてくるからである。当然この《能力》という概念は，さまざまな分野からアプローチされ，今後もさまざまに解体されるべきである。ただ今は，ではどうそれを支援するかという観点において，《能力》という概念が維持されるのではないだろうか。

とはいえ，すぐ述べなければならないが，この知的障碍という状態において，彼／彼女らは，自分がずっと自分であることにおいて独特の強度の生を生きるのであり，さらに，ある人たちは，生のテクスチャーにおいて独特のゆるやかさを生きる。これらのことは，現在の社会では，ひとつのハンディキャップとして立ち現れるだろう。だがそのことは，その人（たち）が，ひとに支援を要請する必要があることを示すだけのものであり，生の優劣にはまったくつながらない。

V こころの変化と深まり

われわれが知的障碍のある人たちとともに歩むうえで，もうひとつ，まなざしの発達論に付け加えなければならないことがある。それは，認識の行使（の高度化）とは別に，こころのありようは変化し，深まりうるということである。心境が違ってくる，心持ちが変わるといってもよい。ある境遇の変化を真剣にくぐったとき，人はやさしくなったり，前より余裕をもつようになったりする。この境遇変化の例をあげると，学校の入学や卒業，就職，転職，転居，それまでの家族圏から離れてのグループホームへの入居，（理由はいろいろだが）入所していた施設からグループホームへの転居（移行），父や母の死，別の近親者の死，恋愛の成就や不成就，病気による入院や治療，犯罪をおかし，それをめぐっての事後処置，ときにはそれに伴う司法的処罰とそこからの復帰，等々である。

その内実はどんなことか。まず，夏目漱石が修善寺温泉の旅館で，胃潰瘍による大吐血で瀕死の状態になった（明治43（1910）年，漱石43歳）後，生きのびてふせっていたときの感慨を引用したい。「…あおむけに寝た余は，天井を見つめながら，世の人は皆自分より親切なものだと思った。住みにくいとのみ観じた世界にたちまち暖かな風

が吹いた。／四十を越した男，自然に淘汰せられんとした男，さしたる過去を持たぬ男に，忙しい世が，これほどの手間と時間と親切をかけてくれようとは夢にも待設けなかった余は，病に生きかえるとともに，心に生きかえった。余は病に謝した。また余のためにこれほどの手間と時間と親切とを惜しまざる人々に謝した。そうして願わくは善良な人間になりたいと考えた」[注3]。ここでは，どちらかと言えば敵対的・猜疑的で，緊張感をもって，社会や他者を見ていた漱石が，この大病を機に，こころをゆるめ，ものの見方の変更がなされていったさまが表されている。明らかに折り返しのまなざしが語られている。この文が，漱石の人性的な葛藤の果てに出現したことは間違いない。だが一方で，このような転機の構造とプロセスは，漱石にだけ開かれたものではない。この例を，人生上の大きな体験をしたものに起こりうる出来事として理解して，いっこうにさしつかえないだろう[注4]。

　知的障碍のある人たちがこうした転機を，ひとりでくぐりぬけることはなかなか難しい。だがある信頼できる人が隣にいて，この転機の道程を彼／彼女とともに，こころを込めてともに歩んだとき，何らかの変容が，しかも善い方向での変容が，彼／彼女に生じるケースを，われわれは経験してきた。これは単純に，あの折り返しのまなざしの獲得そのものではおそらくないだろう。だがそれとは別様に，確かにこころは変化し，ものごとの受けとめ，他者の受け入れの境位に変化があった。そしてもうひとつ言えば，彼／彼女とともにこの歩みを進めたものにとっても，大きな安堵の感情が訪れたことだろう。

　われわれは，知的障碍のある人たちの特徴を，《遅れる》ということにおいて見てきた。そのうえで，まなざしの発達論の内包する「折り返し」構造に即して事態を置き直して見れば，関係は複相化する。発達において先まで行ったかもしれないものと，《遅れて》いたものの行路は，出会われ（場合によっては一部すれちがうかもしれないが），決してわきにおかれることなく重なっていく。重なってその先のどこかに行こうとしている。発達ということを考えるとき，最後に現れるこうした映像をふまえることが必要なのではないだろうか。

▶ 文献

宮内眞治（2002）おくれることの意味．言叢社．
村瀬学（1981）初期心的現象の世界―理解のおくれの本質を考える．大和書房．
村瀬学（1983）理解のおくれの本質―子ども論と宇宙論の間で．大和書房．
夏目漱石（1968）硝子戸の中（1968年版）．角川文庫．

注3）夏目漱石（1968）「思い出す事など」（明治43（1910）年から44（1911）年にかけて『朝日新聞』に連載された）。ここでは『硝子戸の中』（角川文庫1968年版）から引用した。漱石はわれわれが引用したところの境地をその頃経験したわけだが，その後も胃潰瘍や「強度の神経衰弱」を再発させた。小説作品としてこの境地に応えるものとして，『道草』を完成させるまでに，ほぼ5年を要した。

注4）『DSM-III 精神障害の分類と診断の手引』（原著1980年／医学書院1982年）は，多軸診断のうち，「アクシスIV」として「ストレスの強さの段階評価」をあげている。そこでの例示は，われわれの示した転機の項目とかなり重なっている。DSM系の考えでは，これが病気の発症や増悪にかかわったかもしれないため注意が必要であるという観点があるのだが，それはまたそこから治療への手立てや工夫の始まりでもある（このアクシスIVの問題は，DSM-III-R（1987年）を経て，DSM-IV（1994年／改訂版2000年）の「心理社会的および環境的問題」にも引き継がれた）。

[特集] 発達的視点を活かす

DSM における発達的視点
神経生物学の知見と心理支援をつなぐ

黒木俊秀 Toshihide Kuroki
九州大学大学院人間環境学研究院

I はじめに

　1980年に発表された精神疾患の診断分類体系である Diagnostic and Statistical Manual of Mental Disorders（DSM）の改訂第3版（DSM-III）は，さまざまな形で精神医学と臨床心理学に大きな影響を与えたが，なかでも特筆すべきは，精神疾患の病因論的理解が，精神力動的発達理論から離れて神経生物学と社会科学の両フレームをまたぐ実証的な研究にもとづいてなされるようになったことであろう（Pine et al., 2002）。以後，40年近くの間に，その成果は旧来の病因論にパラダイム・シフトをもたらした。

　例えば，出生コホート研究は，病態形成における遺伝と環境の極めて複雑な相互作用を示している。また，診断の安定性を検証する経過観察研究から，発達の軌跡（trajectory）を追うという視点が重視されるようになった（図1）。その結果，自閉スペクトラム症（autism spectrum disorder : ASD）をはじめとする発達障害の軌跡には量的にも質的にもさまざまなバリエーションがあり，各成長段階において種々の要因がそれを修飾することが明らかになりつつある。

　これらの知見により，ASD の病名に「スペクトラム」の用語が挿入されていることが示すように，カテゴリー的モデルよりもディメンジョン的モデルのほうが，より発達障害の実態を捉えることに適しているのではないかと考えられるようになった（Kuroki et al., 2016）。こうした今日の発達的視点は，旧来の精神疾患の病因・病態に関する通念にも揺さぶりをかけており，また発達障害の概念自体の拡散も促しつつある。事実，DSM の最新版（DSM-5 : APA, 2013）では，精神疾患の診断分類体系の構造を生涯発達（lifespan development）の観点から刷新するという大きな改革を試みた（その代わり，DSM-IV の「通常，幼児期，小児期または青年期に初めて診断される障害」の章が解体された）。

II 神経生物学が拓く発達的視点

　興味深いことに，最近の神経系の発生と発達に関する生物学のデータも，前述したようなディメンジョン的モデルと発達的視点を補完するものが少なくない。その一例として，特定の染色体異常や単一遺伝子の変異が複数の精神疾患の表現型のリスクと関連していることが知られている。

　レット（Rett）症候群は，一般に女児にみられ，生後6～18カ月間に正常な発達がみられた後に

特　集　発達的視点を活かす

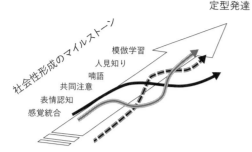

図1　発達の軌跡（trajectory）

発達の軌跡において障害を見ると，それには量的にも質的にもさまざまなバリエーションがあり，各成長段階において種々の要因がそれを修飾する。

急速に言語や運動機能の低下を来たし，てんかん発作やASD類似の症状を呈する進行性の神経疾患として知られてきた（DSM-IVでは，広汎性発達障害のカテゴリーに含まれていた）。1999年にX染色体の長腕（Xq28）にあるMECP2遺伝子の変異により発症することが明らかになり，この遺伝子がコードするMeCP2蛋白質は，メチル化されたさまざまな遺伝子の発現の調節に関与することがわかってきた（三宅・久保田，2015）。このことは，DNAの塩基配列自体の変化を伴わずに，その発現量を調節する「エピジェネティクス」と呼ばれる遺伝子発現の制御機構に異常をもたらすことを意味している。そのため，MECP2遺伝子変異（300を超える多数の変異が報告されている）とレット症候群の重症度や経過とは単純な一対一の関係ではなく，変異の種類やそれが影響を与える遺伝子の機能によって多彩な病像がみられることが，MECP2遺伝子を改変した動物モデルの実験結果からも示唆されている。さらに，MECP2遺伝子以外にもCDKL5やFOXG1と呼ばれる遺伝子の変異もレット症候群の原因として同定されている。レット症候群の重症度や経過が，患者一人ひとり異なるのは，こうした理由によるものらしい。

胎生期の母体環境がエピジェネティクスな影響を与えることも後天的な発達障害の要因であることが示唆されている。妊娠中のマウスにプラスティック製品に含まれるビスフェノールAを投与すると，その仔マウスにはASD類似の行動異常が認められるという（三宅・久保田，2015）。

近年，数kbから数Mbに及ぶゲノム領域の欠失や重複などの構造異常であるコピー数変異（Copy Number Variant：CNV）は，比較的稀ではあるが，統合失調症やASD，知的障害では高頻度にみられ，かつ，それらの疾患への寄与率が高いことが注目されてきた。特徴的な顔貌，口蓋形成異常，心奇形，胸腺形成不全，低カルシウム血症等を呈する22q11.2欠失症候群（velo-facial-cardio syndrome：VFCS／CATCH22とも呼ばれる）は，代表的なCNVの病態であり，統合失調症，ASD，注意欠如・多動症，知的障害などの精神疾患の合併が多いことで知られている。Hiroi et al.（2013）は，モデルマウスを用いて，22q11.2欠失症候群における遺伝子型と表現型の対応関係を詳細に検討した結果，CNVに含まれる30以上の遺伝子のすべてが均一に種々の表現型の発現には作用せず（図2），行動上の表現型の発現は発達の時間軸に沿ってプログラミングされており，かつ環境要因や単一塩基多型などの遺伝的背景によって修飾されることを解明している。

こうした最近の発達障害の神経生物学的研究の知見が一般化できるかどうかについては，今後の検証が待たれるが，1つのゲノムの異常が1つの精神疾患の発症に限定しないことを示している。すなわち，ゲノムと精神疾患の関係は，カテゴリー的に対応しているのではなく，ディメンジョン的な関係にあることが強く示唆される。しかも，発達の軌跡において，その症状の発現にはさまざまな要因が関与しているらしい。

III　発達的視点による精神疾患の構造的理解

米国精神保健研究所（National Institute of Mental Health：NIMH）は，従来の精神疾患のカテゴリー的分類にとらわれないラディカルなディメンジョン的モデルを導入するために，2011

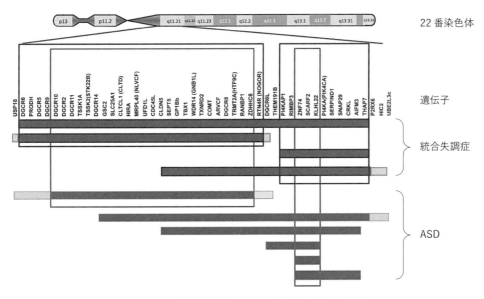

図2 統合失調症とASDに共通するゲノム領域
22q11.2欠失症候群に併発する統合失調症とASDでは，CNVが認められる染色体上の多くの部分が共通している（Hiroi et al., 2013）。

ドメイン （構成概念）	分析ユニット							
	遺伝子	分子	細胞	神経回路	生理学	行動	自己報告	パラダイム
陰性特性システム （恐怖，不安，喪失など）								
陽性特性システム （動機付け，報酬反応など）								
認知システム （注意，知覚，作業記憶など）								
社会的処理システム （対人交流，自他認識）								
覚醒／調節システム （覚醒，生体リズム，睡眠）								

図3 NIMHのRDoC研究が設定するドメイン（構成概念）×分析ユニットの行列モデル（Cuthbert & Insel, 2013）

年よりResearch Domain Criteria（RDoC）と呼ばれるプロジェクトを進めてきた（Cuthbert & Insel, 2013）。RDoCは，最新の神経生物学的研究の結果を踏まえて，精神障害の分類を根本的に見直そうとするものであり，情動や認知の機能的ドメイン群（それぞれ複数の構成概念（construct）を含む）を配置する行と，構成概念を研究するための分析ユニット（units of analysis）と呼ばれる異なる変数クラス（遺伝子，分子，細胞，神経回路等）を配置する列からなる行列（matrix）を設定して研究を進めるという計画である（図3）。こうした研究方法によって，例えば，外在化障害（注意欠如・多動症，素行症，衝動制御障害，物質使用障害，ギャンブル障害など）と眼窩前頭葉－基底核間の神経回路と報酬系への関与が示唆されるドーパミンD_4受容体遺伝子多型との強い相関を描出することが可能になるかもしれない。

RDoCのプロジェクトを提唱したのは，2015

年までNIMHのディレクターを務めたInselであり，彼はまたすべての精神疾患の研究において発達に焦点を当てることをNIMHが支援する研究の方針とした。Inselは，愛着行動におけるオキシトシンの関与を見出した業績でも知られている。

RDoCのように，精神疾患の既存の臨床診断を超えた生物学的マーカーによる新たな分類の試みは，今日，精神疾患の病因研究の最新の方法論として盛んになりつつある（Clementz et al., 2015）。その結果，統合失調症と双極性障害，あるいはASDとのカテゴリー的分類の境界を超えたクラスターの存在が示唆されている。このことは，先に大規模なゲノム解析の結果，主要な精神疾患が同一の病因関連遺伝子を共有している可能性が示唆されたこととも一致している。

特に従来考えられていたよりも，統合失調症とASDとは遺伝型や中間表現型（認知的特性や行動様式）において重なる部分が少なくなく，両者の関係も再考を迫られている（King & Lord, 2011）。DSM-5では，ASDの上位のカテゴリーである「神経発達症」の章に隣接して「統合失調症スペクトラム障害および他の精神病性障害群」の章が置かれたが，これは病因・病態論的に両者はともに神経発達障害として近接していることを示唆している（APA, 2013）。従来の精神科臨床では，統合失調症とASDを鑑別することは臨床的有用であると考えられてきたが，その信頼性や妥当性が検証されていない。実際，臨床の現場では，軽症化した統合失調症と高機能ASDの鑑別は容易ではなく，構造化された心理社会的支援の有用性はともに認められている。むしろ，支援する立場からは両者の厳密な鑑別に力点を置かないほうが良いのかもしれない。

Ⅳ 発達的視点による理解と支援

冒頭に述べたように，DSM-5ではDSM-Ⅳの「通常，幼児期，小児期または青年期に初めて診断される障害」のカテゴリーを削除し，それに伴う各疾患カテゴリー（章）内の再構成がなされた（APA, 2013）。例えば，不安症のカテゴリーでは，発達の軸に沿って分離不安症，選択性緘黙，限局性恐怖症，社交不安症……の順に配列している。こうした試みには，臨床家に発達的視点から不安症の病態を理解することを促す意図が込められている（Pine et al., 2010）。すなわち，これらの各病態は単独ではなく，発達の軌跡において連続して出現する可能性を示唆しているのである。

発達的視点は，疾患の早期発見・介入という予防的視点ともつながる。DSM-5の開発段階では，精神疾患の早期の診断基準閾値下の症状発現に注目することの意義が提唱された（Pine et al., 2010）。なかでも統合失調症の前駆状態（プロドローム）が注目され，減弱精神病症候群（attenuated psychosis syndrome）の概念が提唱された（最終的に正式の診断基準としては採用されなかった）。同様に，不安症の前駆状態として小児の行動抑制（behavioral inhibition／見慣れない状況において極端に臆病になる気質的特性）も指摘された。ただ，児童青年期の不安症の頻度は非常に高く，現行の不安症の診断基準では正常範囲の不安と明らかに病的な不安との境界が不鮮明であるため，重大な臨床上の問題が矮小化されるのではないかという懸念もあり，気質的特性としての行動抑制の位置づけは今後の検討課題として残されている。

Ⅴ おわりに──発達の軌跡を支える

以上のように，発達的視点，特に発達の軌跡を追いながら，その遺伝的特性と周囲の環境との相互作用を明らかにするという方法論は，DSM-5に至る改訂作業におびただしい有意義なデータを提供してきた。そして今もなお斬新な所見が報告されつつある。例えば，最近の出生コホート研究は小児期と成人期の注意欠如・多動症の非連続性を示唆している（Moffitt et al., 2015）。一方では，人生早期の重度の剥奪体験が成人期の注意欠如・多動症のリスクと関連していることも指摘されて

いる（Sonuga-Barke et al., 2017）。改めて発達の軌跡を追うことの大切さに思い至る。今後の心理支援は，ハンディのある人たちの発達の軌跡をいかに支えるかが重要な課題となろう。現在の横断面のみを支えるのではなく，過去・現在・未来をつなぐ縦断的な切れ目のない支援が必要である。その方策を考える際，神経生物学の知見が有意義なものとなるのではないだろうか。

▶付記

本研究は，JSPS 科研費 16H03091 および 17K04423 の助成を受けた。

▶文献

American Psychiatric Association (APA) (2013) Diagnostic and Statistical Manual of Mental Disorders. 5th Edition (DSM-5). Arlington : American Psychiatric Publishing.

Clementz BA, Sweeney JA, Hamm JP et al. (2015) Identification of distinct psychosis biotypes using brain-based biomarkers. The American Journal of Psychiatry 173-4 ; 373-384.

Cuthbert BN & Insel TR (2013) Toward the future of psychiatric diagnosis : The seven pillars of RDoC. BMC Medicine 11 ; 126.

Hiroi N, Takahashi T, Hishimoto A et al. (2013) Copy Number Variation at 22q11.2 : From rare variants to common mechanisms of developmental neuropsychiatric disorders. Molecular Psychiatry 18 ; 1153-1165.

King BH & Lord C (2011) Is schizophrenia on the autism spectrum?. Brain Research 1380 ; 34-41.

Kuroki T, Ishitobi M, Kamio Y et al. (2016) Current viewpoints on DSM-5 in Japan. Psychiatry and Clinical Neurosciences 70-9 ; 371-393.

三宅邦夫，久保田健夫（2015）発達障害のエピジェネティクス病態の最新理解．日本生物学的精神医学会誌 26-1 ; 21-25.

Moffitt TE, Houts R, Asherson, P et al. (2015) Is adult ADHD a childhood-onset neurodevelopmental disorder? : Evidence from a four-decade longitudinal cohort study. The American Journal of Psychiatry 172 ; 967-977.

Pine DS, Alegria M, Cook Jr EH et al. (2002) Advances in developmental science and DSM-V. In : DJ Kupfer, MB First & DA Regier (Eds.) (2002) A Research Agenda for DSM-5. Washington DC : American Psychiatric Association, pp.85-122.（黒木俊秀，松尾信一郎，中井久夫 訳（2008）DSM-V 研究行動計画．みすず書房，pp.105-144）

Pine DS, Costello EJ, Dahl R et al. (2010) Increasing the developmental focus in DSM-5 : Broad issues and specific potential applications in anxiety. In : DA Regier, WE Narrow, EA Kuhl et al. (Eds.) The Conceptual Evolution of DSM-5. Arlington : American Psychiatric Publishing, pp.305-321.

Sonuga-Barke EJS, Kennedy M, Kumsta R et al. (2017) Child-to-adult neurodevelopmental and mental health trajectories after early life deprivation : The young adult follow-up of the longitudinal English and Romanian adoptees study. Lancet 389 (10078) ; 1539-1548.

[特集] 発達的視点を活かす

アタッチメントと神経科学
子どもの心の発達を支えるもの

鵜飼奈津子 Natsuko Ukai
大阪経済大学人間科学部

I はじめに

　子どもと家族の援助という文脈において，アタッチメントを一つのキーワードとして考えようとする傾向が，近年，増加してきているように思われる。

　アタッチメント理論は，1940年代に英国のTavistock Clinicで子どもの心理療法の訓練を創設した一人であるBowlby（1969）により提唱されて以来，子どものこころの発達の研究領域において，精神分析理論，精神医学，また進化論や動物行動学の影響を受けながら発展してきた。その基本的な考え方は，親と子の「絆形成（bonding）」には，時をかけた一貫する養育と親密性が必要であるが，これは母子双方向からの影響を受けながら緩やかに進展するものであり，他の種とは異なり，早急になされる必要もなければ，すぐに起こらなければ取り返しがつかないといったものでもなく，また，困難がある場合には援助を受けることができるというものである。本稿では，以下，拙監訳『子どものこころの発達を支えるもの』（Music, 2011/2016）を参考に，特にアタッチメント理論と神経科学との関連性について概観する。

II アタッチメント理論の確立に影響を与えた調査・研究とその発展

1 HarlowとHindeの調査・研究およびRobertsonによる映像

　食べ物よりも身体的に感じられる「心地よさ」が重要なものであるというHarlow（1958）によるアカゲザルの研究や，Hinde（1970）による霊長類の研究に衝撃を受けたBowlbyらは，人間においてもこれと同様のパターンがあることを発見していく。そして，人間の乳児も保護的なアタッチメント対象を生物学的に必要とし，そのような人の不在が続くことは，子どもが成長するうえで心理学的な困難を引き起こすことになるという考えの基礎を築いていった。

　一方，Robertsonら（1971）は，子どもが入院したり乳児院に預けられたりするなどといった親との分離体験の実際を撮影した。そこでは子どもは，当初はアタッチメント欲求が満たされることを期待して比較的落ち着いているが，すぐに泣いたり叫び声をあげたりして不満を表し，その後は徐々に絶望的な状態に沈み込み，最終的には自らを閉ざしてしまうという，霊長類と同様のパターンを示した。

2　アタッチメント理論の発展

1．Bowlby（1969）――初期

　Bowlbyが当初提唱した理論は，アタッチメント対象が，不安なときに戻ってこられる安全基地になると，それが乳児が探索することへの自信をもたらし，安心感をもって外の世界へ出ていくことを助けるという行動的理論であり，子どもが安全基地に接近することの重要性が強調された。また，人間の乳児の出生後の脆弱性と早期の経験の重要性とともに，身体的な接近の大切さとアタッチメント対象と離れることの衝撃が強調された。しかし，乳児と母親の関係性が過大評価され，他のアタッチメント対象の重要性が過小評価されていたことや，記述が行動的であったことから，乳児の内的精神生活を理解するための役には立たないと見なされた。

2．Ainsworth（1978）――Strange Situation Test

　Bowlbyの弟子であったAinsworthは，乳児の「人見知り」に対する関心からStrange Situation Testを開発し，アタッチメント理論に新たな科学的厳密性を与えた。以後，すべての親が子どもに同じような安全基地の経験を提供するわけではないこと，そしてその経験は，子どもが将来，どのような関係性のパターンをもつことになるのかに影響をおよぼすという考えが加わった。

3．Main et al.（1985）――Adult Attachment Interview

　Mainらは，成人の思考過程を測定するための半構造化面接（Adult Attachment Interview）を開発した。ここでは，幼少期に実際に起こったことを明らかにするよりも，質問に答えるときの様子，特に内的凝集性や一貫性，語りの熟考性から，その人の情緒的経験を内省する能力を尺度に従って分析し，明らかにしようとする。

4．Meins E et al.（2003）――Mind-Mindedness（心への関心）

　Meinsらは，心の状態を繰り返し反映してもらう体験によって，子どもは自身や他者の心の状態やプロセスに気づくことができるようになることを明らかにした。心への関心の能力を示す親は，子どもの主観的な状態や，何を感じ，考え，体験しているのかに関心を向ける傾向にあり，また，子どもの身体的な要求や行動に関心を向けるよりも，子どもが心と感情をもつものとして，そこにより多くの関心を向けるとする。

III　アタッチメント理論と生物学的背景に関する調査・研究

　アタッチメントのテンプレートは，非常に幼い頃に，生物学的もしくは生理学的に獲得された他者との関わり方の習慣やパターンであり，それを意識することはほとんどないと考えられている。それでは，個人の生物学的背景は，このような学習や身体に基づいた記憶（潜在的記憶）に何らかの影響を与えるのだろうか。ここでは，こうしたテーマを扱う調査・研究を概観する。

1　ホルモンをめぐる調査・研究

　乳児の脳の発達は，同調してくれる養育者との相互交流の経験を通して起こる。母親が乳児と調和し，その感情を調整しているときには，両者の心拍数や神経系機能には類似性が示される。また，乳児が愛する大人と一緒にいて幸福なときには，オキシトシン[注1]の放出を伴う生理学的影響を受け，それが肯定的なアタッチメントを作り出すことに寄与する。むろん，この反対のことも起こる。たとえば，抑うつ的な母親の乳児は，母親の低いドーパミン放出量を反映して，生後1カ月時のドーパミン濃度が低いとされている（Music, 2011/2016）。

注1）愛する感情や楽観的な感情を高めるホルモン。特に，温かく親和的な感情を促進すると言われている。

一方，ストレス状況や剥奪の背景をもち，養子あるいは里子になった子どもを対象とした調査・研究（Dozier et al., 2001）からは，里子になった年齢が低いほど，回復の可能性が高いことが見出されている注2)。また，不安定なアタッチメントをもつ乳児が，よく訓練された養育者の里子になることで安全感を発達させ，里子ではない子どもに見られるのと同様のコルチゾール濃度を発達させたという注3)。コルチゾールには多くの有害な影響があり，記憶のための主要な脳領域である海馬の細胞を破壊しうる（McAuley et al., 2009）ことからも，これは養育環境がホルモンにおよぼす影響について考えるうえでの重要な視点ではないだろうか。ほかに，孤児院から養子になった子どもは，バソプレシンやオキシトシンの生産が低水準であることを明らかにした調査・研究もある（Fries et al., 2005）。

2 遺伝子をめぐる調査・研究

一方，遺伝子に関する調査・研究には次のようなものがある。

長い型のDRD4遺伝子をもつ子どもは，もの珍しいことを探しまわるなど，ADHDになる可能性を増す（Faraone et al., 2001）が，これは無秩序・無方向型アタッチメントの可能性をも増大させる。もし，子どもがこうした遺伝子をもち，トラウマを体験したり，非常に一貫性のない養育，あるいは敏感ではなく非共感的な養育を受けたりしたとすれば，落ち着きがないなどの行動を示すようになるであろうし，さらに無秩序・無方向型アタッチメントのサインをより多く示すことにもなろう。しかし，もし同じ子どもが，敏感で調和的な養育を受けたなら，このような影響は見られないのである（Bakermans-Kranenburg et al., 2008）。

こうした調査・研究からは，遺伝子や気質は，たとえばストレスに反応しやすく生まれてくるなど，子どもに影響をおよぼしはするが（Frigerio et al., 2009），アタッチメントの状態は，それよりも子どもが受ける養育，特に養育者の感受性と心への関心の違いといった養育の機能による（Fearon et al., 2006）のだと要約することができよう。実際，遺伝的性質と非常に好ましくない養育の組み合わせが，無秩序・無方向型アタッチメントの見込みを強めるというエビデンスもある（Lakatos et al., 2002）。

IV ネグレクトとアタッチメント

1 ネグレクトのアタッチメントへの影響

一方，アタッチメント調査・研究者のCrittenden（1993）は，情緒的にネグレクトフルな親について研究し，ネグレクトには，乳児のサインに気がつかないか，気がついていても反応する必要がないと考えたり，単に対応がわからなかったりするなど，さまざまな形態がとられるとした。子どもの行動やアタッチメントの困難は，しばしばネグレクトの結果として生じ，最悪の場合，常同的な身体の揺れにより自己を落ち着かせるなどの自閉症に類似の状態を導きうること（MacLean, 2003），また早期のネグレクトは，統制群と比較してIQ，脳の発達やホルモン作用，そして全般的な情緒発達に相当な影響を与えることが示されている（De Bellis, 2005）など，ネグレクトとアタッチメントに関する調査・研究は少なくない。

特に，施設養育におけるネグレクト状態の研究に関しては，たとえば，後に情緒的に支えとなる家族の元に養子に行っても，友人を作ったり関係性を続けたりすることができないなど，施設養育の影響が青年期後期まで続く（Tizard & Hodges, 1978）というものがある。以下に，同様の調査・研究の代表的なものを取り上げる。

①非常に劣悪な剥奪状態にあるルーマニアの施

注2) この研究では，生後18カ月以内に里子になった場合に，回復がはるかに良かったと言われている。
注3) 子どものコルチゾール濃度は，継続的にトラウマや不安にさらされていたり恐れていたりすると，より高くなる。

設からイギリスに養子に出された子どもの研究（Rutter, 1998；O'Connor et al., 1999）——特に幼い子どもは、アタッチメントの型に不安なサインを残しながらも健康な回復を果たした。また、本研究の20数年にわたるフォローアップの結果、6歳時には多くが無差別の社交性のような深刻なアタッチメントの問題を示したが、最もひどい症状をもつ子どもたちは、施設での養育を2倍もの期間受けていたことがわかった（Sonuaga-Barke et al., 2017）。

②ルーマニア・ブカレストの施設の子どもを2つの群に分けた比較研究——一方は20人の職員がシフト制で約30人の子どもを養育する群、他方は実験群として子ども10人に対して4人の職員という小集団での養育を計画・実施した（Smyke et al., 2002）。その結果、実験群は、より良い生活を送り、援助を受け入れ、各種心理検査においては、多くの項目で施設に入所したことのない子どもと変わらない結果を示した。一方、職員の比率が低くインプットが乏しい群の子どもは、多くが反応性アタッチメント障害の兆候を示し、引きこもりがちで反応に乏しく、脱抑制状態にあることが明らかになった。

2　ネグレクトと脳および神経系発達への影響

さらに、こうした早期剥奪の脳そのものへの影響を示す事例研究（Chugani et al., 2001）も行われているが、これらの子どもの脳のスキャン画像は、特に言語発達に関する部分の活動の減少を明らかに示すという。

先記のルーマニアの孤児院から養子になった子どもの多くは、前頭前皮質と側頭葉の活動性が、同年齢の他の子どもと比べてはるかに少ないことが明らかになっている。さらに、これらの子どもは、神経学的欠損とともに、認知や情緒の障害、集中困難、身体的・情緒的状態の調整に困難があった（Eluvathingal et al., 2006）ともいう。しかし、Perry（2002）は、深刻なネグレクトを経験した子どもの脳の大きさは、標準よりもかなり小さいが、実際の脳周囲は早期に養子になることで回復するとしている。

このように、幼少期の体験は、確かに、脳のさまざまな機能や発達に影響を与え、特に深刻なネグレクトは、共感し、感情を調整し、親密性や通常の社会的相互作用を行う能力の深刻な欠損とともに、脳の一部の萎縮や発達遅滞を導きうる（Music, 2011/2016）のだと言えよう。このように予後が良くないにもかかわらず、こうした子どもは、周囲の注意を引かず、容易に背景に「消えて」しまうため、専門家や他の大人からさらにネグレクトされることになる（Music, 2011/2016）。つまり、子どもの受けたネグレクトが、専門家の間で「行動化」されるということが起こるのである。

V　アタッチメントの問題に対する介入

このほか、アタッチメントにおける文化的要因や、アタッチメントの問題の長期的な影響、たとえば思春期から成人期に至るまで、早期のアタッチメントの問題が、どのようにその人の人生に影響するのかといった視点も興味深い。また、養育者からの思慮深い共感的注意によって、子どもは情緒的に共鳴しつつ育ち、それが脳回路の統制に影響をおよぼすとも言われているが、最近の神経科学的知見の有望な特徴のひとつは、脳は生涯にわたって柔軟でありつづける（Music, 2011/2016）という視点であろう。そこで、本論の枠を超えることにはなるが、最後にアタッチメントの問題に対する介入について触れておきたい。

たとえば、母親の感受性、特に心への関心が、子どもの安定したアタッチメントを保証し、そこに大きな違いをもたらすという領域に絞って取り組むなど、子どものアタッチメントは、親が子どもに対して敏感に応じられるように援助を受けることで改善するという調査・研究成果がある（Bakermans-Kraneburg et al., 2003）。この研究によれば、援助を受けなかった統制群の78％が、

1年後に不安定型の子どもと分類されたのに対して，援助を受けた群では38％にとどまったという。

さらに，母親が応答的で思慮深くなれるよう，また子どもの情緒的サインを読めるよう援助を受けた場合，子どものアタッチメントのパターンに真の変化がもたらされるという調査・研究（Cooper et al., 2003）もある。

一方，精神分析的心理療法によりもたらされる脳構造の変化に注目した調査・研究では，より良いアタッチメントを形成し維持する能力とともに，左脳と右脳のより良いつながりがもたらされることにより，よりよく考える能力や自分について首尾一貫した物語を作り，情緒的経験を調整する能力の増大，またコントロールを失うことなく困難な情緒に耐える能力が高められることなどが示されている（Ressler & Mayberg, 2007）。

VI おわりに

このように，脳神経科学の領域の発展が，従来のアタッチメント理論におよぼす影響は計り知れない。また，こうした領域の知見が，精神分析理論とアタッチメント理論が再接近するきっかけのひとつとして影響しているようにも思われる。つまり，精神分析的心理療法士が，臨床的な実感として「知っていた」ことを，これらの調査・研究の新たな知見が実証的に裏づけてくれているのだと言えよう。今後，これらの異なる調査・研究，あるいは臨床実践の分野が協働していく可能性と，その発展に期待したい。

▶文献

Ainsworth MDS (1978) Patterns of Attachment : A Psychological Study of the Strange Situation. Hillsdale, NJ : Lawrence Erlbaum Associates.

Bakermans-kranenburg MJ, van Ijzendoorn MH, Mesman J et al. (2008) Effects of an attachment-based intervention on daily cortisol moderated by dopamine receptor D4 : A randomized control trial on 1- to 3-year-olds screened for externalizing behavior. Development and Psychopathology 20-3 ; 805-820.

Bakermans-kranenburg MJ, van IJzendoorn MH & Juffer F (2003) Less is more : Meta-analyses of sensitivity and attachment interventions in early childhood. Psychological Bulletin 129-2 ; 195-215.

Bowlby J (1969) Attachment and Loss (Vol.1 Attachment). New York : Hogarth.

Chugani HT, Behen ME, Muzik O et al. (2001) Local brain functional activity following early deprivation : A study of postinstitutionalized Romanian orphans. Neuroimage 14-6 ; 1290-1301.

Cooper G, Hoffman K & Marvin RS (2003) The circle of security intervention : Pathways to healthier attachment-caregiving bonds. Enhancing early attachments : Conference of the Duke Series in Child Development and Public Policy, Durham, NC.

Crittenden PM (1993) Characteristics of neglectful parents : An information processing approach. Criminal Justice and Behavior 20-1 ; 27-48.

De Bellis MD (2005) The psychobiology of neglect. Child Maltreatment 10-2 ; 150.

Dozier M, Stovall KC, Albus KE et al. (2001) Attachment for infants in foster care : The role of caregiver state of mind. Child Development 72-5 ; 1467-1477.

Eluvathingal TJ, Chugani H, Behen ME et al. (2006) Abnormal brain connectivity in children after early severe socioemotional deprivation : A diffusion tensor imaging study. Pediatrics 117-6 ; 2093-2100.

Faraone SV, Doyle AE, Mick E et al. (2001) Meta-analysis of the association between the 7-repeat allele of the dopamine D4 receptor gene and attention deficit hyperactivity disorder. American Journal of Psychiatry 158-7 ; 1052-1057.

Fearon RM, van Ijzendoorn MH, Fonagy P et al. (2006) In search of shared and nonshared environmental factors in security of attachment : A behavior-genetic study of the association between sensitivity and attachment security. Developmental Psychology 42-6 ; 1026-1040.

Fries ABW, Ziegler TE, Kurian JR et al. (2005) Early experience in humans is associated with changes in neuropeptides critical for regulating social behavior. Proceedings of the National Academy of Sciences 102-47 ; 17237-17240.

Frigerio A, Ceppi E, Rusconi M et al. (2009) The role played by the interaction between genetic factors and attachment in the stress response in infancy. Journal of Child Psychology and Psychiatry and Allied Disciplines 50 ; 1513-1522.

Harlow HF (1958) The nature of love. American

Psychologist 13-12 ; 673-685.

Hinde RA (1970) Animal Behaviour : A Synthesis of Ethnology and Comparative Psychology. New York : McGraw Hill.

Lakatos K, Nemoda Z, Toth I et al. (2002) Further evidence for the role of the dopamine D4 receptor (DRD4) gene in attachment disorganization : Interaction of the exon III 48-bp repeat and the-521 C/T promoter polymorphisms. Molecular Psychiatry 7-1 ; 27-31.

MacLean K (2003) The impact of institutionalization on child Development. Development and Psychopathology 15-4 ; 853-884.

Main M, Kaplan N & Cassidy J (1985) Security in infancy, childhood and adulthood : A move to the level of representation. Monographs of the Society for Research in Child Development 50 ; 66-104.

McAuley MMT, Kenny RA, Kirkwood TB et al. (2009) A Mathematical Model of aging-related and cortisol induced hippocampal dysfunction. BMC Neuroscience 10-1 ; 10-26.

Meins E, Fernyhough C, Wainwright R et al. (2003) Pathways to understanding mind : Construct validity and predictive validity of maternal mind-mindedness. Child Development 74-4 ; 1194-1211.

Music G (2011) Nurturing Natures : Attachment and Children's Emotional, Sociocultural and Brain Development. New York : Routledge. (鵜飼奈津子 監訳 (2016) 子どもの心の発達を支えるもの. 誠信書房)

O'Connor TG, Bredenkamp D & Rutter M (1999) Attachment disturbances and disorders in children exposed to early severe deprivation. Infant Mental Health Jounal 20-1 ; 10-29.

Perry BD (2002) Childhood experience and the expression of genetic potential : What childhood neglect tells us about nature and nurture. Brain and Mind 3-1 ; 79-100.

Ressler KJ & Mayberg HS (2007) Targeting abnormal neural circuits in mood and anxiety disorders : From the laboratory to the clinic. Nature Neuroscience 10-9 ; 1116-1124.

Roberston J (1971) Young children in brief separation : A fresh look. Psychoanalytic Study of the Child 26 ; 264-315.

Rutter M (1998) Developmental catch-up, and deficit, following adoption after aevere global early privation. Journal of Child Psychology and Psychiatry and Allied Disciplines 39-04 ; 465-476.

Smyke AT, Dumitrescu A & Zeanah C (2002) Attachment disturbances in young children I : The continuum of caretaking casualty. Journal of the American Academy of Child & Adolescent Psychiatry 41-8 ; 972-982.

Sonuaga-Barke EJS, Kennedy M, Kumsta et al. (2017) Child-to-adult neurodevelopmental and mental health trajectories after early life deprivation : The young adult follow-up of the longitudinal English and Romanian Adoptees study. Lancet 389 ; 1539-1548.

Tizard B & Hodges J (1978) The effect of early institutional rearing on the development of eight year old children. Journal of Child Psychology and Psychiatry 19-2 ; 99-118.

[特集] 発達的視点を活かす

育ち育てられる関係発達の視点

大倉得史 Tokushi Okura

京都大学

I 関係発達とは

　関係発達（論）は，発達心理学の領域で提唱されている新たな視点である（鯨岡，2016）。従来の発達心理学が主として個人が身につけていく「力」や「特性」の発達を明らかにしようとしてきたのに対して，関係発達論では人の「心」——多義的な言葉だが，ここでは「思い」や「気持ち」とほぼ同義である——のありようと，それを大きく規定する人々の「関係」に注目する。たとえば，「生後1カ月ほどで視線定位ができるようになる」「1歳頃に自力で歩行ができるようになる」といった「力」の発達を追いかけるのが従来の発達心理学だとすれば，関係発達論では「丁寧なケアが日々繰り返されることによって養育者の現前を喜ぶようになる」「よちよち歩きなど『できる』ことが増え，他者から認められる喜びと自分への誇らしさを感じるようになる」といったように，子どもの「心」や周囲の人々との「関係」のありよう（関係性）が変容していくプロセスを重視する。言い換えれば，そのように関係性が複雑化・豊饒化していく過程こそが人間の発達過程そのものであると見て，これを「関係発達」と呼ぶのである。
　もちろん，「力」や「特性」のありようと「心」や「関係」のありようは密接に絡み合っており，明確に切り分けられるわけではない。ただし，これまでの発達心理学は「力」や「特性」を客観的に測定することに注力するあまり，「子どもが今どんな気持ちでいるのか」「人々がどのような気持ちの交流をしているか」といった側面——客観的に目に見えるというよりは，間身体的・間主観的に感受される人々の「心」のありよう——には十分な注意を払わないできた。そして，そうした発達論に基づいた発達支援や臨床実践も，支援対象者の「心」が充実することを目指すよりも，彼らを「通常とは異なる特性」を有する者として捉え，「足りない力」を育成するといった方向に傾いてきた。
　しかし，「力」や「特性」の状態がどのようなものであれ，人には必ずその人なりの思いがあり，気持ちがある。仮に「力」や「特性」の状態が変わらなくても，自分の思いを受け止めてもらい，周囲の人と豊かな気持ちの交流をしている人と，そうでない人とでは，その生活の質や将来への展望は大きく異なってくるだろう。関係発達論は，まずは対象者の「心」が少しでも充実するように，また周囲の人々との「関係」が対象者にとって少しでも生きやすいものになるように関わるこ

とを，支援の第一目標に据える。そのためには，対象者の「特性」を越えてその「体験世界」を理解すること，そして「力」の育成以上にその「体験世界」が豊かなものになっていくよう試行錯誤していくことが必要である。

以上が，関係発達論的な考え方の大枠であるが，これだけではまだ具体的にそれがどのような支援・実践を導くのかはわかりにくいだろう。以下では保育現場の仮想事例を挙げつつ，関係発達論が支援・実践の現場にどのような視野をもたらすのかを論じていくことにする。なお，仮想事例では発達が心配された子どもへの支援を取り上げるが，そこで議論する内容は，その他の現場での臨床実践にも適用できるものだと考えている。

II 心のありようを見つめる

1 仮想事例

A（男児）は3歳で幼稚園に入園してきたが，他の子に比べ，できないことが非常に多かった。生活面では自分で靴を脱げない，登園鞄の荷物を出せない，トイレに行きたくても自分で言えず漏らしてしまう，指示的な言葉をかけられると泣くといった姿が，遊びの面では滑り台の上り下りができない，色鉛筆が握れない，ブロックをつなげられないなどの姿があり，保育者がつねに傍についている必要があった。先天性の心臓疾患があり，1歳2カ月のときに約1カ月間入院したことがある。

母親はそんなAに対して靴を脱がせてあげたり，鞄の荷物を出してあげたりと，何でもやってあげる姿が目立ち，叱責したりすることはなかった。保育者は母親に対して，少しずつA自身にやらせることを増やしていきましょうと何度か伝えたが，母親はその場では素直に応じるものの，Aへの対応にあまり変化は見られなかった。

Aと母親への対応に戸惑った保育者が心理士に相談し，Aの園での様子を協働して観察しながら，対応を考えていくことになった。そのなかで，①Aは「できない」のではなく，そもそも「やろうという気にならない」，あるいはどうしたらよいのかわからない不安から固くなっているのではないか，②A自身は滑り台の上り下りはできないが，他の子が滑り台で遊んでいる姿をじっと見ていることがある，といったことが見えてきた。

そこで，Aへの対応の指針としては，①何かができなくてAが困っているときには基本的に保育者がやってあげるようにし，まずは園生活に安心感をもってもらうこと，②そのなかで，Aにできそうなことがあれば，ときどきやってみようかと誘ってみること（ただし，やろうとしないときには無理強いはしない），という2点を柱とし，ただちに変化が見られなくてもA自ら動き出すのをじっくり待つことにした。

そうした関わりを始めて数週間後，友だちが滑り台の上ではしゃいでいるのを見てAが笑っているのに気づいた保育者が「A君も滑り台に上ってみる？」と誘いかけたところ，Aがうなずき，保育者と一緒に滑り台に上がり，抱っこされながらではあるが滑り下りることもできたというエピソードが報告された。その頃を境に，Aが自ら靴を脱ごうとしたり，友だちの真似をしてブロックをつなげたりする姿が見られるようになり，徐々に安定した園生活が送れるようになっていった。

2 考察

生活や遊びの面で「できる」ことがほとんどなく，当初は他の子とともに園生活を送っていけるのだろうかと心配された事例である。母親のやや過保護な関わりも目に付いたため，保育者は母親に対してAへの関わりを見直してもらい，まずはいろいろなことをA自身にやらせてみることを目論んだようである。しかし，指示的な言葉かけに対してAはすぐに泣いてしまうし，母親のAへの対応もあまり変わらず，心理士に相談が持ち込まれることとなった（保育者は何らかの「障碍」を疑っていたようである）。

関係発達論的に言えば，こうしたケースにおいてはまず「できる／できない」といった能力面で

はなく，子どもがどのような気持ちで，どのような体験をしているのかという心の面に想像力を働かせることが重要である。Aは1歳2カ月のときに長期の入院経験を有していた。1歳過ぎという時期は，よちよち歩きではあれ自力歩行ができるようになったことに子どもが歓喜し，自分で身体を動かして，あちこちと世界の探索をしはじめる時期（Mahler et al., 1975/2001），そうするなかで自分なりの意志や自律性の感覚を育みはじめる時期（Erikson, 1959/2011）である。ちょうどその時期に入院をしたという体験は，Aの心にどのような影響を与えただろうか。自由に身体を動かすこともできず，身辺のことを大人たちにやってもらうような生活のなかで，本来育まれるべき自律性の感覚，自分でやってみようという意欲の芽が摘まれることはなかったか。

また，母親としても先天性の心臓疾患という深刻な事態に，我が子のためにともかくできる限りのことをしてやらねばという気持ちになったことは想像に難くない。そして，もしかすると疾患をもつ身体に産んでしまった負い目なども手伝って，子どもが困っている状況を見ていられない気持ちがつい先立ち，それがAへの過保護とも見える関わりとして常態化していったのではないだろうか。そのような母親の我が子への心配や，これまでの関わりの歴史を受け止めないまま，「もうちょっとA自身にやらせていきましょう」といったアドバイスをしても，当人には十分理解されない。

心理士は，このようにAの体験世界や母親との関係を想像し，園での様子を観察した。そうするなかで見えてきたのは，やはり単に「できない」のではなく，「やろうという気持ちが動かない」Aの姿であった。自分でやらなくても，周りの大人がやってくれるという状況下では，経験も積み重なっていかない。周りの子どもたちがいろいろなことに対して自発的にどんどん取り組んでいく姿を目にしながら，A自身は取り残されたように感じ，途方に暮れているのではないか。そうした不安な気分では，のびやかな振る舞いはますます出てこなくなってしまう。

そこで上記の見立てを保育者に伝えて協議をし，まずAの今あるがままの姿を受け止めていくことを関わりの第一の指針とすることにした。これは「できない」子に対して何もかもやってあげるという関わりをしないほうがよいだろうという当初の保育者の見立てとは，ある意味，対照的な方針だと言える。しかし，人が周囲の他者に対する安心感・信頼感や自分の存在に対する自信をもてる唯一の条件は，ありのままの自分を受け止められること（認められ，許され，愛されること）である。そうした安心感・信頼感の裏付けがあって初めて，「自分で〜をしてみたい」といった意欲や自律性も出てくる。入園当初のAにとってまず必要だったのは，この安心感・信頼感を回復することだったと言える。当初は「こんなに何でもかんでもやってあげてしまってよいのだろうか」と躊躇を覚えていた保育者も，心理士との協議を経て，「いつかA自身から意欲が出てくることを信じて，今はAが困っていたらしっかり援助をしよう」と思えたようだった。

ただし，そうした「支える関わり」を基軸としつつも，Aの気持ちにゆとりがあって自分でもやってみたいという気持ちが高まっているときに，プレッシャーとならない形で上手に誘っていく「誘う関わり」を忘れるべきではない。これを欠いてしまうと，「何でもやってあげることで，子どもにとって必要な経験を奪ってしまう関わり」に傾いてしまうだろう。上記の事例では，保育者がタイミングよく一緒に滑り台に上ってみようと誘ったことで，Aも「それならできそう」と思えたようだった。このように支援者は，課題の分割や方法の具体的な提示など，誘う関わりの技法も磨いていく必要がある。

これらの関わりが功を奏して，Aは次第にのびのびと園生活を送れるようになっていった。また，母親に対してもこれまで懸命にAを守り育んできたその努力に敬意を表しつつ，Aの姿の

変化を伝え，喜び合うことを大事にしていった。そして，Aへの関わり方を共に考えていくなかで，母親も少しずつA自身がやってみようと思えるように誘ったり，Aがやるのに任せてみたりする場面が増えてきた。このように，関係が変わることで心のありようが変わる，あるいは心のありようが変わることで関係が変わっていく。

以上をまとめると，関係発達という視点を支援に活かすには次の諸点が重要となる。

①子どもの育ちの歴史を踏まえ，その子の心や体験のありようを想像すること。一般的な心の育ちの段階で言うとどの段階にあるのかを考えること（Aの場合，ある意味では1歳過ぎくらいの心の育ちの段階にあったと言える）。
②親をはじめとする周囲の人との関係を把握し，周囲の人との関係と子どもの心がどう関連しているかを想像すること。支援者が対象者との関係を見直していくことで，対象者の心が変化していき，それが対象者と周囲の人とのしばしば固定的になっている関係を変化させていくといったように，「関係⇔心」の循環をイメージすると，関わりのヒントが得られやすい。
③関わる際には，まず子どものあるがままを受け止めて，支援者とのあいだで安心感や自己肯定感をもてるようにすること（支える関わり）が第一の指針となる。それによって子どもの気持ちにゆとりが出てきたのを感じたら，無理強いにならない形で巧みに誘う関わりも織り交ぜていくことが第二の指針となる。

III 「育てられる者」から「育てる者」へという世代間伝達の過程を視野に入れる

上記の事例の考察で，母親の思いを受け止めないまま，支援者からのアドバイスを伝えてもうまくいかないと述べた。このことは，少子化や核家族化などにより，「育てる」という営みの世代間伝達が十分機能せず，子育てが難しくなっている現代の社会状況にあって，孤立感や苛立ちを感じているすべての保護者への支援について言えることである。現代の多くの保護者が求めているのは，子育ての知識もさることながら，むしろ自分が懸命に頑張っていることや，工夫をしながら何とかやってきたことを認め，共感してもらうこと，自分の思いをまずはしっかりと受け止めてもらうことである。上記①〜③の指針は，支援対象者が保護者の場合であっても同様に適用できるといってよい。

たとえば，上記の事例とは対照的に，子どもに対して「あれをしなさい，これはダメ」などと，頻繁に指示や制止・叱責を加える保護者も多い。その結果，子どもが萎縮して妙に「いい子」になっていたり，保護者への信頼感をもてずに好き勝手に振る舞っていたりするケースがある。支援者としてはつい「もっとこんなふうに関わってほしい」といったことを口にしがちだが，その言葉を一旦棚上げし，保護者の気持ちを丁寧に聞いていくと，実は保護者自身が両親から厳しく躾けられて育ったとか，逆に甘やかされて何でも自分の思い通りになる半生を歩んできたといったことが見えてくる場合が多い。前者の場合，目の前の我が子にかつての自分自身を重ね，「自分が子どもの頃はもっときちんとしていた」と苛立っていたり，「きちんと育てなきゃ」という強迫めいた気分で子育てに当たっていたりする。後者の場合は，子育てという自分の思い通りにならない初めての経験に，方法や出口もわからないまま，叱責を繰り返していたりする。

こうした場合には，世代間伝達の過程——「育てられる者」がどうやって「育てる者」になってきたのか——を視野に入れ，支援を考えていく必要がある。具体的には，保護者の生育歴，家庭環境，経験などに基づいて今の子どもへの関わりが生まれていることを尊重し，子育ての大変さや保護者の頑張りに共感しつつ，保護者と共に子どもへの関わり方を一緒に模索していくことが目標となる。先の①〜③の指針に加え，これもまた，関係発達という視点を活かす際の重要なポイントである。

このように，前の世代から次の世代へと「育てる」という営みが伝達されていくプロセス，「育てられる者」が「育てる者」になっていくプロセスを視野に入れ，保護者がどのような人生を送ってきたのかを把握あるいは想像しつつ，支える関わりと誘う関わりを展開していくことで，保護者がより成熟した「育てる者」になっていけるよう支えていくことも，関係発達という視野のもとで浮かび上がる重要課題だと言える。

▶文献

Erikson EH (1959) Identity and the Life Cycle. New York : International Universities Press.（西平直，中島由恵 訳 (2011) アイデンティティとライフサイクル．誠信書房）

鯨岡峻 (2016) 関係の中で人は生きる──「接面」の人間学に向けて．ミネルヴァ書房．

Mahler MS, Pine F & Bergman A (1975) The Psychological Birth of the Human Infant : Symbiosis and Individuation. New York : Basic Books.（高橋雅士，浜畑紀 訳 (2001) 乳幼児の心理的誕生──母子共生と個体化．黎明書房）

 …… Asian Pacific Center for Therapeutic Assessment
第8回 2018年春のワークショップ

テーマ①：早期記憶回想法（EMP）を心理アセスメントとサイコセラピーに活用する
講師：スティーブン・E・フィン（※逐次通訳付き）
日時：2018年4月28日（土）9:00～18:00
会場：飯田橋レインボービル（東京都新宿区市ヶ谷船河原町11／JR飯田橋駅西口 徒歩5分）
概要：早期記憶回想法（EMP）はアーノルド・ブルーン氏によって開発された自伝的記憶の投映法検査で，欧米の治療的アセスメントの場でよく用いられています。このワークショップでは，スティーブン・フィンがEMPの基本的な理論をお伝えし，施行方法や反応の解釈について講義いたします。また，EMPを使ってクライアントとどのように話し合うか，実際の面接場面をビデオを見ながら学びます。EMPは普段クライアントに心理検査を行わない専門家でも用いることができる検査です。本ワークショップは様々な対人援助職の専門家の方に参加していただけます。治療的アセスメントに触れるのが初めての方も，是非この機会にご参加ください。ワークショップに参加者される方は，日本版早期記憶回想法（EMP）をご自身で体験していただく予定です。日本版EMPについては現在出版に向けて準備中です。

テーマ②：クライアントの人生につながる扉──心理テストの『拡大質問』のテクニック
講師：スティーブン・E・フィン，中村紀子，ACTAメンバー（※逐次通訳付き）
日時：2018年4月29日（日）10:00～17:00／2018年4月30日（祝・月）9:30～16:00
会場：飯田橋レインボービル（東京都新宿区市ヶ谷船河原町11／JR飯田橋駅西口 徒歩5分）
概要：今回の2日間の中級ワークショップでは，治療的アセスメントにおける特別な技法である「拡大質問」に焦点をあてます。「拡大質問」とはクライアントと治療者が，心理テストの結果を共に眺めながら，テストの反応や経験について対話していく技法です。「拡大質問」を行うことで，クライアントの行動とテストの結果についてよりよく理解できるようになるだけでなく，クライアント自身も自分やまわりの世界の見え方について大きな変化を経験することができます。ワークショップでは2日間かけて，どのように「拡大質問」を行うか，ロールシャッハを含む様々な検査の実際の面接場面のビデオを御覧いただき，参加者の皆様に解説いたします。是非ご参加ください。

連絡先：Asian Pacific Center for Therapeutic Assessment（ACTA）事務局（113-0033 東京都文京区本郷4-12-16-618／E-mail：asiancta@gmail.com／HP：http://asiancta.com/）

[特集] 発達的視点を活かす

発達系への血の通った理解

老松克博 Katsuhiro Oimatsu
大阪大学大学院人間科学研究科

I 発達とその障害に対する理解

　発達とその障害に対する理解には，さまざまな角度からのものがある。発達障害を解説した書籍は多数にのぼる。支援機関は一昔前，二昔前に比べるとずいぶん増えた。障害者差別解消法の制定も含めて，社会からの関心が高まったのは喜ばしいことである。近年の解説書は生物－社会－心理学的な立場からのものが多く，障害者に対する総合的アプローチが積極的に推進されている。とりわけ発達障害に関しては，医学，脳科学，認知科学などの領域から新知見が次々に提示されており，今後のさらなる発展が期待される。

　ただし，手放しで喜んではいられないようにも感じる。というのも，発達障害者のあり方に対する紋切り型の説明ばかりが目に入ってくるからである。「あり方」などと言っては抽象的すぎるだろうか。ならば，発達障害者の特性に関する知識でよいから思い浮かべてみてほしい。多くの人は，DSM-5の発達障害（発達症）の記述（American Psychiatric Association, 2013）に似た臨床像をイメージすると思う。近頃の解説のほとんどがDSMに沿って書かれているのだから無理もない。

　あらためて言うまでもないが，DSMは操作的診断のための手引き書である。操作的診断の基準は，原則として，病者や障害者の内面に踏み込まない。つまり，多かれ少なかれ主観的な把握を要するところは見ずに，行動や認知など外から観察可能な特徴のみに基づいて診断を行う。かつて心理臨床学の世界には，DSMのこうした側面を嫌って，独自の見立てを重視する流れがあった。心を無視する心理臨床などありえなかった。

　いや，「かつてあった」は言いすぎだろうか。今もなお，当時の気概を継いでいる機関や臨床家は存在している。とはいえ，公認心理師なる国家資格も生まれ，今や，チーム医療，多職種連携なる錦の御旗のもと，全スタッフ共通の参照枠として操作的診断基準の文言は現場になくてはならないものになった。

　臨床心理士として，また精神科医として，私は，チーム医療や多職種連携が単なる美名にとどまらずにみごとに機能している多くの例をもちろん承知している。けれども，そのような豊かな実りを生み出すことができるのは，スタッフが外面だけの無味乾燥な病者像，障害者像に満足することなく，自らの研鑽や経験や内省によって「血の通った理解」をしようと心がけている場合に限られる。「血の通った理解」とはいかなるものか。それを

知らなければ，操作的診断基準のような理解だけで事足れりと思い込みかねない。

実際，そういう人は少なくないように思う。たとえば，相手に「相互の対人的－情緒的関係の欠落」や「対人的相互反応で非言語的コミュニケーション行動を用いることの欠陥」を見て取れたからといって，そこに人間らしい眼差しがあるとはかぎるまい。そして，発達障害者には「きわめて限定された執着的な興味」や「感覚刺激に対する過敏さまたは鈍感さ」があることが頭に入っていても，それだけでは相当ドライな触れ合いしかできないのではなかろうか。そのような理解なら，支援者側から情緒的関係の欠落を作り出しているに等しい。

II 発達系と人格系

では，どのようにしたら血が通うのか。いちばん確実なのは，私たち自身のなかにある発達障害に似た特性を探してみることである。その存在に気づかずにいると，すべては誰かに投影される。投影されたものが引っ掛かるフックを持っている誰かに。つまり，この場合は，発達障害者がそれをまるごと（他人の分まで）背負わされることになるのだ。投影された特性は，そもそもが排除されたものである。そこに血の通った理解は生じない。

実際には，発達の偏りは，いわゆる健常者にも多かれ少なかれ存在する。考えてみれば，誰においても全側面が均等に同程度まで発達するということなどあるわけがない。健常者だが発達障害に似た特徴を比較的多く有している人たちから発達障害者までをひっくるめて，私は発達系と呼んでいる（老松，2014）。自身のなかのそうした傾向の意識化と，発達系としての他者に対する血の通った理解とは，いうなれば相等しい。

発達系の特徴は次節で述べるが，その前に，発達系と対をなす人たちのことを考えておこう。人格系である（老松，2014）。周囲に気を遣いながら適応を心がける，なにがしか神経症的なところがある人たちをいう。「神経症的なところがある」は，決して病的であることを意味しない。「ふつう」とほぼ同義である。だいたい，よく気がつくとか他人の気持ちがわかるなどというのは，その人が神経症的であるからにほかならない。

ただし，極端な発達系が発達障害であるのと同様，極端な人格系は人格障害と見なされる。とりわけ，自信が乏しく，見捨てられるのを恐れるあまり過剰適応し，ときに反跳して軽躁的になって顰蹙を買う，といった自己愛性人格障害（過敏型）の臨床像が典型的である。発達系の人は少なくないが，多数派は人格系である。人格系（≒一般の人）からすれば，無神経で気遣いが乏しく見える発達系には人間性を感じにくい。逆に，発達系にとっては，数にものを言わせて常識で縛ろうとする人格系とは相容れないところがある。

しかし，重要なのは，誰もが発達系と人格系の両面を併せ持っていることである。発達系理解の鍵はここにある。人はみな，発達系と人格系のハイブリッド。ただ，その割合は人それぞれ異なる。それこそ，ひとつのスペクトラムと考えたい。しかも，2つの特性の混じり方は，単純な併存から，複雑なモザイク，手の込んだ重層状構造まで，幅がある。たとえば，もともと発達系でも，成長の過程で生き方を「矯正」されて過剰適応を強いられると，表向きは人格系になる。反対に，そもそもが人格系なのに，さまざまな傷つきを通して愛着の問題を抱え，一見，発達系に近い臨床像を示す人もいる。

では，「私たち自身のなかにある発達障害に似た特性」，発達系の特性とはいかなるものか。しかも，外面にとどまらず，背後の心性にまで踏み込んではじめて感じられる類似性である。私は，精神病理学における長い時間をかけた探求から得られた多くの知見が参考になると思う。精神病理学は，精神医学の誕生以来，精神面や行動面の諸症状の記述，すなわち症状論を担ってきた。DSMの行動面を中心とした症状の記述も例外ではない。しかし，精神病理学は操作的診断基準に

はない強みを持つ。症状の記述のみならず，その了解可能性をもつねに念頭に置いてきた，ということである。

III　発達系の特性

　発達系への血の通った理解を目指す私たちにとって，精神病理学は有力な参照枠となろう。ただし，精神病理学は，発達障害の症状論と了解可能性に対して，他の精神疾患に対してほどには情熱を傾けてこなかったかに見える。もっと印象的でなじみ深い疾患があったからかもしれない。かつて三大精神病のひとつに数えられていた，てんかんである。なぜここでてんかんを持ち出すのかというと，発作のコントロールが良好なてんかん者の臨床像が発達障害者のそれと判別しがたいからである。また，発達障害にはてんかんの合併が多い。発達障害の病態は，発作に至らないてんかんのそれに近いと言える。

　それゆえ，てんかんにまつわる精神病理学の知見を援用すれば，発達系への血の通った理解がしやすくなる。それらのなかから，ここでは，Szondi（1952）のe因子，木村（1980）のイントラ・フェストゥム，安永（1980）の中心気質，河合（1972）の森羅万象との融合（環境との無媒介の関わり，受け身の外向性，原初的エロス）をとりあげる。

　e因子はSzondiの衝動理論の中核をなす8種の衝動因子のひとつで，てんかんをはじめとする種々の発作性疾患の背景をなす。その特徴は，怒りと宗教性である。Szondiはそのモデルとして，旧約聖書のカインとモーセをあげた。カインは理不尽に見捨てられた怒りから弟を殺した人物，モーセはエジプトで虜囚となっていた多数のユダヤ人を救出し，神による約束の地へと導いた宗教的指導者である。ちなみに，てんかん者として知られているドストエフスキーの家系には，聖職者と殺人者が相半ばして多数いたという。

　イントラ・フェストゥムは祭の最中(さなか)の意で，現在への没頭を特徴とする。過去や未来の影は薄く，時間軸は無数の「現在」という点の連なりにすぎない。極度の集中やとらわれを，あるいは逆に注意の転導性の高さや落ち着かなさを示し，熱しやすく冷めやすい。過去も未来もいっせいに現在に流れ込むがゆえに経験される永遠のなか，啓示と直観に満たされ，世界と万人の願いを一身に引き受けようとさえする。直情的な博覧強記の学者にして深い宗教性の持ち主だった南方熊楠の姿を思い浮かべてほしい（老松，1999）。

　中心気質は，誰もが生来有している気質を指す。のちにさまざまな性格がそこから形成されてくる原基のようなものである。多種多様な諸性格のもととして中心にあるという意味合いで，中心気質と呼ぶ。天真爛漫な子どもをイメージしてみればよい。過去を思い煩うこともなければ，未来を憂えることもなく，木訥で，喜怒哀楽はむきだしである。

　森羅万象との融合における，環境との無媒介の関わりとは，自然や物との一体性が強く，アニミズム的な生命力に満ちた世界を経験していることをいう。宮澤賢治が『注文の多い料理店』の序で「これらのわたくしのおはなしは，みんな林や野はらや……月あかりからもらって来たのです」と述べているのはその好例である（老松，1999）。また，受け身の外向性とは，近くにいる他者の思いや気持ちを反射的に自分のことのように感じ取って，そのまま表出する傾向である。賢治は，目の前で指を馬車に轢かれた友だちにすぐさま駆け寄り，「いたかべ，いたかべ」と言いながら，血を吹く指を口で吸ってやった。受け身の外向性である（老松，1999）。最後に，原初的エロスとは異性像の未分化を指す。

IV　神話的モデルとしての
　　　スサノヲとアマテラス

　私たちは，ドストエフスキーの美しい聖性と無慈悲な殺意の描写に酔いしれ，熊楠の断固たる言動に胸のすく思いをし，賢治の自然との交感の深さに涙し，純朴な子どもたちを見ては微笑む。私

たち自身の発達系の側面が彼らの濃厚なそれと共振しているからである。どうだろう。発達系への血の通った理解に少し近づいただろうか。

発達系と人格系は，時代や場所に関係なく存在している。その証拠に，発達系と人格系の確執や和解を語った神話がある。ユング派として言うなら，発達系も人格系も，集合的無意識に由来する普遍的な人間のあり方を示している。神話は無数の人々によって磨かれつつ伝わってきたのだから，それ以上に血の通った理解を可能ならしめる素材はない。

わが国の神話では，人格系の像としてアマテラス，発達系の像としてスサノヲがあげられる（老松，1999，2014）。以下が両者の関わりの粗筋である。母神イザナミは火の神を産んで火傷を負い身罷ってしまう。父神イザナギは亡き妻を奪還しに黄泉の国に降ったが失敗し，這々の体でこの世に戻り，禊ぎをした。アマテラスとスサノヲはこのとき生まれた。

アマテラスは父神の命令通りに高天原を治めていたが，スサノヲは父神を無視して，おとなになるまで泣きわめき続け，世には災いが満ちあふれた。父神が理由を問うと，スサノヲは，妣（亡母）のいる根の国（黄泉の国）に行きたくて泣いていると答える。父神から追放されたスサノヲは，姉に暇乞いをしに高天原に昇った。そのとき世界が激しく震動したので，親の七光で過剰適応気味のアマテラスは，弟が高天原を乗っ取りにきたと疑う。しかし，紆余曲折を経て，「僕は邪き心なし」というスサノヲの潔白が証明された。

スサノヲは勝ちの勢いに乗じて，高天原で乱暴狼藉を働き，ありとあらゆる罪を犯した。衝撃を受けたアマテラスは天の岩屋戸に籠もってしまう。太陽神が姿を隠した世界は暗闇になり，無数の災いが生じた。一計を案じた八百万の神々が岩屋戸の前でいかにも楽しげな宴を催すと，アマテラスは訝り，閉ざした扉の奥から何事かと問うた。「あなたよりも貴い神がおいでですので」という答えを聞いたアマテラスは，扉を小さく開けてみる。たしかに貴い神が見えた。じつは，それは鏡に映った自身の姿にほかならなかった。アマテラスは連れ出され，世界には太陽が復活した。一方，スサノヲは高天原から追放された。

その後，スサノヲは，中つ国でヤマタノヲロチを濃い酒で酔わせて退治し，妻を娶り，手に入れた神剣（三種の神器のひとつ）をアマテラスに献上する。さらには根の国に降って主宰神となる。そこでは，弱々しい七世の孫を一人前の神オホクニヌシへと鍛え上げ，国造りをなさしめた。その後，物語は，オホクニヌシによる天孫への国譲りへと発展し，顕界はアマテラス，幽界はオホクニヌシ－スサノヲという棲み分けが確立していく。

スサノヲに象徴される発達系は，生まれたときから見捨てられた存在である。そして，適応という名の発達には目もくれず，徹底的に泣きじゃくっている。その直情は周囲には災いであり，排除されがちだが，とにかく邪心はない。この純朴さは，ときに愚かさと判別し難い意外性をも発揮する。つまり，発達系はトリックスターでもある。スサノヲはあらゆる罪を犯し，それらの罪もろともに追放された。高天原の大掃除――自己破滅と代受苦というトリックで世界の浄化を成し遂げ，新たな秩序をもたらすのである（Jung, 1954）。スサノヲはヲロチ退治でもトリックを駆使し，中つ国にも新たな秩序を築いている。

アマテラスに象徴される人格系は，発達系を杓子定規に捉えて拒む。それは，亡母を恋い慕う素直なスサノヲを前にしてアマテラスが気づかされたように，発達系の姿によって自身も見捨てられた者であることに直面させられるからである。そのようにして抑うつの暗闇に突き落とされた人格系は，しかし，鏡映（ミラーリング）による再生の契機をも発達系からもらう。アマテラスもオホクニヌシも，スサノヲという変容のためのイニシエーターを必要とした。発達系は人格系にイニシエーションを課すことのできるたいせつな存在である。発達系への血の通った理解の根本はここにある。

▶文献

American Psychiatric Association (2013) Diagnostic and Statistical Manual of Mental Disorders. 5th Edition (DSM-5). American Psychiatric Publishing.（高橋三郎, 大野裕 監訳（2014）DSM-5 精神疾患の診断・統計マニュアル. 医学書院）

Jung CG (1954) Zur Psychologie der Tricksterfigur. In : CG Jung (1976) Gesammelte Werke von CG Jung. 9/I. Zürich : Walter Verlag.（河合隼雄 訳（1974）トリックスター像の心理. In：皆河宗一, 高橋英夫, 河合隼雄 訳：トリックスター（晶文全書）. 晶文社）

河合逸雄（1972）てんかん患者の神経症状態―覚醒てんかんの精神病理学的研究. 精神神経学雑誌 74 ; 38-76.

木村敏（1980）てんかんの存在構造. In：木村敏 編：てんかんの人間学. 東京大学出版会, pp.59-100.

老松克博（1999）スサノオ神話でよむ日本人―臨床神話学のこころみ. 講談社.

老松克博（2014）人格系と発達系―〈対話〉の深層心理学. 講談社.

Szondi L (1952) Triebpathologie. Bern : Verlag Hans Huber.

安永浩（1980）「中心気質」という概念について. In：木村敏 編：てんかんの人間学. 東京大学出版会, pp.21-57.

告知 …… 第21回（2018年度）森田療法セミナー開催のお知らせ

日時：2018年5～11月（全11回）隔週木曜 19:00～21:00

会場：家庭クラブ会館（JR新宿駅南口より徒歩8分，都営地下鉄新宿線・大江戸線新宿駅より徒歩4分）

内容：このセミナーは森田療法初心者向けのものです。森田療法の基本的な理論と治療の実際についての講義を行います。本セミナーは日本森田療法学会公認です。

受講対象者：メンタルヘルスに関わる医師，臨床心理士，カウンセラー（学生相談，スクールカウンセラー，産業カウンセラーなど），看護師，社会福祉士，精神保健福祉士，教育関係者で森田療法セミナー資格審議会が適当と認めた方。原則クライアントの守秘義務を守れる方。

受講料（テキスト代含む）：医師＝63,200円，メンタルヘルス従事者＝43,200円，大学院生（医師・社会人大学院生は除く）＝23,200円

連絡先：194-0298 東京都町田市相原町4342 法政大学現代福祉学部久保田研究室内 森田療法セミナー事務局／E-Mail：morita.seminer@gmail.com

特 集　発達的視点を活かす

[特集] 発達的視点を活かす

発達検査でわかることと検査者を鼓舞するもの
新版 K 式発達検査 2001 を通して

川畑 隆　Takashi Kawabata
京都学園大学

　「そんな発達相談はいらない。子どもにラベリングするだけの発達検査は害悪だ」……その通りの発言だったかどうかは定かでないが，最近亡くなられた小児科医の毛利子来さんが，かつて新聞のインタビュー記事で語っておられたのを思い出す。ご自分のもとを訪れる親御さんを見ての実感だったのだろう。たしかにそういう評判を生むような発達相談が実際にあるのだと思う。しかし，だからといって発達相談や発達検査が全否定されるものではない。「そんな」ではない発達相談，「子どもにラベリングするだけ」ではない発達検査を目指せば，毛利先生も許してくださることだろう。
　本当は，「ラベリングするだけではない」ではなく，「ラベリングするのではない」と書きたかったのだが，ラベリングを否定しなくてもいいのではないかと考え直した。というのは，発達検査で発達指数は算出するし，「この子にはこういう特徴がある」と見出すため，そのこと自体がすでにラベリングにあたるのではないか，でもその検査者のなかでラベリングを重ねて行われた助言が実際に親御さんを支えたり役に立つのであれば，ラベリングおおいに結構じゃないか，その子の実質に迫ろうとした内容が十分に込められたラベル，いやラベルではなくてその子のよりよいそだちに

向けたアセスメントなら……という思いが頭をめぐったからだ。

I　新版 K 式発達検査 2001

　「発達検査」といえば，筆者にとっては新版 K 式発達検査 2001（以下，K 式）だ。「K」が表す京都市を含む関西で以前からよく用いられてきた検査だが，最近ではより広い地域で用いられてきており，現在は「2020」版に向けて作業が進められていると聞く。
　K 式は子どもと遊ぶ検査だ。遊ぶとはいっても，もちろん自由遊びではなく課題遊びで，検査課題の実施順は一部を除いて検査者が決める。0 歳から成人までの被検査者に対応できる検査だが，検査用紙の第 1 葉，2 葉（1 枚目，2 枚目をこのように呼ぶ）に割り当てられている 1 歳までの検査課題の出来不出来を細かく確認できたり，第 3 葉から 5 葉にあたる 1 歳から小学校低学年ぐらいまでの年齢に該当する発達像を読み取っていくのに，とくに威力を発揮する。
　K 式によって賦活される思いを次の 3 点で言い表すことができる。
　①子どもの目に映る映像は，また耳から入ってくる音声は，その子にとってどのような意味とし

て受けとめられ，それがその子にどのように影響し行動をコントロールしているかを，K式を通して自分のことのように語れたらいい。そして，そこにどのような要素がサポートされれば，子どもにとってより生きやすい状況が生まれるのかを考えたい。

②K式では，検査結果の整理によって「姿勢・運動」「認知・適応」「言語・社会」の各領域をわたって描かれたプロフィールと，各領域ごとやトータルでの発達年齢と指数の数値以外には，目に見える情報は与えられない。より細かく「発達の構造」が表やグラフで表される他の検査に比べてもそれは明らかで，与えられない分，こちらから見つけに行かなくてはならない。子ども像を割り切って整理しようとせず丸ごとつかもうとするような構えを，K式は検査者に求めているように思う。「検査を読むのではない。検査を通してその子を読むのだ」「検査が読んでくれるのではない。検査をとおして私が読むのだ」……子どもと検査者との人間関係という曖昧な要因を排除せず，それもそこに入れ込みながら，子どもの"発達"という目に見えない輪郭の不明確なものを捉えていこうとしている。

③また，K式は検査者が子どもと一緒に遊ぶようにかかわる検査である。「検査者という『私』が子どもという『対象者』にかかわらずに何が見えるか!?　何が言えるか!?」……子どもの発達をできるだけ具体的に適切にとらえるためだけではなく，子どものことを心配している大人と同じ立場で，同じようにその子とかかわる経験をすることによって，検査者は，評論家ではない具体的で役に立つ助言者・援助者になることをも，そこでは求められている。実際に，いくら"正しいかかわり"を助言されても，子どもがそれを受け入れてくれなければ親御さんは落胆し無力になるのだ。

図1　子ども・検査者・検査課題の三項関係

II 発達検査でわかること

1 一般的に「わかる」と思われていること

上記のように，K式では各領域間や同領域内の検査項目間のできの違いを示すプロフィール線を描いたり，発達指数などを算出することができるが，一般的にはそこまでが「発達検査でわかること」と思われてはいないだろうか。しかし，そこまでで「わかったこと」は，検査ではそういう結果が出たという事実にすぎない。たとえば「認知・適応」領域に比べて「言語・社会」領域の検査結果が悪く能力が低いといっても，それぞれの領域の課題を遂行する能力は互いにまったく独立したものではないし，その子どもがトータルにどんな様子かをクリアに見せてくれたりはしない。

したがって，上記のように「検査を通してその子を読む」ために前に進まなければならないし，検査が具体的な子ども像を手渡してくれない分，「自分から読み」に行かなければ，ラベリングからアセスメントへの転換はできないのだ。そして，それができなければ支援の段階には到達しない。発達検査の実施はそれ自体が目的ではない。目的は子どもと親御さんや保育者への支援であり，発達検査の実施はそのための手段なのだから，支援内容を導く具体的な根拠をそれによって見つけなければならない。

2 子ども・検査者・検査課題の三項関係

自分から読みに行くときに有効な視点のひとつは「三項関係」だ（図1）。子どもがどのように検査者をとらえてやりとりし（子どもと検査者との二項関係），また検査課題に対してどのような認識力やそれにもとづいた操作力を発揮するか

特集　発達的視点を活かす

図2　親・保育者・検査者の三項関係

（子どもと検査課題との二項関係），そして，その対人的に交流する力と認識力や操作力をどう統合させ，子どもが「教示」すなわち検査者からの要請に応えてくれるのか（子どもと検査者と検査課題との三項関係）を見るというものだ。この視点を活かすには，検査者は子どもとのやりとりを活きたものにしながら，同時に詳細に観察しなければならない。そして，その観察対象は検査課題への子どもの反応に限らず，検査者はすべての事象を見落とすまいとする姿勢が求められる。

　三項関係的視点によって，たとえば通過した検査課題が実は三項関係を通してではなく子どもと課題との二項関係だけで通過した可能性など，検査課題の出来の質を考察できる。また検査者との関係のなかでの子どもの気分や感情が，検査課題への反応にどのように影響しているかも感じ取ることができる。さらに，検査場面で見てとれたある三項関係の特徴が日常生活でのさまざまな場面での三項関係的状況を推測させたり，その日常場面での子どもの発達的・心的状況を投影法的に映し出す可能性もある。そしてそれらのことが，子どもに日常的にかかわっている親御さんや保育者の体験のありようへの想像力を掻き立て，彼らへの共感やそれを伴った実際的で役に立つ助言などを可能にしていく。

　また，発達検査場面に親御さんが同席している場合は（あるいは同席していなくても），子どもと親御さんと検査者との三項関係を見てとることができる。検査者が親御さんや保育者に助言するときには，親御さん（保育者）と検査者と助言内容の三項関係や，両者が同席の場合は親御さん・保育者・検査者の三項関係をも想定することによって，そこで起きていることをふまえた対応の仕方を考えることができる（図2）。

3　メタ視点で点から線・面へ

　メタ視点とは，各事象をひとつ上位の視点からとらえることだ。三項関係で見るのもそれにあたるが，ものごとを整理するのに役立つ。さまざまな場面で子どもの諸行動を観察したときに，「これらのいくつかの行動はそれぞれが別々の場面や状況にもとづくが，同じようなパターンだ。行動の成り立ちの仕組みがよく似ている」と思うことがある。K式においても同様だ。個々の検査課題に対する反応はそれぞれ別のものであっても，それらを生み出す元は個々ではなく，共通した1つか2つの共通点に集約されるという気づきが生まれたらしめたものだ。目の前の子どもの中枢にあるかもしれない，目に見えない発達の流れの現状に少し触れた気がする。点が線・面につながるような感覚，「検査の特徴」から「子どもの特徴」の把握に向けてステップアップする瞬間だ。

III　発達検査を通して発達臨床を学ぶ検査者

1　K式を用いた発達臨床勉強会での検査者の体験的学習

　筆者たち（そだちと臨床研究会）は，発達臨床を担う検査者の勉強の場を設けている。

　参加者が周りを囲むなかで，ある事例にもとづいたK式の検査場面がスタッフの行うロールプレイによって披露される。子どもを演じるプレイヤーは事例の記録を頭に入れ，その子どもとして検査の始まりから終わりまでを振る舞うため，検査課題への反応だけでない特徴的な行動も演じられる。参加者はそれを見ながら自分が検査をしているかのように検査用紙に記録していく。このよ

うに他者が検査を行っている場面を見ることは多くないし、自分が検査をしているところを見てもらうこともない。検査室がオープン化された状況は、学びの回路が開かれる第一歩だ。

参加者は、子どものアセスメントについて自分の属しているグループで話し合うことを求められる。まず観察した反応の確認と評価から入っていくが、さっそくさまざまな視点が交錯する。個々の検査課題への反応やその他の行動の特徴について、上記のメタ視点や三項関係的視点も含めて詳細に検討し、その子独自の発達の流れの特徴を言い表す仮説的ストーリーを組み立てる作業を、ファシリテーター役のスタッフの助言を受けながら進めていく。メンバーの発言を聴きながら、そして自分も発言しながら、絶対と思っていたことがそうではないかもしれないと相対化されたり、あるとは思いもしなかった視点に出会ったりしながら、混乱しつつ一部が収束し、また拡散しては練り上がっていくような体験がなされているようだ。誰かが先生として教えてくれるのではなく、自分自身で、そして自分たちで考えるのだ。発達検査場面で検査者が助言者に自分の役割を移すことができるまでの内的作業を、この勉強場面でシミュレートしている。

話し合いは、事例の日常生活や家族についての情報も得てさらに続く。日常生活と検査場面との関係、家族に関する情報と子ども像との関連などが検討され、さまざまな要因をふまえたうえで親御さんへの助言内容を組み立てる。もちろんここでも各自の視点が交錯する。

そして、親御さん役と助言者役を決め、交代しながら助言ロールプレイを行う。助言では検査結果を伝えたらそれでよいという単純なことではないし、何を伝えるのかについて、それこそ「そんな発達相談はいらない。子どもにラベリングするだけの発達検査は害悪だ」と言われないような内容にしなければならない。また、助言する相手の要因や様子、家族の抱えた事情にも配慮する必要がある。各ロールプレイごとの親御さん役や観察者からの感想は、助言者役に新しい気づきを提供する。「支援」を実現していくことのむずかしさを実感しつつ、参加者は少しずつ自分の援助者としての幅を拡げはじめる。

2　K式が鼓舞しているもの

先に述べたように、K式は自動的に見解を検査者に渡してはくれない。検査を行う主体である検査者がK式の森のなかに入り、自分で獲物をつかまえてこなければならない。しかし、森だとはいっても獲物の通る道の標識はあちらこちらに点在している。その標識を辿りながら獲物に近づく作業には熟練を要するにしても、辿るという行為は子どもを理解したい、役に立ちたいという責任感や開拓心が支えているように思う。発達臨床にK式を介在させることの意味のひとつは、発達臨床を行う者にとって、この責任感や開拓心が鼓舞されるところにあるのではないだろうか。

▶付記
　本論には川畑（2009）を一部書き直した部分が含まれている。

▶文献
川畑隆（2009）新版K式発達検査2001を介在させた発達臨床．京都学園大学付属心理教育相談室紀要 心理臨床研究 7.
川畑隆，菅野道英，大島剛ほか（2005）発達相談と援助―新版K式発達検査2001を用いた心理臨床．ミネルヴァ書房．
大島剛，川畑隆，伏見真里子ほか（2013）発達相談と新版K式発達検査―子ども・家族支援に役立つ知恵と工夫．明石書店．
『そだちと臨床』編集委員会 編（2006-2012）そだちと臨床 1～12．明石書店．
高石浩一，川畑隆，大島剛 編（2011）心理学実習 応用編1 知能・発達検査実習―新版K式を中心に．培風館．

[特集] 発達的視点を活かす

療育現場での発達支援

古田直樹 Naoki Furuta
京都市児童福祉センター

I 発達的理解とは何か？

　本稿では，療育現場ということを，対象や形態を特定せず，発達につまずきのある子どもの発達支援と捉えて述べていくことにするが，支援を行うにあたっては，発達的に理解するということが前提になる。

　一例ではあるが，『発達障害の子を育てる58のヒント』（小林，2014）という本には，発達障害をもつ子を育てる親という当事者の立場からアドバイスが書かれている。たとえば，何度か子どもに注意を与えても改まらないときには，注意の与え方を見直すといったように，子育てを行うなかで実践的で有効と思われていることが書かれているが，心理アセスメントを受けるにあたっては，ベテランの心理士にWISC-IVを依頼するようにすると，子どものワーキングメモリーの合成得点の数値を知ることができるといったことも述べられている。その数値を知ることが子育ての実践にどのように活かしうるのかは書かれていなかったが，大六（2012）によると，WISC-IVという知能検査は，子どもの知能特性を領域別により正確に数値化することを目的に作成されたという。しかし，数値の変化＝発達ではない。ところがこの検査では，保護者に検査用具を開示することを手引き書のなかで禁じている。また，検査をデザインするにあたり，WISC-IIIに設けられていた数枚の絵カードをストーリーに並べ直す「絵画配列」のような課題は，作業速度が得点に大きく影響するため，正確な能力特性を測定するには相応しくないという理由で排除されてもいる。

　たしかにこの課題では，解決のために多様な能力が必要とされ，そのなかには手先の器用さなども含まれるが，子どもがこの課題でつまずいたときに，作業の遅さによるのか，絵のなかの誤った点に着目してしまっているのかなどといったことは，臨床的な観察から把握できることである。発達支援を考えるうえではむしろ，そのような検査課題で見られるつまずきが，日常場面でのどのようなことに関連しているのかを保護者と共有し，どうすれば改善するのかを検討していくことこそ重要になる。筆者は，WISC-IIIにおいて，どのような課題でどのようなミスを犯したか，あるいはどのような課題でスムーズに力を発揮できたかといったことを，保護者に対してできるだけ検査用具を示しつつ，明示化して伝えるようにしている。具体的な状況を共有するほうが，抽象的なことばを用いるよりも，日常での取り組みについて

共に工夫していくことにつながりやすいと考えているからである。ある時点での発達特性を数字として測定することは，発達的理解の一部でしかなく，ましてや抽象化された数値からすぐに具体的な支援の方法が導き出せるわけではない。

　子どもの強味，弱味を把握することは大切だが，発達的理解とは，実際に支援的な関わりをもちつつ，経過のなかでその子について捉えていくプロセスであると言える。

II　アセスメントを通して考える発達支援

　もう30年近くも前のことになるが，筆者が療育を始めた初期の頃に出会ったＳくんという男児がいる（古田，1989）。幼稚園から，発語はあるもののことばの遅れがあり，落ち着きもないことから療育を勧められ，4歳8カ月のときに来所した。1歳代の頃には，勝手に家から走り出たりして目が離せなかったということだが，保護者と来所した頃には，むしろ電話帳を見たり，一人で同じ手順やスケジュールを繰り返すことが好きになり，幼稚園でも3年目になると，集団から外れて一人でブランコを続けるといったことはなくなり，クラスのなかにいることを好むようになった。しかし，6歳のときに幼稚園を訪問すると，先生の話を聞いて絵を描くという課題が理解できておらず，注目してもらおうと先生の名を呼びつつ画用紙の回りを移動するため，上下の定まらない絵になっていた。それでもクラスの半分くらいが描き終えると，一緒に手を洗いに行き，一見集団活動に適応しているかのようだったが，他児が描いたものや自分が描いた絵にはほとんど関心を示さなかった。他の子どもたちが，個人差はあるものの，先生の話を聴いてそれぞれイメージをもち，それを表現するという内的プロセスを経た活動をしているのに対して，Ｓくんの様子は，楽しそうにしているものの，活動の型に合わせることに力を使っているように映った。

　そのようなＳくんが，新版Ｋ式発達検査のなかで，4歳8カ月時点でも，5歳11カ月の時点でも通過できず検査の下限となったのが，「大小比較」という課題であった。これは，大小の丸が描かれたカードを示し，「どちらの丸が大きいでしょう。大きいほうを指でさわってごらんなさい」と問う課題で，期待される通過年齢は2歳3カ月から2歳6カ月である。

　療育のなかでは，母親のところへ戻ってきて何をして遊んだか尋ねられたときに，「おもちゃあそんだ」とパターン的に答えていたのが，5歳1カ月では「パチンコ」と内容が言えるようになったり，6歳4カ月では，「先生，今日お昼ごはん何食べた？」と眼前にないことについても語れるようにはなった。しかし，幼稚園において本当の意味で場面が共有できていないのと同様に，筆者との個別的な関わりのなかでも，場面を共有できていないという感覚は拭えず，それはＳくんの自我発達の問題にも関連するのではないかと考えられた。

　たとえば，Ｓくんは，写真を見てどれが自分かは答えられており，自己像についての理解はあったが，療育のなかで自画像を描くことはなかった。また，ときおり記録のためにビデオ撮影を行ったが，カメラを意識することはなかった。6歳過ぎには「ぼく」という自人称も使うようになったが，すごろくゲームをすると，自分の駒と筆者のものをよく間違えた。検査者のほうに本の表紙を向けたままその内容について話しかけてきたり，カーテンのかかった棚のなかに頭を入れて，そのなかにあるものについて話すなど，筆者の視点を意識していない行動も見られた。独占してやっていた遊びを，検査者と交互にできるようにはなったものの，交替すること自体がパターン化され，互いの行為を意識して競い合うことには興味が向かなかった。筆者がある人形を「これ先生」と見立てようとしても，所有の意味に捉えて残り全部を「これＳちゃん」と手にし，自分を人形に投影するという遊びにも発展しなかった。

　このような他者視点に立つことの難しさは，自己を外在化させ，自己を客観視することの弱さにもつながると考えられた。「大小比較」という課

題には,「大きい」と見る他者の捉え方と自分の見方を照らし合わせ,重ねていく力が求められるのであろう。筆者は,Sくんに対して,〈自－他〉や〈実－虚〉の二重性を体験してもらうことをねらいとして関わり,トライアルを続けたものの,就学までに成し遂げることはできなかった。しかし,Sくんが求めていたのは,課題の克服ではなく〈自－他〉の一体感を感じられる時間であったのではないかとも思える。そのように振り返ってみると,Sくんからすると,反対に筆者と場を共有しきれないという思いを抱きつづけていたのかもしれないと気づかされる。

III 関わりを通して考える発達支援

筆者の娘の幼稚園時代の同級生であったⅠ子ちゃんは,知的障害をともなう自閉症スペクトラム障害と診断されていたが,特別支援学校の4年生になったときに,母親から,Ⅰ子ちゃんにとって今大切にしなければならないことは何だろうかという相談を受けた(古田,2008)。Ⅰ子ちゃんの近況などをお聞きしたなかから,いくつかのアドバイスをさせてもらい,2カ月後にその結果について尋ねた。たとえば,相互性を育てるために勧めた指相撲は,同じ形を模倣することを楽しみ,勝ち負けを楽しむことにはならなかったという。かくれんぼでは,母親を隠れさせようとして見つけることを喜ぶが,自分が隠れようとはしないということであった。

Ⅰ子ちゃんには明確な発語はなかったが,「～どれ?」と言われて指差すことができたり,たとえば筆者の娘には片目を手の甲でこするしぐさをして真似をさせるなど,身近な人に個別に振り分けた身ぶりが見られた。次にⅠ子ちゃんが娘にしかけてきた表情を娘が真似ると,OKサインを出したり,真似の仕方が違うと首を横に振るなど,ある程度のやりとりができていた。それにもかかわらず,たとえば相手がいないときにその人を示すサインとして身ぶりを用いることはなかった。また,複数の身ぶりを結びつけて二語発話的に体制化していくということも見られなかった。

Ⅰ子ちゃんとは,小学校の体育館で遊ぶことが多かった。たとえば筆者がバスケットボールのシュート練習をしているときに,2階の通路から見ていたので,ボールを投げると,筆者に向けて投げ返してくれた。それを繰り返しはするが,あえて筆者が受け取りにくいようなところに投げてきた。娘とは,手をつなぎ合ってグルグルと回る遊びをしていたが,後で娘に聞くと,Ⅰ子ちゃんが引き倒そうとするのに娘が耐える遊びになっていて,Ⅰ子ちゃんが倒される側ではなかったという。2カ月後くらいに同じ遊びをしたときには,回転を続けるよりも,娘を引き倒す意図がより強くなっていたようである。関わりをもって遊ぶことができても,受け身になるより能動性を好み,また同じ遊びをあまり繰り返そうとはしないため,〈能動－受動〉の対等なやりとりが持続することよりも,〈非対称な関係〉を生きようとしているかのようであった。

体育館を出て校庭を3人で歩いているときに,見事な虹がかかっていたので,筆者が指差すと,Ⅰ子ちゃんは,筆者に向かって指を差した。再度横並びの位置から筆者や娘が虹を指差すと,そちらのほうは見たものの,虹を見つけたようではなかった。過去の遊びの体験を共有し,ボールのように実際に両者の間を行き来するものでは遊べても,離れた場所にある虹を共有することが難しいという事実は,言語を中心とした象徴能力によって他者と共有される世界から,Ⅰ子ちゃんがまだ遠くにいることを思わされる出来事だった。

Ⅰ子ちゃんへの理解を深めるために,定期的に行っている研究会で検討してもらったところ,発達検査などには表れにくい潜在的な力を感じた人が多かったようだが,ビデオの様子から,Ⅰ子ちゃんの身体に人との共鳴のしにくさを感じたような人もいた。研究会には母親にも参加してもらったが,自分がやってきたことが,「やっぱりこれで良かったんだ」と思えると同時に,Ⅰ子ちゃんに合わせて遊んでくれる子どもの関わりを切実に求めるという感想だった。

IV　子どもを理解する方法

　I子ちゃんについてまとめたのは，Sくんから約20年後のことである。子どもを理解する方法は多様であるが，筆者が子どもを理解しようとするときに，自分との関わりを記述していくなかから考えるスタイルは変わっていない。しかし，Sくんのときには，フォーマルなアセスメントをひとつの軸として，何とか自分自身で把握しようとしていたのに対して，I子ちゃんのときには，インフォーマルななかで，母親や娘，研究会での意見なども含めて，より多角的に理解しようとするようになったという筆者自身の変化がある。しかし，理想を言えば，当事者である子ども本人から説明を受けられれば，それに越したことはないと思っている。

　Kephart（1998）は，2歳半で広汎性発達障害と診断された息子が就学する頃までのことを綴っている。息子のジェレミーには，特定の場所を30分間走り回るというこだわりがあった。母親が純粋にその理由を理解したがっていることがわかると，より深く自分の世界に引き入れてくれるようになり，あるときそのことを，自分の心のなかで映画をやっていて，走り回らないと映画が消えてしまうのだと説明してくれたという。これは，母親が30分間走り回ることを認めてきたからこそ，やがてジェレミー自身がその事情を語ってくれたのだと思われるが，そのような母親であっても，ジェレミーが通いはじめた幼稚園で，壊れ物を直す仕事をしているある男性とジェレミーが，2人だけで教室にいて，男性が弾く古びたバンジョーに合わせてジェレミーが「オースザンナ」を声をはりあげて歌い，軽やかにダンスをしている場面を目撃したときには，そこだけにぽっかりと別世界が広がっていたと述べている。

　このシーンには遠く及ばないが，運動を終えて体育館で筆者がモップを押しているときに，I子ちゃんがそのモップに乗ってきたことがあった。バランスを取りつつモップに乗って押されていくことを，しばらくの間ではあったが，とても楽しそうに味わっている感じだった。筆者としても楽しかったので，再度誘いかけてみたが，それには応じようとせず，単発的な遊びに終わってしまった。しかし，I子ちゃんからしかけてきた遊びではあっても，たしかに筆者に押されるという受け身の状態を楽しんでいた瞬間ではあったと思う。

　I子ちゃんのことをまとめてから，さらに10年近くが経っている。今もことばを発することはないようだが，作業所に通っている。先日，久しぶりに母親と歩いてくる姿を見かけた。筆者とお互いに手を上げて挨拶した後，I子ちゃんが腕を降ろして手の平を上にして筆者のほうに差し出してきたので，筆者がその手にタッチをして別れた。温かい手だった。そして，何よりも尊いことに感じられた。

　発達的な理解といっても，人間の発達という現象がすでに解明されており，それに当てはめて相手を理解し，支援が組み立てられるわけではない。むしろ発達にさまざまなつまずきを見せる子どもたちとの関わりのなかから，未解決な発達に関する問いが発せられているのだと思う。そのことに対して，相手を対象として捉えようとするのではなく，関わりをもちつづけるなかで，いかに純粋に相手のことを理解したいという思いをもってアプローチできるかということが，少しずつではあっても，発達的な理解を深め，より良い発達支援を行っていくことにつながるのだと思う。

▶文献

大六一志（2012）WISC-IIIからWISC-IVへ―改訂のポイントとその実践への意義. 発達 131;14-20.

古田直樹（1989）比較課題と自我発達―Sちゃんの療育より. 京都国際社会福祉センター紀要 発達・療育研究 5;21-29.

古田直樹（2008）非対称性を生きるI子ちゃん. 発達 115;96-102.

古田直樹（2009）本当に子どものためになる発達支援とは. 発達 119;73-80.

Kephart B（1998）A Slant of Sun : One Child's Courage. New York : W.W. Norton.（丹野美紀子 訳（2000）ジェレミーの緑の帽子―「発達障害」のわが子と歩んで. TBSブリタニカ）

小林みやび（2014）発達障害の子を育てる58のヒント―気持ちがラクになる！ 先輩ママの体験アドバイス. 学研教育出版.

[特集] 発達的視点を活かす

バウムに発達を読む

中島ナオミ　Naomi Nakashima
元関西福祉科学大学

I　はじめに

「木という題材が，被験者の個性に従ってその形を変える」(Koch, 1957/2010, p.27：以下，邦訳とする) だけでなく，描いた人の年齢によっても木の絵（バウム）が変化することに着目したスイスのKochは，投映法であるバウムテストの解釈に発達的視点を積極的に導入した人物である。大規模な出現率調査の結果を踏まえて改訂された『バウムテスト』の第2版 (1954) の序に，バウムテストが「情緒面の成熟，または情緒面の発達阻害の判定に有効」（邦訳，p.v）と述べていることからもKochの姿勢が読み取れる。

ところで情緒的成熟とは，自我に目覚めはじめた1歳頃から自己主張と社会的適応とのあいだの葛藤を通して進められ，社会的成熟と密接な関係をもつもの（藤永，1981）とされる。そこで本稿では発達的視点から，バウムの部分的特徴（指標）と全体像の特徴（樹型）の捉え方について述べる。

II　Kochの出現率調査

標準児（幼稚園児から第二学校3年生）を対象にした58指標の横断的な発達調査では，情緒の成熟の度合がバウムの表現型の発達的変化として検討された。たとえば，幹の先端が自然の木のように細くならず，しかも横線で閉じられている（このような幹先端の表現型を指標名で「幹上直」という：図1）のは，幹先端を細く閉じるのに必要な描画能力が未発達というのではなく，描いた人の情緒の成熟の度合が「幹上直」という幹先端の処理様式に反映されているとみなす。その際，幹上直は発達，つまり時間的経過による変化の影響を受けやすい指標か否か，受けやすいのであればどのような発達曲線となるのかを明らかにすることで指標の理解が進み，幹上直の解釈仮説の客観性が増す。

加えて，情緒の成熟の過程や成熟の度合は生来的な能力，つまり素質に規定されることから，軽度知的障がい児と軽度から中等度の知的障がい者も調査された。さらに，採用時の職業適性検査として実施された半熟練工と商店員のバウム，また，情緒的に成熟したとみなされる基準や成熟の過程は文化によっても異なるためスイスとは文化が大きく異なるアフリカ人生徒も加え，総計約4,400本のバウムを対象に58指標の出現率調査が行われた。

前述の幹上直については，幼稚園（6～7歳）で70.2%の高い出現率を示すが初等学校5年（11

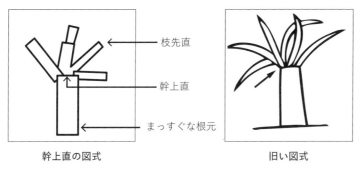

図1 幹上直の図式の修正

〜12歳）でほぼ消失し，知的障がい児では「16〜17歳」でようやく4.9％になり，知的障がい者は初等学校3年（9〜10歳）程度で，商店員には全く出現しないが半熟練工とアフリカ人生徒（平均15.5歳）では約10％出現することが判明した。

その結果，幹上直の発達特性が第2版で加筆され，指標の適用年齢も修正され，第3版（1957）で指標の図式が差し替えられた。

図2（学年順に表示したが，実際には初等学校7・8年と第二学校1・2年の年齢は重なる）に示すように，幹上直と「まっすぐな根元」と「枝先直」はほぼ同時期に消失し，地面線（「ほのめかされるだけの風景」）はこれら3指標とは対照的な動きを示す。それゆえ，まっすぐな根元と枝先直はみられるが，地面線のない図式に修正された。地面線上に立つ幹上直の幹では，指標間の発達的なバランスを欠くからであろう。

幹上直の例からもわかるように，出現率調査によって指標の理解が一気に進み，初版の改訂につながったと言える。

III　発達的にアンバランスなバウム

1　表現がアンバランスなバウム

これは，幹上直の旧い図式（図1右）にみられるような指標間の発達がアンバランスなバウムを指す。

ちなみに，幹の描線が平行，つまり根元から幹先端までが同じ太さで，しかも地面線上に立つ幹

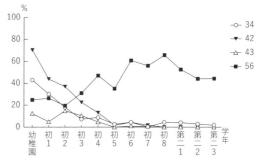

まっすぐな根元（34）・幹上直（42）・枝先直（43）・ほのめかされるだけの風景（56）

図2　4指標の出現率（Kochの標準児群）

を図式とする「まっすぐで平行な幹」（邦訳，p.204，図3：平行幹ともいう）は，アンバランスな表現型を特徴とする指標である。前述したように，まっすぐな根元と地面線は同時には出現しにくい。また，「成熟した形になると，幹の根元の両側が軽く丸みを帯び」（邦訳，p.86）るため，まっすぐな根元は初等学校5年にはほぼ消失する。

一方，ほのめかされるだけの風景は，「具体的な地面として用紙の下端」（邦訳，p.85）を地面線に見立てた「幹下縁立」に代わって出現する。幹下縁立の発達曲線は幹上直とほぼ同じで，まっすぐな根元とも同調し，初等学校5年で消失する。それゆえ，地面線は出現しているのに根元がまっすぐ，という幹のアンバランスな表現が「高学年の生徒や成人に生じた場合」（邦訳，p.205）に適用されるのが平行幹である。バウムで無意識が可視化されるのと同様に，情緒面での個人内差もこ

特集　発達的視点を活かす

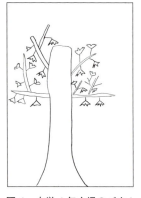

図3　平行幹の図式

図4　小学4年女児のバウム

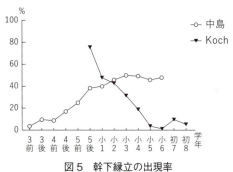

図5　幹下縁立の出現率

のようにバウムで可視化される。

　図4は，「すぐにカーッとなる。算数の成績が悪い」という主訴で児童精神科を受診した小学4年の女児のバウムである。新版K式発達検査による知能の発達水準の査定では問題はなかったが，認知能力の下位能力間にアンバランスがあることなどから学習障害と診断された。

　さて，このバウムの大きな特徴は幹上直が消失していないところにある。樹冠には水平枝の対から成る十字型（中島，2016，p.94／以下，拙著とする）は残っているが，何よりも問題にしなければならないのは幹である。幹の根元が「成熟した形」であるにもかかわらず，幹上直が消失していない。幹上直とほぼ同じ発達曲線を示す幹下縁立もみられるが，わが国では小学4年で消失していないことは問題にならない。

　Kochの調査によると幹下縁立は初等学校5年で消失するが，アフリカ人生徒はスイスの中等度知的障がい者の12.5％よりも高い27.3％（邦訳，p.86）を示す。しかし，このことだけでアフリカ人生徒に知的障がいを疑ってはいけない。なぜなら，成熟とともに消失する指標であるまっすぐな根元で比較すると，アフリカ人生徒には全く出現しないが，知的障がい者には32.1％も出現するからである。ほかにも，「発達阻害，発達遅滞，退行の判断には，この指標は極めて重要」（邦訳，p.74）とされる「一線幹」もアフリカ人生徒には

全く出現しないが，知的障がい者には17.9％も出現する。つまり，まっすぐな根元や一線幹は素質の影響を受けるが，幹下縁立は素質ではなく文化的影響を受けやすいことを意味する。したがって，文化的影響を受けやすい指標に対して，スイスの社会集団で得られた基準をそのまま適用できない。

　当然，スイスとは文化が異なるわが国も同様で，幹下縁立は「一般的には，発達的指標とはなりにくい」（一谷ほか，1968）と指摘されて久しい。

　図5に，3歳児クラス前期（平均3歳10カ月）から小学6年（11歳9カ月）の延べ4,095名の標準幼・児童を対象に筆者が調査した幹下縁立の出現率をKochの結果とともに示す。なお，調査方法・指標の判定基準・出現率の詳細などについては拙著を参照されたい。また，生活年齢よりも学校社会での生活経験の効果を重視し，小学1年（6歳10カ月）に初等学校1年を対応させ，スイスの幼稚園を5歳児クラス後期（6歳5カ月）とみなしてグラフを作成した。

　筆者が得た結果は，顕著な下降曲線を示すKochの結果とは大きく異なり，小学6年で47.7％もあり，児童期で減少する兆しはみられなかった。しかし，医療系の専門学校生（409名，平均23.8歳）の出現率が6.1％であることから，いずれ消失するがスイスに比べると時期は遅い，というのがわが国の幹下縁立の特徴と言えよう。

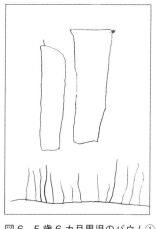

図6 5歳6カ月男児のバウム①

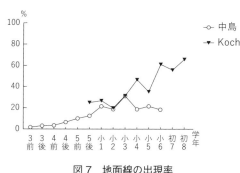

図7 地面線の出現率

図8 5歳6カ月男児のバウム②

ここで注意しなければならないのは，幹下縁立に反映される情緒の成熟が，日本人やアフリカ人がスイス人に比べて"遅れている"ということではなく，消失する時期が遅いだけであり，この状態が日本の社会では"普通"ということである。

それゆえ，図4の幹下縁立には問題がなく，女児には認知特性を考慮した学業面での指導と，幹上直の消失に向けた自主性を養うための取り組みが必要となる。周囲の者が，女児が自分で考えて積極的に行動できるような場面を自然な形で設定するのもそのひとつである。

図6は，5歳児クラスに在籍する5歳6カ月の男児のバウムである。

先の図4は，描いた人の年齢（発達段階）から，その年齢であれば消失しているはずの指標がまだ残っている，その年齢であれば出現しているはずの指標がまだ現れていないという視点から紹介した。しかし，アンバランスな表現は部分的な落ち込みだけでなく，部分的な突出によっても生じる。図6は，その年齢での出現が期待されていない地面線があることでアンバランスが生じたバウムである。

筆者の調査では，地面線（「地面線あり」：拙著，p.182）の出現率（図7）は，5歳児クラス前期（5歳10カ月）で9.8％，小学3年（9歳0カ月）で一時的に31.2％となるが児童期では20％程度に留まり，専門学校生でようやく51.8％となる。一方，ほのめかされるだけの風景（図2・7）は，初等学校2年（8〜9歳）から急増し，同8年（14〜15歳）には60％を超えた後，第二学校3年（15〜16歳）で44.4％にまで減少する。このことから，わが国の地面線はスイスに比べると出現が遅いことがわかる。

では，図7の地面線をどう読むのか。出現が期待される年齢よりも早いので発達的に優れているというのではなく，この場合の地面線は不安定感の表れと読める。環境内での自身の立場に不安を感じているがゆえに，本児の無意識が働いて地面線が出現したとみなすと，地面線が幹から離れた位置にあることと符合する。地面線があることでかえって幹が宙吊り状態にあることが強調されている。

本児への対応として，「集団に馴染めていない可能性があるため，本児への配慮が必要。家庭の問題も否定できないが，まず園での配慮をお願いします」と伝えた。半年後のバウム（図8）では幹の宙吊りは消え，長方形の大きな幹が紙面の下辺ぎりぎりに立ち，しかも幹からわずかに伸びた枝状の突起物（図6）は，はっきりとした二線枝（邦訳，pp.76-78）に変化していた。

2 知能の発達水準とアンバランスなバウム

これは,バウムの全体像とそれを描いた人の知能の発達水準との間にアンバランスがある場合を指す。臨床の現場では,やはり,描いた人の知能の発達水準に達していないバウムが中心となる。

図9は,養護学校高等部卒業後,授産施設に通所する30歳の女性のバウムである。この女性と二人暮らしの母親が,「気に入らないことがあると家で暴れる。このままでは私の死後が心配だ」とのことで受診された。本人からの訴えは特になく,てんかんの既往があり,新版K式発達検査による知能の発達水準は発達指数が45,発達年齢が7歳2カ月であった。施設では問題はなく,身だしなみも良く可愛くて大人しい印象を受けるが,母親によれば家庭内では大声を出して暴れるという。娘の行く末を案じ,何とか社会生活能力を身につけさせたいという思いからあれこれと口やかましく注意すると,それがきっかけとなって暴れる。特に,母親にとって最も気になるのは,娘が通所に間に合う時間に起床しないことで,毎回,注意しても効果がないことは自覚されていた。

ここで,樹型分類について述べたい。多数の指標を使って検討してもバウムの特徴をうまく言い表せるとは限らないことから,藤岡・吉川(1971)の「バウム全姿の類型化」を参考に,「樹型の分類表」(拙著,p.111)を作成した。「幹先端処理」に着眼した藤岡・吉川の類型化とは異なって,樹冠の輪郭線の有無を優先し,さらに「幼型」と成熟したバウムに分断することなく,すべてのバウムの発達的変化を大まかに把握できる分類法とした。

まず,教示によって生じた木のイメージの表現段階を,①幹と樹冠(幹と輪郭のある樹冠または幹と枝)があり,木としてのイメージが表現されており,木の絵だと了解できるもの,②木が描かれていることは了解できるが,幹が描かれていないもの,③樹冠はなく,幹だけが描かれているもの,④木としてのイメージの独立性が曖昧で,木以外の他のイメージ,たとえば人のイメージと融

図9　30歳女性のバウム①

合したもの,⑤形は定まらないが,木を描こうとする意図が何となく感じられるもの,⑥人物・動物・花・文字などの木以外のものや錯画といった木のイメージがまったく感じられないもの,という6段階とし,15の樹型を設定した。

樹型でバウムの発達をたどると,⑥の「木以外」・「錯画」・「白紙」,⑤の「不定型」,次いで③の「幹」と「幹と付属」,さらに①の「線描樹冠型」・「主幹型」・「放散型」などの6樹型となる。

「幹」は,樹冠が形成される前の漠然とした木の全体像であり,外見は幹だけであっても木全体が表されたバウムである。

「幹と付属」は,環境との関わりを担う樹冠が「幹」から分化しはじめる頃のバウムで,未熟な樹冠を特徴とする。図6のような枝とみなすには未熟な枝,あるいは輪郭線だけの樹冠とみなすには未熟な樹冠,あるいは塗りつぶしで表された樹冠とみなすには未熟な樹冠が付いたバウムがある。

次に,幹と樹冠のあるバウムが6樹型で,「線描樹冠型」は,平行幹の図式のように樹冠に輪郭線があるバウムとする。幹と樹冠は当初より分化しているが,発達に伴って樹冠内部の枝組みが充実する。「主幹型」は,木の先端まで伸びた幹と幹の側面から出た枝を特徴とし,樹冠の輪郭線はない。発達に伴って下枝が消失することで幹と樹

図10　30歳女性のバウム②

図11　20歳女性のバウム

冠に分化したバウムになる。「放散型」は，枝が幹先端から出たバウムで，樹冠の輪郭線はない。幹上直の新・旧の図式のように閉じた幹先端から枝が出る早期のタイプと，幹先端から連続して枝が伸びる後期のタイプがあり，早期のタイプから後期のタイプへと変化する。当初から幹と樹冠に分化しているが，さらに発達に伴って幹に見合った枝分かれをしたバウムになる。

「人型」は，線描樹冠型に下枝が付いたバウム，「側枝型」は図8のように枝が幹先端と幹の側面から出ているバウムとし，両者は線描樹冠型あるいは主幹型あるいは放散型への移行型である。そして，線描樹冠型・主幹型・放散型のそれぞれの分類基準を満たさないバウムを一括して「その他の樹型」とした。

ところで，不定型の出現率は3歳児クラス前期で10.5％，同後期（4歳5カ月）で半減し，5歳児クラス後期以後はまったく出現しない。幹は3歳児クラス前期の23.9％から減少し，5歳児クラス後期でほとんど出現しない。幹と付属は3歳児クラス前期で10.0％，同後期でピークの17.0％に達したのち減少し，児童期ではまったく出現しない。6樹型は3歳クラス前期では10.0％に過ぎないが，その後急増し，4歳児クラス前期（4歳10カ月）で57.5％，同後期（5歳5カ月）で80％を超え，5歳児クラス後期にはほぼ100％に達する。

このことから，4歳から5歳になる頃に6樹型が描けるようになる転換点があると思われる。ちょうど他者の心を推測できる「心の理論」を獲得しはじめる時期と一致するのが興味深い。

樹冠が現れた後は，幹と樹冠に明確に分化しているか，幹と樹冠が統合されて1本の独立したバウムとして機能しているかという観点からバウムを眺め，環境に対して主体的にどのように関わっているのか，自身のもつ能力や関心が発揮されているか否かをバウムから読み取ることになる。

では，図9に戻ると，これは「形は定まらないが木を描こうとする意図がなんとなく感じられる」ので「不定型」に該当する。発達年齢が7歳2カ月であっても6樹型のバウムではないため，この女性の情緒の成熟度の落ち込みの大きさがわかる。

そこで，母親に対しこれまでの苦労を労いつつ，できないことを責めるより自立心を育てる姿勢で臨むほうが効果的だと伝え，当面は起床時間の改善だけを目標にすることにした。目覚まし時計を準備してあとは本人に任せ，起床できたときには褒め，寝過ごしても口やかましく言わないように心がけてもらうようにした。その結果，約3カ月後に来られたときには朝の問題は解決し，バウム（図10）は，幹と樹冠に分化した「線描樹冠型」へと大きく変化していた。

ちなみに，図11はこの女性と同様に知的障がいを伴う20歳の女性のバウムである。養護学校高等部を卒業後，工場に就労し勤務態度は良好で作業に見合った月収を得ている。診断書（療育手帳）のための受診であり，発達指数は34，発達年齢は5歳6カ月であった。「地面までの枝」（邦訳，pp.81-82）があるため幹と樹冠の分化は不十分だが，主幹型のバウムである。

IV　おわりに

最後に，Kochの講演原稿（國吉訳，2016）にある言葉を紹介したい。そこには，「物事をしっかりと見る習慣を身につけると，われわれはよりはっきりと物事の相互関係を見抜く，つまり各年齢層における諸徴候の出現頻度を知っておれば，はるかに診断しやすくなる」とある。

言うまでもなく，数値に拘泥することは戒められている（邦訳，p.18）が，この言葉には，出現率に基づいた発達的視点を投映法に取り入れることの重要性が込められている。臨床に活かせる解釈をするには，象徴的な視点と発達的視点の両面からバウムを読むことが望まれる。

▶文献

藤永保 編（1981）心理学事典．平凡社．
藤岡喜愛，吉川公雄（1971）人類学的に見た，バウムによるイメージの表現．季刊人類学 2-3；3-28．
一谷彊，林勝造，津田浩一（1968）樹木画テストの研究―KochのBaumtestにおける発達的検討．京都教育大学紀要（A．人文・社会）33；47-68．
Koch K（1957）Der Baumtest. 3 Auflage. Bern : Hans Huber.（岸本寛史，中島ナオミ，宮崎忠男 訳（2010）バウムテスト第3版―心理的見立ての補助手段としてのバウム画研究．誠信書房）
カール・コッホ［國吉政一 訳］（2016）カール・コッホの講演 1957年3月．In：中島ナオミ（2016）バウムテストを読み解く―発達的側面を中心に．誠信書房．
中島ナオミ（2010）バウムの発達．臨床心理学 10-5；668-673．
中島ナオミ（2016）バウムテストを読み解く―発達的側面を中心に．誠信書房．

告知……第15回日本うつ病学会総会

テーマ：個人と社会の相互作用としてのうつ病――多面的な理解から紐解く
日時：2018（平成30）年7月27（金）～7月28日（土）
会場：京王プラザホテル（160-8330 東京都新宿区西新宿2-2-1（Tel：03-3344-0111（代表））
会長：井上猛（東京医科大学精神医学分野）
事務局長：市来真彦（東京医科大学精神医学分野）
参加費：[会員] 医師＝8,000円，[会員] コメディカル／学生＝5,000円，[臨時会員（非会員）] 医師＝10,000円，[臨時会員（非会員）] コメディカル／学生＝7,000円
演題受付期間：2018（平成30）年1月10日（水）～2月28日（水）
ホームページ：http://www.c-linkage.co.jp/jsmd15/
連絡先：第15回日本うつ病学会総会事務局（株式会社コンベンションリンケージ内・担当：渡邊，宗宮，出町）／TEL：03-3263-8688／FAX：03-3263-8693／E-mail：jsmd15@c-linkage.co.jp

[特集] 発達的視点を活かす

情動発達支援
ASDへの自然感情チューニング

須田 治 Osamu Suda
首都大学東京 客員教授・名誉教授

I 日常的な広がりまで「発達」にかかわる

本稿では情動の調整についての発達的支援についてのべる。その「調整」とは，心身がもっている自然な生体調節的な平衡回復（自己の緊張緩和）であるとか，それを外から誘導するチューニング（調律）ととらえ，取り上げる。つまり，筆者は，情動という身体的怪物を，体験としての感情チューニングとともに操ることが必要であると考えている。

1 発達からの情動のはたらきの推論

たとえば乳児期にみられる情動（emotion）の表出の背景には，「心身システムとしての調整の発達」がすでに機能し始まっている。自閉症スペクトラム障害（Autism Spectrum Disorder：ASDと略）のばあい，そこで起こっている神経発達的な問題は，状況に埋め込まれた個々の発達として生じているから，その文脈から離れて人工的な支援をなす療法では，どうしても生態学的妥当性は得られないと考えられる。筆者は，その調整は，幼児から成人のASDにとって自己存在の根底から重要と考えている。

たとえば，ASDの幼児によくあるのは，こだわりが喚起（arousal：覚醒ともいう）とのあいだにサイクルをなし，こだわりが喚起を高め，その興奮がよりこだわりを生み，それが要求や怒りのレディネスを高め，ばあいによっては攻撃を用意する。養育者はそれに対応しようとするが，この日常に潜んだサイクル（以下の①～③）はなかなか緩和できない。つぎのような位相変化（連鎖）が想定できる。

① こだわり・喚起上昇とは相互増幅する
② （喚起を下げる）情動表出がなされる
③ その攻撃行動に養育者が反応する

こうした背景について，発達論と支援例をあげ，発達のシステム的な情動機能系をとらえ，「発達からの支援」を組み立てる（須田，2018）。つまり「発達」という生態を取り上げて支援実践を考える立場であり，まず発達を参照し，困難を軽減する支援となる仮説を立てるのである。いわば自然生態のようにASDのやりとりを観察し，発達の過程での情動，あるいは感覚運動，または認知の機能を推定し，そこからチューニング（調律）する方法を探す。これは人工的支援（たとえば応用行動分析の強化のための訓練）とは異なる。まず行

動ではなく，行動を動かしているシステムと環境を取り上げる。

それは発達心理学の発想であるが，昔 Rene Spitz が，赤ん坊の母子関係を記述し支援をしていたものと似てもいる。たとえば母子関係の崩壊にあたって，Spitz（1962）が愛情の対象の機能を回復させることができたのは，赤ん坊の攻撃性の表出の機能推測があったからであるといえよう。生態学的に妥当である支援は，発達をとらえることなしには成り立たないのであり，それが「発達からの支援」なのである。

この発想に近いものとして，小児精神医学の Stanley Greenspan（1992 ほか）はのべている。①特定の療育課題に向けて人工的な訓練を行うのではなく，自然な日常のなかで支援を行う，②大人が設定した目標に向けて子どもを修整するのではなく，子どもが内発的変化としてなした発達の兆しに対応する，また③家族は，支援を形づくるために不可欠だとのべている。

II 情動が調整されるから仲良くなれる

わたしたちは，ASD の人びとに対して心身的システムの視点をとり，感覚運動的な過敏や鈍感，認知的な実行機能の問題の有無，そして人との全身の情動としての，あるいは心的体験としての感情のやりとり困難の有無などを観察することがある。このうち情動の発達の問題を ASD に見出す接近法は，（わが国ではそうではないのだが）海外では理解がかなり進んできたといえる。ケース間の相違があるにしても，ASD の人びとには，たしかに漠然とした不安，高い喚起，心的外傷体験の想起，非情緒的な人間関係，強い疎外感情，自分の感情に気づかないこと，幸福感が少ないなどの問題があるということを検討している。

1 神経発達科学からのヒント

ASD の困難には，人により異なる発達の特徴が多様にみられる。最近の分子生物学的研究では，それを示唆するものとして，ASD の神経連絡網における結合性の問題が明らかにされつつある。たとえばカドヘリンなどの細胞結合分子の異常が起こっていることが仮説としてあげられ，いくつも結果が示されてきている。そこから ASD の障害の特徴が個人間で多様であり，オーダーメイドの支援が必要であることが必要と考えられる。そしてそれは，さまざまな脳部位のそれぞれ異なる機能上の異常を生みだしていると推論できる。

さらに情動的な機能の問題をとらえることを支持する解明も進んでいる。最近再び，オキシトシン（Ocytocin）という愛と信頼にかかわるペプチドホルモンの欠陥への関心を見ることもできる。それがアスペルガー症候群，あるいは ASD の人びとの対人情動的コミュニケーションの困難をもたらしているという仮説である。このホルモンへの関心は，最初期には点鼻薬のオキシトシンの投与が ASD の人びとの情動的コミュニケーションの改善に効果があると報告されていた（Hollander et al., 2007）。2016 年までに，オキシトシン受容体に対する遺伝子とその変異体の影響が検討され，多くの論文が出されてきた。さらに最近では，ASD に及ぼしているオキシトシン投与効果を健常者と ASD 者とでマッチングさせた比較，プラシーボ（偽薬）との比較を行った実証結果も出されている（Prekel et al., 2016）。すなわちオキシトシンの機能の問題が ASD にはあるため，対人情動的コミュニケーションの困難が考えられるのである。

2 ASD における情動の問題──3 つの次元からのアプローチ

ASD の以下の問題は，情動的なコミュニケーションの問題を示唆している。情動は，身体内または他者とのあいだの適応に機能する 3 つの次元からとらえられる。

①乳児期から健康な子は**身体的な平衡**を求め，喚起の調整を発達させる。それは全身性の覚醒だけでなく，情動的な強さをも支える自律神経系などの平衡にもかかわる（Frjida, 1986）。ASD に

は，著しい高喚起と，極端な低喚起の2タイプの問題があると指摘されている。そしてまれに，こだわりと喚起の異常な高まりが，パニック頻発により母子関係を危機に追いやるケースも報告されている。情動には，身体とかかわって調整するという平衡があるが，その調整の不全については須田（2017, 2018）にのべた。そのポイントは，穏やかな情動状態を調整させるように，持続的に環境調整することであるといえる。

②また，**対人的なインタラクション**の過程でも，健康な発達では情動的な調整が見られる。そもそも人に向けての情動の本来的な指向性は，快適であるように調整することだという指摘がある。とくに乳児期はシンプルであり，人のかかわりは，経過的に攻撃があっても，hedonic（快楽的）な状態を回復したいという変化にあふれているという（Gianino & Tronik, 1988）。ASDにはその対人的な共鳴がじゅうぶん発達していないというが（Hobson, 1993），たしかに友だちと情緒的な交流を好むということは少ないといえるだろう。それが生物的制約によるにしても，しかし意外なことにASDの人にも，人を好み，静かなやりとりがあることを見逃すべきではないと考えられるだろう。

③健康な子どもの心に感じる情動体験は，**感情（feeling）**と呼ばれる。それはからだの内臓感覚の変化が，皮質に読み取られて意識されたものである。「ソーマティクマーカー仮説」（Damasio, 1994）によると，その身体的なフィードバックが主体感（当事者感覚）を生みだすという。感情は，認知－情動の連携の発達により生じるのだが，情動にかかわる大脳辺縁系の扁桃体と，認知にかかわる大脳前頭前野とのあいだに，神経連絡網が発達することにより，生じる。さらに別の議論ではASDのばあい，自分の感情が分からないとか，言語化できないとか，あるいはそもそも内面に関心がもてないというような感情の認識の問題，アレキシサイミアに注目する仮説も出ている。有効な支援方法はどうあるべきか，わが国ではまだ発達支援は検討が進んではいないといえよう。

III　情動からの支援の可能性 ——わたしたちの試み

たしかにASDの人びとが，関係の世界からの逸脱とか，調整の困難を示すことはあるだろう。だがそれはASDの「いつもの定常的状態」ではなく，「ときには例外の状態，落ち着いた状態」が起こるものとみるべきだろう（須田, 2017）。しかも年齢的に早期，幼児期から9歳位までであれば，情動は喚起の波が刻々と変わるなかにあっても安定した状態があり，それを押し広げることができるということを臨床事例として見てきたことであると思われる。

1　視点1　平静を取り戻す——喚起レベルの調整

筆者が5歳から7歳までの喚起調整への支援により，こだわりを軽減し，パニックを減らしたケースを報告する（須田, 2018）。ケースにもよるが，喚起が上がると，こだわりが増え，外からの声が入らなくなることはある。この「こだわりと喚起上昇のサイクル」から気分転換をさせ，自発的にうまくやれる状況を続けることが，比較的落ち着いた状態を取り戻すことを見出している。

2　視点2　感情をやりとりするためのさまざまな試み

ケースに抜け道のような鎮静化を創るのは，人とのインタラクションのあいだではとても難しい。以下にあげる「お芝居療法」では，小学校高学年になった女児カリンに芝居を行って，模擬的な対人的なインタラクションの体験を可能にしている。その経験は般化しなかったが，状況からの変化を自分で能動性をもって経験する機会を生みだすヒントになるといえよう。

具体例：筆者は多くのばあい，親への対応方法のガイダンスとカウンセリングと，子どもとのプレイおよびそのプレイについての微視的行動分析を行っている。しかし，ときにはお芝居を使い，

情動的な行動の振るまいを芝居の監督の役を借りて行うこともある。たとえばある春の日に，女児カリンは，わたしたちの支援チームが創った「お芝居療法」に目を輝かせた。「お芝居？なら参加したいよ」と言った。もとより直観の鋭いアスペルガー症候群の彼女は，人工的訓練をどれも嫌う。だがお芝居にはいとも簡単に溶け込んだ。じぶんの仕草を鏡に映しながら，情緒を表しながら見とれる。だがお芝居の監督の役を演じた大学院生の指示も聞くことができた。このケースは知性や，言語の遅れのないアスペルガー症候群といえる。彼女は身体の喚起が高まると，パニックもよく起こした。音過敏がひどく，思い込みが激しく，周囲の声を遮ってその場を支配するのであった。だがお芝居を行うあいだは喚起が鎮まる（須田，2017）。彼女の変化は般化しなかったが，芝居は，その子からこだわりの感覚を解放し，仮想の社会的関係をもたらした。

3 視点3 主体の感情的フィードバックに対する助言

たとえば小学生ケースのばあい，パニックになる前に，サインを出させて，自発的に気分転換させると，落ち着いて，適応への自信を広げることがある。一方，青年成人では，身体からのフィードバックとしての怖れをなかなか当事者は認識しようとしない。また「漠然とした不安」を解放したり，心的外傷のフラッシュバックを軽減するために，遠回りでも漸進的筋弛緩法を進めてきた。しかし誰もがその処置に馴染めるわけではなく，難しいこともある。自然な，精神的な，避難所としての当事者の自我とのかかわりを維持するにしても，別の軽減する方法（例：オキシトシンの治験）があることが助けになるだろうと考えられる。

▶文献

Damasio A (1994) Descartes' Error : Emotion, Reason, and the Human Brain. New York : Harcourt. (田中三彦 訳 (2010) デカルトの誤り―情動, 理性, 人間の脳. ちくま学芸文庫. 筑摩書房)

Frijda NH (1986) The Emotions. Cambridge : Cambridge University Press.

Gianino A & Tronik EZ (1988) The mutual regulation model : The infant's self and interactive regulation and coping and defensive capacities. In : TM Field, PM McCabe & N Schneiderman (Eds.) Stress and Coping Across Development. Hillsdale NJ : Laurence Eralbaum, pp.47-68.

Greenspan S (1992) Infancy and Early Childhood : The Practice of Clinical Assessment and Intervention with Emotional and Developmental Challenges. Madison, CT : International Universities Press.

Hobson RP (1993) Autism and the Development of Mind. New York : Psychology Press.(木下高司 訳(2000) 自閉症と心の発達―「心の理論」を越えて. 学苑社)

Hollander E, Bartz J, Chaplin W et al. (2007) Oxicitocin increases retention of social cognition in autism. Neuropsychologia 61 ; 498-503.

Preckel K, Kanske P, Singer T et al. (2016) Clinical trial of modulatory effects of oxytocin on higher-order social cognition in autism spectrum disorder : A randomized, placebo-controlled, buoble-blined and cross over trial. BMC Psychiatry 13 ; 329.

Spitz RA (1962) The First Year of Life. New York : International Universities Press. (古賀行義 訳 (1965) 母子関係の成りたち. 同文書院)

須田治 (2017) 感情への自然主義的アプローチ. 金子書房.

須田治 編著 (2018, 印刷中) 生態としての情動調整―心身理論と発達支援. 金子書房.

[特集] 発達的視点を活かす

小児科臨床での心理支援
育て直しを考える

井原成男 Nario Ihara
早稲田大学人間科学部健康福祉学科臨床心理系

I　はじめに

　育て直しは，慈恵医大小児科での育児相談から始めて医局を退局するまでの35年間のあいだ，いつも個々の臨床の背景の一番深いところにおいていた心理療法の視点であり，ひとつの技術や方法ではない。その意味で治療哲学に近い。その名称は刻々と深化しており，現時点でいうなら「育て−育ち直し」と定式化するのが最も相応しい。

II　育て直しの暫定的な定義

　育て直しの定義をしておきたい。この定義は思春期外来を念頭においたものであり，思春期を幼児期の失敗が表に現れる時期と捉えるのではなく，幼児期に不足したものが修正される敗者復活戦と捉える。幼児期を，母親を中心とする親密な養育者からの自立の時期と捉えるなら，思春期は社会と切り結ぶべき主体性が問われる真の分離個体化期，第2の自立期と捉えられる。その意味で，育て直しはクライエントの主体性を抜きには語れないものであり，正しくは，育ち直しを促進するものといえる。

　図を参考にしながら以下の説明を見てほしい。
　①おいしいものを作る：思春期相談で，子どもの依存や拒否に対して，親身になって助言をすることは，一見何でもない当たり前のことのようである。だが，ちょうど乳児期に，母親がミルクをあげたり，お風呂に一緒に入りリラックスして楽しんだり，子どもの分離不安をイナイ・イナイ・バーでいやしたり，いわば母親が子どもの心に「おいしいものを作ってあげる」感覚に似ており，相談にのる人は，こうした感覚で接することで，子どもの不安を取りのぞき，子どもを支える人になれる（図左上）。

　②心配する：子どもの拒否や攻撃に対して即，反応してしまうのではなく，大人が意味不明の幼児の言葉に耳を傾け，意味不明の行動に付き添ったり，意味がよくわからずおろおろしている思春期の子どもに優越感を与えたり，目の前にいる思春期の子のことを「心配してあげること」自体が治療的な意味をもつ。思春期の子どもはこうした相談者の行動を見て，自分が受け入れられていることを知り，深い安心感を得る（図左下）。

　③見立てと案内：相談を受ける人は，こうして得た信頼をもとに，小さな子どもの質問に答えたり，共にお絵描きのような行動をして子どもっぽさに付き合ってあげたり，たとえばキャッチボールをするような感覚で，思春期の子どものなかに

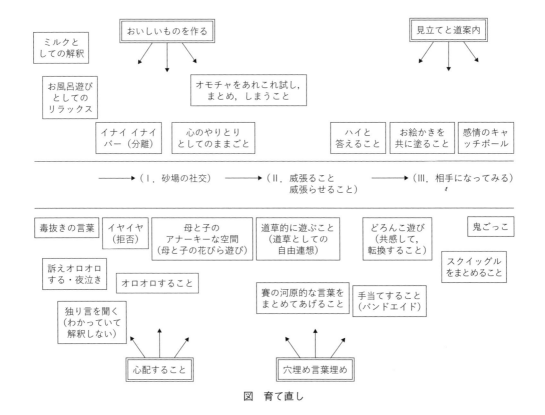

図　育て直し

ある不安をサポートしていく。これを図では「見立てと道案内」と表現してある。

　④穴埋め言葉埋め：グチャグチャでまとまりのない子どもの遊びを見守る人のように，こうしたドロドロした行動に対して，その行動のもつ意味を解釈してまとめあげ，自分でも自分の行動がわからなくなっている子どもの，欠けた部分や言葉にできない部分を「埋め」る。こうした共感力と表現力が思春期の相談には要求される。そして，一見汚いどろんこ遊びや，グチャグチャのなぐり書き（スクイッグル）のなかに，いかに大きな創造性が潜んでいるかを見つけ，その子の絶望感やコンプレックスをポジティブなものに転換する，そうした感覚とセンスが必要である。

III　症例の提示

　ここで，筆者が育て直しという発想に至るきっかけとなった症例を挙げる。これは，「育て直し」に気づいていった初期の症例である。

症例：初診時 14 歳女児 A
主訴：低栄養状態，拒食症，不登校（undernutrition, anorexia, school refusal）
診断：神経性無食欲症（Anorexia Nervosa）

　小学 5 年時，厳しく若い男性担任になり，環境的なストレスが増大した。さらにこの頃，伯母より太ったといわれ，次第に食事量が減少。中学 1 年時，登校拒否および拒食。胸痛，腹痛を主訴として病院を受診した。

　1 カ月間入院し，その後児童相談所に通う。中学 2 年時の夏に軽快したが，中学 2 年時，再び姉の shape up に刺激され拒食が再発した。家族構成は，父，母，姉であるが，後に父方の伯母が登場する。なお長男は 1 カ月で死亡している。祖母は 20 代で夫を結核で亡くし，女手一つで，A の伯母に当たる姉とその弟（つまり A の父親）を育てた。父親は，祖母の苦労を人一倍感じているため，A の入院直前の祖母の認知症をきっかけに世話にかかりっきりになるが，これが A の拒

食症を悪化させ，家族のなかに潜在していた病理が顕在化する。Aにとって，これまで頼り信じていた父親が自分から離れていったことと，自分を太っていると指摘した伯母が家族のなかに入り込んできたことによって葛藤は増大した。

Aは，0歳代は手のかからない大人しい子だった。しかし，襖を開けた音でも起きるほど敏感で，人見知り，分離不安ともに強かった。Aには，幼稚園頃まで指しゃぶりがあり，寝るときはいつも決まったタオルケットを胸にかけていた。

Aの母親は料理が下手で，インスタント・ラーメンなどで済ませることが多かった。入院時，患児に無人島に誰と行きたいかという質問をしたところ，母と2人で暮らしたいという。この答えのなかにも，母親を求める気持ちが表われている。

逆に，父親は料理などにもこまめで，相手もしてくれたので，Aは父親になついていた。Aは敏感な子だが，母親は，その敏感さを汲みとって育てることができなかった。母親は，料理が下手だと言う。Aに対して，母性をもった細やかな交流をしてこなかった。

それを補ったのが父親である。父親は料理もこなし，Aの相手をしていたため，Aは父親になついていた。3・4歳頃，Aはドロンコ遊びが好きで汚れても平気だった。中学の頃，児童相談所での作業療法で，父と粘土の作品を作っている。こうした子煩悩な父親から裏切られたと感じたことを契機に不満が表面化し，激しく母親を求める気持ちへと収斂した。

Aの治療の特徴は，6カ月という長期間にわたって，母子同室で入院してもらったことである。この期間はAにとって，母親と無人島で暮らしたようなものである。母子同室という意味で，母親と乳児との初期の関係にも譬えられる。

母親からすれば，妻である自分よりも実母を大事にする夫への恨みを娘と共有し合う野合の場である。こうして，母と子の利害が一致し，6カ月という長期の「ハネムーン」期間を過ごし，Aの体重も増加し，母子は退院に至った。

Aが父親や祖母と暮らすことを頑強に拒否したため，退院後はアパートを借り，（母親側に同居することを選んだ姉も含めて）3人で別居する。しかし，こうした時期は長続きせず，退院5カ月後に起こった母親の入院をきっかけに，姉との対立が表面化する。姉は，妹が病気だからと我慢してきたが，母親の入院により妹に不満を直接ぶつける機会を得る。一方，母親もこの時期になると，Aのわがままに辟易してくる。今回の母親の入院も，無理な生活の疲れと，母親の希望していた高校にAが落ちた衝撃が間接的な原因であった。

退院7カ月後，通学途中でAがバイクに跳ねられ，脳挫傷で生死の境をさまよう。家族は，心をひとつにして，Aの回復を祈った。幸いAは一命をとりとめ，この直後から，生きる力を得たかのように食欲が旺盛になる。この事故は治療全体の流れから見ても大きな転回点になった。

退院から1年4カ月後，母子間のいざこざに疲れた家族は，父親の提案で従来の家を新しく作り直し，皆で住むことになる。新しい家ができるまでの間，父親が，母親（妻），姉，Aの3人と共にアパートで暮らすことになった。

母－子という二者的な世界に父親という第三者が登場することになったのである。父親は，「病気を治すために，こうしてアパートまで借りたのに，こんなことでは何にもならない」と家族をたしなめた。父親がいるとAは母親に当たらなかった。

こうした経過を見ると，2年3カ月という歳月をかけてこの家族は新しい子育てをなし遂げたことがわかる。それはまるでAの欠けたものを急ぎ足で埋めるプロセスのようであった。

IV 育て直しのいくつかの特徴

ここで育て直しのいくつかの本質的特徴を見ていきたい。

1 発達心理学という向日性

発達心理学は，子どものもつ向日性をその本質

特　集　発達的視点を活かす

とする。子どもの日常は健康な退行をふんだんに示す。それは，受け止める周囲が適切な対応をするという健康な背景を前提とする。そうして初めて退行（regression）は進展（progression）に転化する。病的な退行はそれ自体，こうした背景そのものに病理的な経歴をもつものとして捉えなければならない。

先にあげた図では，上段にいわゆるポジティブと見える行動，下段にはネガティブと見える行動があげてある。しかし人間の行動自体に価値はなく，いずれも人間の成長に必要な要素である。

ゲーテ（Goethe）も言うように，涙とともにパンを食べたことのない者に人生の味はわからない。さらに，治療者自体がこうした人生の味を知りクライエントをしっかり受け止める見識と覚悟（そして経験）をもっていることが，すべての前提になる。

かつて我が国では入院による退行の促進が行われた事実がある（西園，1970）。退行許容度が低下し，また退行のもつダイナミズムへのコンセンサスのない現代にあって，こうした実践は不可能である。川谷（2017）も言うように，こうした方法の可能性とダイナミクスは，高度の技量をもつ治療者でなければ不可能であるが，その方法的意義は一考に値する。

2　思春期外来を敗者復活戦として考える

筆者は思春期外来の心理部門を担当するというかたちで，いわゆる育児相談を次第に，心理療法に進化させていった。その移行は自然であり，入院した患者たちがすでに退行し，入院という守られた環境のなかで，例えば高校1年の子が3，4歳に退行した状態を目撃した。こうした患者たちはその発達の過程において発達のマイルストーンを十分に経てきておらず，健康な依存（甘え）や自己主張（攻撃）の術をもっておらず，そうしたツールの健康な表出と表現という手段を発達させていなかった。そうしたツールのなさがたとえば心身症として表現の媒介抜きに表出されていた。

こうした身体的な表現（身体言語＝からだことば）は，治療者や周りのものに受け止められ，その意味を汲み取られ，たとえば絵画や遊び，箱庭などの象徴化を通じ，できれば言語化されて初めて，その患者の主体的な要求や表現となり，長い即自的な表出の旅を終える。

この際，身体化された表出を，絵画や遊び，箱庭などの表現療法的な媒介を通じてイメージの形にし，それを確認し意味づけていくという作業は，なかなか言語レベルにまで行かない子どもや，言語化の苦手な心身症患者にとってとりわけ重要であった。このプロセスでは，感覚的な（あるいは身体・感覚的な）レベルのものを，想像レベル・象徴的なレベルにし，できれば言語レベルにまでもっていくという道筋を常に考えておくことが大切である。そうした次元の移行を志向することによって，クライエントの主体性が育ち，退行（regression）から進展（progression）への移行の準備がなされる。

3　退行との比較で考えた育て直し

育て直しに似た概念である退行と比較して考えると，これまでにも触れたように，退行に比較して育て直しは小児科的な健康度の高い患者に対して行われる。また登校拒否の子などに顕著なように，これまで過剰適応のために出してこなかった自己主張性（反抗や攻撃性）を出し，またその過程で自分が存在することそのものを受け入れられること，Winnicott（1971）の用語を使うならdoing ではなく being，条件付きの愛情 doing を，存在そのもの（being）を受け入れられる形に周囲が変え，本人もそれを実感していく現実的な働きかけである。

その意味で，Balint（1953）の言う良性の退行（benegin regression）に焦点を当てる方法である。ここには，比較的健康な家庭環境と本人の病態水準の健康さが前提にされており，クライエントが表現している発達上の不足を，現実のサポートを考えながら発達促進していく。悪性の退行

（malignant regression）に特徴的な，いたずらに退行を促進させ，その人の主体性を奪い，現実の生きている患者を操作するものではない。

　思春期外来で扱う患者の退行は入院という事態によりすでに起こっており，その改変を目指す。悪性の退行のなかには，退行を促進させ，患者の主体を奪い，まるで実験室のように相手を操作することが可能だという錯誤が忍び込みやすい。

　こうした議論を踏まえて我々は，育て直しという概念が育児的な，いわば周囲からの働きかけを重視するものであった位置から，患者自身が主体的に自分を変えていくという主体を尊重した概念，育て－育ち直しに移行していく。

4　常に3つの次元（感覚レベル－想像・象徴レベル－言語レベル）を考えること

　Little（1990）がWinnicottの治療で退行し，コーチの上で痙攣を起こすときWinnicottは，「あなたは出生を再体験していたんだ，と僕は思うよ」とLittleの頭部を抱きしめながら，「生まれたばかりの赤ん坊の頭は，痛み易いし，しばらくは重たいんだよ」と，その状況を言葉にして告げている。このように，感覚レベル（行動レベル）のものを象徴化し，同時に言語化するという発想は捨てがたい。

　スクイッグル，箱庭や絵画を利用するやり方は，その象徴性と枠や限界の設定という意味で特筆すべきである。夢も退行（regression）であるとしたら，夢のように象徴化（symbolize）された退行は，枠の設定や対象化という第三者的な枠（frame）の設定を伴っており，回復や進展（progression）に利すると思われる。

▶文献

Balint M（1968）The Basic Faults. London : Tavistock Publications.（中井久夫 訳（1978）治療論から見た退行. 金剛出版）

井原成男（2008）子育てカウンセリング―育て直しの発達心理学. 福村出版.

井原成男，金子玲子，前川喜平（1991）思春期やせ症に対する育て直しのプロセス. 小児科診療 54-2 ; 175-180.

川谷大治（2017）パーソナリティ障碍―嗜癖・依存症と退行. 精神療法 43-2 ; 205-211.

Little M（1990）Psychotic Anxiety and Containment. London : Paterson Marsh.（神田橋條治 訳（1992）ウィニコットとの精神分析の記録. 岩崎学術出版社）

西園昌久（1970）薬物精神療法. 医学書院.

Winnicott DW（1971）Playing and Reality. London : Tavistock Publications.

告知……日本遊戯療法学会第24回大会

テーマ：子どもの今――遊戯療法の実践者としてできること
日時：2018年6月23日（土）～24日（日）
会場：首都大学東京南大沢キャンパス（東京都八王子市）
ホームページ：https://tmupsycho.wixsite.com/playtherapy
連絡先：maf-japt24th@mynavi.jp

[特集] 発達的視点を活かす

キンダーカウンセリングで発達的視点が活きる
子どもの語りを聴くことについて

森岡理恵子 Rieko Morioka
京都市スクールカウンセラー

I キンダーカウンセリングについて

 昨今,保育園幼稚園で,家庭や子ども自身の不安からくるさまざまな問題について心理学の専門家の理解と助言が求められ,「保育臨床相談」として活用されるようになった。特に発達の特性が顕著な子どもに関する理解や虐待など家族で抱えきれない課題に対して,専門的な知見が求められることも増えつつある。
 保育臨床活動としては,①子どものアセスメント(理解),②保育者の保育活動の支援(アセスメントを活かした関わり方),クラスづくりへの助言など,③保護者への子育てに関する助言やカウンセリング,④他機関との連携,⑤その他地域での子育て支援に関する講演や啓発活動などがあげられる(菅野,2008)。
 活動の実際では,保育の現場に定期的に出向き,見守りを求められた子どもを中心にクラスで子どもたちと関わりながらの参観をする。そのときの様子から困りの背景を考え,子どもに沿った関わりの手立てを教職員と共に考える。保育臨床では心理の視点はあくまで,保育者に還元されるべきもので,専門的視点から得られた理解を保育者が活かすことができるようなコンサルテーションを行う。
 特に最近は発達の特性が顕著な子どもについての相談も多く,器質的認知的な要因も考慮したアセスメントと,支援や環境づくりなどの提案が求められる。その一方で,特に役に立たずとも共に過ごしながらゆったりと子どもを理解するような活動があっても良いのではないかと思うこともある。心理臨床では,遊びや語りを通して子どもを理解し,子どもが自分自身の生を享受できるような支援をする。キンダーカウンセリングでもこの基本は変わらず,たとえ一回きりの出会いのなかでも,子どもの自分語りに耳を傾けることが求められる。
 保育臨床には保育園幼稚園,児童発達支援施設などさまざまな現場がある。本稿では特に筆者が関わっている幼稚園での実践をもとに,キンダーカウンセリングで子どもの声を聴くことが心の育ちにどのように関わるのかについて考えたい。

II 事例から学ぶ

 筆者の関わっている幼稚園をモデルとしたP幼稚園での活動を記述する。P幼稚園は3年保育の幼稚園で,各学年20名の3クラスがある。各クラスに担任・補助の2名の教師が関わってい

る。P幼稚園では，一人ひとりが自分の思いを育み，授かった個性を大切に育てる保育を目指している。友だちや先生の話をよく聞く子どもが多く，掃除や草花の世話を通して幼稚園を大切にすることを身につけている。

A（男児）はP幼稚園からキンダーカウンセラーの見守りを依頼された子どもである。Aと直接関わった場面のエピソードを通して，子どもが自分自身を語る言葉の育ちを振り返り，キンダーカウンセリングで活かされる心理臨床の視点について考える素材としたい。

なお，ここにあげる事例Aは，筆者が今までに幼稚園で出会った子どもたちの姿をモデルにしてまとめたものである。またこの事例のような関わり方は，多くのキンダーカウンセラーが日頃の活動で一般的に行っていることだろうと思う。

記述にあたり，キンダーカウンセラーをKC，子どもの言葉を「　」，キンダーカウンセラーの言葉を〈　〉で記す。また，キンダーカウンセラーの雑感などを（　）で示す。

事例A

事例：男児：年少〜年長，三歳児検診にて全般的な発達の遅れが指摘された。

年少時の様子：コミュニケーションの意欲はあるものの，伝えたいことは「ア，ア…」という発声になる。手指の使いの不器用さはみられるが，課題や遊びは友だちと同じことをしようとする。教師の指示には友だちを見てついていこうとする。がっしりした体つきだが，体幹の保持が苦手で歩行時に左右に揺れる。気に入らないことがあると癇癪を起こし，壁に頭突きをする。Aは4人同胞の3番目，家庭ではAの発達の現状を受け入れがたく，厳しいしつけが見られた。

エピソード1（入園後しばらく経ったとき）：AはKCになつき，KCと担任との間を行き来する（担任を基地にしてKCとの間を行き来しながら大歓迎してくれた）。うれしさで興奮が高まり，KCに頭から突っ込む（石が飛んできたように感じた）。〈A君そっと来てね〉と声をかけると，Aはそっと歩く（とても人なつっこく，自分の気持ちに素直な子どもだと思ったが，気持ちが高まると抑えきれなくなる。KCの言葉がけで自らを調節しようとする姿が見られたため，Aの思いを言語化して語りかけることが有効だと思われた）。

年中時の様子：2語文が増えた。Aにとっては理解の難しい巧緻性が求められるような製作でも友だちと一緒にやりたいと思っていて，教師に助けられながらやり通す。描画は色彩豊かでAの体験が伝わってきた。リトミックやリズム遊びには喜んで取り組む。運動遊びでは，体幹の弱さや力のコントロールの不器用さに課題があった。午前中の活動は参加できるが，午後からは機嫌が悪くなることが多い。

エピソード2（秋の訪問にて）：AはKCを見つけて，絵本を読んでほしがる。そばにいた他の園児にKCが語りかけると，Aは激しく怒り出した。Aは「せんせい，きらい！」と言ってKCに頭突きをした。KCはAを抱っこして，〈2人で本を読みたかったのね。先生がほかのお友だちとお話ししたから怒っているのね〉と言う（Aの激しい怒りに直接触れた回だった。好きな先生を独り占めしていたのに友だちがやってきたこと，KCが声掛けしたことにAは腹を立てた。KCは八方美人的な関わりをしたことを悔い，身を震わせて怒るAに人を求める切実な思いを感じた）。

担任とのコンサルテーション：担任によると，Aにはチャレンジする気持ちも増えてきたが，年少のときにできていたことを先生に頼ることも増えたという。KCは〈自信と，甘えても大丈夫という安心感が出てきたのだろう〉と伝えた。KCは，P幼稚園の2つの方針（①Aの達成感を支える，②「友だちと一緒」に活動したいという思いを大切にする）を支持した。Aが甘えや激しい怒りを訴えるのは「自分を見てほしい，大事にしてほしい」気持ちが育ってきているためだろう，と伝えた。

年長時の様子：Aの癇癪が減り，助けてほしい

ことを先生に伝える力がついてきた。難しい課題でも「みんなとおなじ」ことを望んだため，製作などではAが理解できる簡単な作り方を工夫し，Aに達成感を与えられるようにした。Aは午前中，機嫌よく過ごすことができるようになり，運動会などの行事でも友だちと息を合わせて取り組みに参加することができた。

エピソード3（夏休み前の数回の観察より）：妹がP幼稚園に入園したこともあって，登園時にAがぐずって母親を困らせることが見られた。そこでP幼稚園では，①Aが一人だけ玄関（勝手口）から登園し朝の支度をする，②支度を終えたらウサギに餌をやる，という手順を考えた。

この工夫は功を奏し，Aは落ち着いて一日を過ごすことができるようになった。時には友だちがウサギの餌やりを手伝うこともあった。そのときのAはうれしそうに見えたが，一月後にKCが訪問したときは，一人でウサギに餌をやりながら「ないしょ」と言っていた（Aがこの場を自分のために過ごしたいことが伝わった）。

エピソード4（秋の訪問時）：AはKCを見つけ，飛びついてきた。膝に座りKCの顔を見ながら「いじめられた，えいえいって」と頭をたたいてみせた。また頭を下にして「すべりだい すーっと，すべったの」「こわかった」と何度も言う（最近の出来事だろうが，今までのAの経験も含めて語っているのだと思った。恐ろしいことが多くありながらも生き抜いてきたのだろうと想像しつつ話を聞いた）。

午後の自由遊びの時間，AはKCの背中に乗って手をパタパタさせる。〈A君は鳥さんみたいね〉と声をかけた（背中でAが喜んでいるのが伝わった）。

III 事例Aについての考察

1 Aが抱える困難と成長の可能性

Aは心身ともにゆっくりと発達している子どもだった。理解できないことや自分の思いをうまく伝えられないことにいらだち，自傷的に暴れる姿も見られた。しかしAには幼稚園で関係性を志向する力があり（滝川, 2017），そこに心の成長の可能性も感じられた。

2 P幼稚園の関わり

Aは運動・音楽活動・製作などを楽しみ，理解が難しくてもクラスの友だちと同じ過ごし方を望んだ。担任はAの思いを尊重し，心穏やかに達成感を体験できるように保育のなかにさまざまな工夫を取り入れた。しばしばAが自分の思いを上手に伝えることができないときもあったが，担任がゆっくりと話を聞いた。

3 キンダーカウンセリングでの関わり

［エピソード1］のAは担任を基地にしてまっすぐにKCのところに飛び込んできた。Aの人と関わりたい気持ちをKCは好意的に受け取った。エネルギーはあるのだが，発達的な力や身体の不器用さなどから上手に力を使うことが難しいのだろうと推察された。KCが語りかけた言葉〈A君そっと来てね〉で，Aは自らを調節することができた。Aが自分自身の身体と心の動きを受けとめるための言葉を欲していることを感じた。

年中になり，Aは幼稚園で前向きな気持ちを示し，また人との間での安心できる関係を基盤にして依存できるようになった。［エピソード2］でみられた激しい怒りは，KCを「好き」と思うからこそ表現されたように思う。KCはAが自分自身の主人公に成長していることを感じつつ，「好き」と「嫌い」の両方の思いを抱えた。

［エピソード3］では，Aが落ち着いて一日をスタートできるような工夫がなされた。「ないしょ」という言葉に，Aにとって朝の準備の時間が自分自身と向き合い心を整えるときになっているように感じた。これはAの心の器づくりのように思われた。

［エピソード4］のAはつらいこと，怖かったことを語った。それは，Aが生き抜いてつらいことも大切な経験にしたことでもあるように思われた。

4 子どもの語りを聴く／語って自分を育てる

入園当初，自分の思いを上手に伝えられずAはいらだっていた。また家庭や幼稚園では，どのようにAのことを理解すれば良いのかわからず苦労していた。KCは関わりを通してAの声を聴き，幼稚園と共有した。このプロセスがAの体験を意味あるものにした。[エピソード4]ではKCの膝に座って「いじめられた」「こわかった」と語るが，「いじめられた体験」を「精一杯生きてきた」とKCに伝えたように思う。このときのAの言葉は自分を受け入れるための言葉になっていた。Aとの関わりは，子どもの声を聴く者の存在が子どもの自己受容を促し，主体的な存在になる道を開くことを教えてくれた。

Aとの関係では，客観的な記述のみならず，KC自身の主観的な思いを大切にした。この例のみならず，幼稚園の活動では子どもと一緒にいることでKCの心が動かされることが多い。主観的なとらえ方にKC自身，これで良いのだろうかと迷うことも少なくない。それでも確かなのは，3年間のAとの関わりをベースにして，出会いで感じたことをKCが言葉にすることによって，Aの思いがKCの心のなかで生き生きと実感できたことである。関係性を基盤に理解が生じる心理臨床では，治療者の心の動きも大切な働きとなる。それはキンダーカウンセリングでも起こりうることであり，カウンセラー自身も自分の心に開かれることが大切だと考えさせられた。

IV 心理臨床としてのキンダーカウンセリング

以上Aの事例を通して，幼稚園で心理臨床の視点がどのように活かされたかを考えた。最後にキンダーカウンセリングに求められる心理臨床の特徴についてまとめたい。

1 養育的な心理臨床

筆者は，キンダーカウンセリングを幼稚園だからこそできる心理臨床だと考えている。

療育など専門的な関わりでは，個々の子どもの発達の状況をアセスメントし，支援の方針を立てる。特に心理療法では，潜在している不安や愛着への希求が自由で保護された空間で受容されることで，子どもが葛藤から自由になり，主体性を回復する。

一方で幼稚園は生活の場であり，友達や先生と共に過ごす集団である。日常性，共同性のなかで園児一人ひとりのもっている資質を育む。幼稚園の共同性が子どもたちの心の成長を促す力になることは珍しいことではない。

幼児期の自我発達では，認知理解や身体の成長と相まって，①主体的な自我意識が育ち，②二者関係を基盤にして三者関係を受け入れることが主なテーマとなる。自分自身を受け入れつつ友だちやルールといった社会との折り合いをつける幼稚園の日常は，心を育てる器となる。キンダーカウンセリングは，幼稚園が心を育む良い器になるように関わる養育的な心理臨床である。

2 聴き手を得て子どもの声が育つ

山上（1999）は，発達支援の実践から，自閉的な特性をもつ子どもにとっての保育的な器となる心理療法の可能性を示唆している。「それは子どもたち一人一人の個性的な体験様式の内部深くに分け入って，恐れや不安，喜びや怒りに耳を傾け，表現を見守り，表現されたこころを子ども自身が受け止められるように受け止め返して，共同性へと橋渡ししていく仕事の積み重ねでもある」（山上，1999，p.273）と述べている。このような関わり方は，子育て支援や保育臨床などの関係性の育ちに関わる心理臨床に共通して求められている姿勢である。

また古田（2014）は，関係性を重視した発達臨床において，子どもからの「問い」に注目する。「問い」は，「自分とは，いったい何者なのか？」というテーマを自己に向けて問うものであり，「聞き手や受け手との密接な関係性の中で育っていく」ことを豊富な実践例を通して示している（古田，2014，pp.2-5）。

筆者は自我の形成途中にある子どもたちの声にこのような「問い」が込められているように思う。聴き手を得て語ることで，子どもが自分自身を受け入れ，主体的な存在になる道が開かれる。子どもの思いをわかろうとして声を聴くことそのものに，キンダーカウンセリングの心理臨床の専門性が活かされる。

キンダーカウンセリングは発達のアセスメントとそれに基づいたコンサルテーションを中心に，子どもの心身の成長や社会資源とのつなぎなどの幅広い理解を要する活動である。多岐にわたる目配りが求められるからこそ，聴くという心理臨床の基本に立ち戻ることを心がけたい。

▶ 文献

古田直樹（2014）子どもの〈問い〉から教えられること．In：山上雅子，古田直樹，松尾友久 編：関係性の発達臨床．ミネルヴァ書房，pp.1-6.
菅野信夫（2008）これからの保育臨床相談のあり方．発達 116；86-89.
滝川一廣（2017）子どものための精神医学．医学書院．
森岡理恵子（2012）カウンセリングの実際Ⅳ（キンダーカウンセリング）．In：森岡正芳 編：カウンセリングと教育相談―具体例を通して理解する．あいり出版，pp.118-129.
山上雅子（1999）自閉症児の初期発達．ミネルヴァ書房．

告知 …… NCAST 講習会

テーマ①：育児支援のスキルアップ講習会
講師：米国臨床心理士（看護師資格所持）Catherine Jane Martin 先生
主催：乳幼児看護研究所
日時・会場：①札幌会場（2018年3月17～19日 9:00～17:00 於天使大学），②東京会場（2018年3月21～23日 9:00～17:00 於東京有明医療大学）※逐次通訳あり
テーマ②：「アタッチメントと精神病理」（札幌・東京）「アラスカの子育て」（札幌のみ）
講師：「アタッチメントと精神病理」（Patricia Crittenden 博士，三上謙一），「アラスカの子育て」（河内牧栄）
日時・会場：①東京会場（2018年5月11日16:00～20:00，12～14日10:00～17:30 於東京慈恵会医科大学西新橋キャンパス），②札幌会場（2018年11月2日13:30～20:00，3～5日10:00～18:00 於札幌アスティ45）※同時通訳あり
ホームページ：乳幼児看護研究所（https://www.infant-nursing.net/）

[特集] 発達的視点を活かす

自我体験の発達と危機

高石恭子 Kyoko Takaishi
甲南大学

I　はじめに

　人の発達を考えるとき，私たちはどうしても，個体における量的で連続的な次元の変化をイメージしがちである。しかし，たとえば喃語から初語へ，這うことから歩くことへという変化が単に量的な変化ではなく違う次元への移行を示しているように，発達には質的で不連続的な次元の変化の側面があることを，心理臨床家はもっと大切に考えてみる必要があるのではなかろうか。

　筆者が実践を行う学生相談の現場では近年，大学生の発達障害への支援が大きなテーマになっている。そこでは「現在の発達（知的能力）」の偏りの状態と程度に主な関心が向けられ，どのように高等教育へのアクセスを保障するかが議論されており，「発達的視点」が活かされているとは言えない状況が出現している。本稿では，それとは別の文脈で，人がどのように自分との関係を発達させていくかという質的な観点から「自我体験」という概念を取り上げ，子どもから成人に至るまでの幅広い対象に，支援者として関わるときの手がかりを増やすことを試みてみたい。

II　自我体験とは

　自我体験（Ich-Erlebnis）とは，そのルーツをたどれば，Bühler（1921）やSpranger（1924）をはじめとする20世紀初頭のドイツ青年心理学者が導入した，児童期から青年期初期への移行期における心の構造の質的変容の体験を意味する概念である。直訳すれば「私－体験」であり，「自我の発見」あるいは「自我の覚醒」とも言われた，主体としての「私」に気づく現象を指す。

　それまで無邪気に世界とつながっていた子ども時代の私は，あるときふいに「なぜ私は私なのか」「なぜ私はここにいるのか」「私はどこから来てどこへ行くのか」と自分自身に問いかけ，またそのように問う自分に気づくことを通して，主体としての「私」に出会う。自己が二重化し，私を対象として見つめる「私」が生まれ，世界から切り離された孤独を感じるのである。自我発達には，自我が芽生え，自他の区別が可能になる幼児期初期と，抽象思考が可能になり自己を対象化できるようになる児童期から青年期初期にかけての時期という，2つの発達段階の節目があるが，その後者の節目における主観的な変化が深く青年の記憶に刻まれる場合があることに注目し，Bühlerらは

特　集　発達的視点を活かす

それを「自我体験」と名づけた。

作家や心理学者の自伝的著作のなかに，自我体験として理解できるエピソードが登場することはめずらしくない。たとえばJung & Jaffé (1963)は，12歳頃，不登校を克服した後の通学途上で「もやの壁」から現れた「自身」と出くわし，「今や，私は私自身なのだ！」と天啓のように悟った瞬間の体験を，80歳代で出版した自伝に記述している。このとき出会った「私」と「私自身」は，後に「人格No.1」と「人格No.2」と名づけられ，その2つの人格の対抗的な動きを全生涯にわたって追究することにより構築された，彼の個性化論の原点と位置づけられている。

わが国でも1930年代に，日記や手記の分析による自我体験の研究が行われた時期があったが，戦後の心理学は実証主義が趨勢となり，「私が私をどう体験するか」というような主観的題材を扱うことは長くタブーとなった。しかしながら，私が私をどう発見し，受け容れ，どのように再びつながるかという主観的体験の理解は，人が自分らしく生きていくことを支える心理臨床の営みにおいては，避けて通れない課題である。西村（1978）が，自我体験と離人体験の病理との近接に注目して以来，臨床心理学の領域では，自我体験がどれくらいの人に，いつ頃，どのようなきっかけで起こり，どのような体験として想起され，その後の人生にどのような影響を及ぼすのかという観点からの組織的研究が，蓄積されている（高石，1989，2004；清水，2009；千秋，2010；前川，2011；千秋・市原，2014；松波，2016など）。また，現象学的心理学の領域での渡辺（2009）の研究，発達心理学の領域でのKohnstamm（2002），天谷（2011）などの研究のほか，哲学と心理学にまたがる学際的研究も進められている。

これらの組織的研究からは，自我体験は決して特殊な現象ではなく，小中学生年代では半数程度の子どもが想起すること，大学生でも3割前後かそれ以上が想起できること，また最初の自我体験の年齢は早いもので3〜4歳に遡り，最も多いのが8〜12歳の間であること，中年期の人に回想してもらうと，だいたい20歳代前半で収束したと自覚されていることなどが見出されている。つまり，このような主観的体験を自発的に他者に語る人は少ないが，類似の体験例を示されると，自分自身の過去の同様の体験を思い出せる人は多く，準普遍的な発達現象と捉えられることがわかったのである。さらに，中年期の人々へのインタビュー調査（渡辺，2014）からは，アイデンティティの再体制化を迫られる50代前後の人も，新たに自我体験を重ねることが見出されており，今日では，生涯発達（ライフサイクル）の移行期の現象という視点からの研究が模索されている。

III　子どもの自我体験と静かな危機

自我体験が，なぜ臨床心理学の主題になるのかについては，もう少し具体例を提示する必要があるだろう。

次に挙げるのは，20歳代前半の大学生の女性の報告である（高石，2013）。

> 梅雨の合間にのぞく五月晴れの日でした。いつもより迎えの遅い母を待ち切れず，幼稚園の門を出てゆるい坂道をくだっていました。水田の緑が美しく，足元のアスファルトが急に土の上にかぶせてあるだけのうすっぺらなものに思えました。アスファルトの下の土，そのまた地下深くの溶岩の対流を想像し，うす気味悪くなって空を見上げたら，まぶしい太陽が輝いていました。あの太陽もひとつの星で，今自分が立っている場所はやはり宇宙に浮かぶ星の，日本の一都市で──自分がここに居ても居なくても，今現在と同じ風，同じ太陽の光，雲の動きは永遠に繰り返されて，いつか私を含む，私の知るすべての人が死に絶えた後も，この景色は存在しているのだろう，と。
>
> 人の姿はどこにも見当たらず（きっとお昼どきだったのでしょう）心細さと，叫び出したいような不安に射すくめられて，気がついたら立ち止まっていました。どのくらいの間そうしていたのかわかりません。妹を自転車のハンドルのところに乗せた母

の姿が目に入りました。こちらに向かってやってきます。その人を見て奇妙な感じを受けました。「なんであの人が私の母なんだろう。こんなに大勢の人間がいる中で、どうしてこの人と私は親子なんだろうな」。

母は私の変化に気づいたのでしょうか。いつもと同じように、むしろいつもより快活に「おかえり、遅くなってごめんね」と言いました。私はうつむいて母の手を自分の手とつなぎました。6歳と1カ月のときのことです。もっと漠然としていましたが、言葉にすると、このようにしか書くことはできないように思います。

迎えがいつもより遅いという、日常の生活にふと入り込んだ「母の不在」という小さな非日常がきっかけとなり、変わらぬ自然との対比のなかで、この女性は有限の自分という存在に気づく。そして、意識の主体である「私」と、あの母の子であり身体をもった私との間に亀裂が入り、私が私であるという自明性が崩れた瞬間を鮮明に記憶している。先に挙げたJungの例と同様、このような鮮明な自我体験には、外的に何か特別なできごとが伴うわけではなく、誰にも知られないまま心のなかにしまわれていくことが多いと考えられる。Jungの場合は、内省的に自我体験後の思索に取り組むことができたが、幼い年齢であればあるほど、自分に何が起きたのかを的確に言葉で掴むことは難しく、一種のトラウマ性記憶のように、映像や強烈な感覚的印象として刻まれる場合があるのではないかと考えられる。子ども時代のこのような自我体験とともに、「泣き出した」「座り込んで動けなくなった」「一人で眠れなくなった」などの反応を思い出す者もいる。想起された視覚的映像の微細な部分の鮮明さからは、これらの記憶が後から作られたものでないことが窺える。

自己を対象化する新たな「私」の視点が生まれ、無限や永遠や死後から自分を見るという視点移動は、おそらくほとんどの子どもが自我発達の途上で獲得する能力であろう。しかし、それが、不思議、楽しさ、解放、不安、恐怖、混乱、孤独といった、さまざまな感覚や感情を伴った「体験」となる子どもがいて、さらにそのなかに、ここに挙げたような離人体験となる場合があるということに注目しておきたい。この女性は思春期に長期の不登校を経験しているが、その頃感じられていた周囲と自分との間にある違和感、断絶感のような、いわく言い難い恐怖の端緒に、子ども時代の自我体験があるのではないかと考えられるのである。

誰にも語れず、自分自身でも受け止めきれないまま子ども時代から持ち越された傷つきや恐怖としての自我体験は、成長後に心理的な危機として顕在化する可能性がある。中学2年で不登校になり、大学を卒業後も長期のひきこもり生活を経た上山（2001）は、30代で出版した自伝的著作のなかで、9歳のとき、遊びからの帰宅途中、突然「自分」という存在に気づいたときの恐怖体験を書き記している。人通りのない新興住宅地のバス通りで、異様な感覚に取り憑かれ、「あーーー」と声をあげて自分の太ももを叩き、自分の体を確認したという。同書のあとがきには、「子どものころからずっと苦しんできた、『なんだかよくわからない、得体の知れない』世界への感覚は、今も続いている」と書かれている。先に挙げた女性と共通するのは、家族が不和であったとか、いじめの被害にあったというような、特別な事情はなかったと思われることである。しかし、内発的に生じた自我体験がもたらした自分自身との断絶感が、その後の人生に持続的で深刻な影響を与えたことは間違いない。子ども時代の自我体験は、そのような意味で、静かな危機と言えるのである。

IV 近年の臨床事例報告から

筆者は学生相談の現場で仕事をするようになって間もなく、「何となく人とうまく関われない」「自分の居場所が見つからない」「自信がもてない」といった表現で自分のつらさを訴えるクライエントの話を丁寧に聴いていくと、子ども時代の「あのときから自分が変わった」という鍵体験のようなものが語られる例がときどきあることに気づい

た。外的状況として，何か特別なエピソードがあるわけではないが，小学校高学年や中学生になった「あの頃のいつか，ふと」自分の親や，周囲の身近な人が，それまでとはまったく違ったように見え，自分がそこから隔絶されたような違和感を覚えたという記憶である。永遠に続くように感じられていた「今」の苦しみは，その断絶の始まりと，それ以前の，世界とつながっていた自分を想起することによって，新たな視点から抱えることが可能になる。

田畑（1985）が高校生時の不登校発症と小学低学年時の自我体験とを結びつけて論じ，その克服にあたっては心理療法過程での「内的な母－娘関係の改善」が重要であると指摘して以来，自我体験と病理症状との関連を主題に取り上げた研究は筆者の知る限りなかったが，近年，いくつかの臨床事例研究が見られるようになっている。たとえば，山路（2017）は，学生相談が社会への巣立ちのイニシエーションとして機能することに注目し，そこで求められる視座について考察するなかで，軽度の解離と自律神経失調症状を呈した卒業期の女子学生が，不安夢の語りから小学生時の自我体験の恐怖を想起した事例を報告している。当時はわけのわからなかったその「"異質"なものとの出会いの体験」を，カウンセリングの「語り－聴く」体験を通して現在の自分に位置づけていく作業と並行して，クライエントの学生は，現実の巣立ちが可能になっていった。山路（2017）は，体験当時，自らの母親に語ったけれども受け止められなかったというクライエントの傷つきの語りに触れ，幼少期からの母子関係ないし基本的信頼感のありようが，自我体験がその後の人生にどのような影響を与えるかの違いに関連している可能性を論じている。そのひとつの例証ともみなせるのは，難波（2015）が報告している，低体重出生と母親の慢性疾患により母子関係の不全と発達の遅れを抱えた小学校中学年の男児の事例である。その男児は，遊戯療法開始後2年半を経て，治療場面で自我体験の生起を思わせる遊びを展開するに至り，その後，急激に生き生きと外的な適応を果たしていった。自我体験が母性的な守りのなかで表現され，受け止められたことが，さらなる発達を可能にしたとすれば，心理臨床家や教育に携わる者が，その後の不適応や病理への傾斜を食い止めるためにも，自我体験を理解する視点をもっておくことの重要性が改めて確認できるだろう。

V　おわりに

自我体験とは，私が主体としての「私」に気づき，新たな視点から見えた私とどのように関わるかという「私と『私』の関係」の主観的体験である。Eriksonのアイデンティティが，社会のなかで自分が何者であるか，何者として生きていくかを問う心理－社会的概念であるとすれば，自我体験は，アイデンティティの基礎となる自己内の同一性の感覚を意味する。自我体験においては，まず主体としての「私」が私と分離することが重要な前提となる。分離がなければ，新たな関係も生じないという点で，両者は不可分である。知性的な自我，母性的な守りの薄さなど，複合的な要因が重なったとき，自我体験は「分離（断絶）」に圧倒される危機となる。このような，自己内の関係性の発達を支えるという視点からの実践が，これから積み重ねられていくことを期待したい。

▶文献

天谷祐子（2011）私はなぜ私なのか―自我体験の発達心理学．ナカニシヤ出版．

Bühler Ch (1921) Des Seelenben des Jugendlichen : Versuch einer Analyse und Theorie der Psychischen Pubertät. Stuttgart-Hohenheim : Gustv Fisher Verlag.（原田茂 訳（1969）青年の精神生活．協同出版）

Jung CG & Jaffé A (Ed.) (1963) Memories, Dreams, Reflections. New York : Pantheon Books.（河合隼雄，藤縄昭，出井淑子 訳（1972）ユング自伝I―思い出・夢・夢想．みすず書房）

Kohnstamm D (2002) IK BEN IK : De Ontdekking Van Het Zelf. Amsterdam : De BezigeBij. 2004. Und plotzlich wurde mirk lar : Ich bin ich! : Die Entdeckung des Selbst im Kindersalter. Bern : Verlag Hans Huber.（渡辺恒夫, 高石恭子 訳（2016）子どもの自我体験―ヨー

ロッパ人における自伝的記憶．金子書房）
前川美行（2011）"自分の実感"と身体性―自我体験と身体的自己感．東洋英和女学院大学心理相談室紀要 15；64-73.
松波美里（2016）自我体験後の心理的過程に関する一考察．京都大学大学院教育学研究科紀要 62；309-321.
難波愛（2015）隣人からの暴力をきっかけに来談した男児との遊戯療法―原初的な心の層を求めて．箱庭療法学研究 27-3；53-65.
西村洲衞男（1978）思春期の心理―自我体験の考察．In：中井久夫，山中康裕 編：思春期の精神病理と治療．岩崎学術出版社，pp.255-285.
奥平百恵（2013）自我体験に関する一考察―体験時のイメージ，体験への"とらわれ"を通して．山梨英和大学心理臨床センター紀要 8；70-79.
千秋佳世（2010）PAC分析を応用した自我体験の語りに関する一考察．心理臨床学研究 28-4；434-444.
千秋佳世，市原有希子（2014）自我体験の体験類型および離人感との関連に関する研究．心理臨床学研究 32-1；77-84.
清水亜紀子（2009）「自己の二重性の意識化」としての自我体験―体験者の語りを手がかりに．パーソナリティ研究 17-3；231-249.
Spranger E (1924) Psychologie des Jugendalters. Wiebelsheim : Quelle & Meyer Verlag.（土井竹治 訳（1973）青年の心理．五月書房）
田畑洋子（1985）"おまえは誰だ"の答を求めて―ある登校拒否女子高校生の自我体験．心理臨床学研究 2-2, 8-19.
高石恭子（1989）初期および中期青年期の女子における自我体験の様相．京都大学学生懇話室紀要 19；29-41.
高石恭子（2004）青年後期から若い成人期に想起された自我体験の考察―大学生への調査を基に．甲南大学学生相談室紀要 11；23-34.
高石恭子（2013）青年期臨床からみた子ども時代の記憶―自我体験の想起と語りの意義．In：森茂起 編：自伝的記憶と心理療法．平凡社，pp.111-137.
上山和樹（2001）「ひきこもり」だった僕から．講談社．
渡辺南（2014）成人の自我体験についての研究―中年期に焦点をあてて．目白大学修士論文（未公刊）．
渡辺恒夫（2009）自我体験と独我論的体験―自明性の彼方へ．北大路書房．
山路有紀（2017）学生相談における"異"の体験．心理臨床学研究 35-2；146-156.

告 知 ……**第 5 回 公益財団法人こころのバリアフリー研究会総会**

テーマ：今考えるこころのバリアフリー――だれもが幸せに生きていい
日時：2018 年 6 月 2 日（土）午後／6 月 3 日（日）終日
会場：NTT 東日本関東病院 本館 4 階 カンファレンスルーム・ボヌール
参加費：医師会員＝6,000 円，非医師専門家＝4,000 円，当事者・家族・学生＝2,000 円
内容：ホームページ参照（http://www.jsbfm.com/）
申込：（財）こころのバリアフリー研究会ホームページからお申し込みください。
連絡先：141-8625 東京都品川区東五反田 5-9-22 NTT 東日本関東病院精神神経科医局内 公益財団法人こころのバリアフリー研究会／TEL：03-3448-6508 ／FAX：03-3448-6507 ／E-mail：jsebmh2013@gmail.com

特集　発達的視点を活かす

この場で発達を作る
パフォーマンス心理学による社会療法

茂呂雄二 Yuji Moro
筑波大学

I　社会療法のはじまりと意味

　社会療法（ソーシャル・セラピー）は，科学哲学者のFred Newmannと仲間たちによって，40年以上ニューヨーク市の街場で行われてきた，草の根の文化創造実践から生まれたものである。この実践を通してNewmannは，人々が自らのためにコミュニティーを創造することが，傷ついた人々の心に癒しをもたらすと気づいた。既存のものではない，新しい社会文化経験，特に新しい情動経験を可能にするコミュニティーを自分たちの手で創造するプロセスが，人々の傷ついた心を癒すのだと，自らのコミュニティー作りの実践でつかんだのである。

　NewmannのコミュニティーI運動に共鳴したLois Holzmanは，Vygotskyのアイディアを Newmannのもとに持ち込んだ人物である。2人は，Vygotskyをラディカルに読み替えて社会療法を創造したのだが（Holzman, 2009），この社会療法から生まれたのがパフォーマンス心理学である。社会療法は，さまざまな感情の問題を抱えた人々に対する心理療法として実践されるほかに，貧困と格差に曝される子どもの発達支援プログラムや，仕事場での人間関係を改善し発達させるパフォーマンスメソッドとしても展開されている。

　ちなみに，Newmannは，スタンフォード大学院で哲学博士号を取得した後，ノックス大やニューヨーク市立大で教鞭を執っていたが，反戦や人種差別撤廃のために哲学を役立てるには象牙の塔を去るべきだと結論して，1968年マンハッタンで街場の哲学者となった人物である（茂呂，近刊）。一方，Vygotskyを米国に導入した大立て者Michael Coleのもとでポスドク研究員だったHolzmanもロックフェラー大を去り，Newmannの運動に参加した。こうして，NewmannによるWittgenstein，HolzmanによるVygotskyと，2人に共通するMarxという三者のアイディアがミックスされ，社会療法が創られた。

　さてグループセラピーである社会療法は，従来の心理学に対する鋭い批判から生まれたものである。社会療法は，セラピーという名がついているものの，普通の心理療法やカウンセリングと違って，診断とそれにもとづく問題解決をあえて目指さないセラピーである。

　通常の診断＝治療モデルには，人間哲学としては誤った前提が潜んでいて，この前提が問題の混乱と紛争をもたらしている，とNewmannはWittgensteinに基づいて考える。診断（問題の原

因特定）と問題解決は，自然科学のテクニックであり，人間の理解には適さず，むしろセラピーをあらたな文化の創造のアート（わざ）に位置づけるべきだとする。いわゆる個人の内心重視の伝統的心理学というよりも，どうすればコミュニティー作りを通して，私たちの日常生活にベタリング（よりよいもの）をもたらすかという社会文化的実践のアート（わざ）とすべきだという。

II　パフォーマンスと発達の視点

　パフォーマンスという視点は，遊びは乳幼児期の発達の可能性を最大限に拡張する（いわゆる発達の最近接領域）というVygotskyの考え方から引き出されたものである。乳児は，片言で母親と会話できてしまう。日本語とはとてもいえないような発声でも，母親の最大限の解釈と，この赤ちゃんは日本語を話そうとしているはずだという信頼のもとで日本語会話が成立する（例：赤ちゃん「バウブー」，母親「パパ，遅いね。窓のところまで見に行ってみようか」）。母親は，赤ちゃんの片言・喃語を，日本語ではないと否定することは決してしないし，「もっと日本語をお勉強してから出直しておいで」などとも絶対言わない。日本語でもなんでもない片言を素材にして，母親，兄弟，家族とともに作り上げるグループ，チーム，アンサンブル，コミュニティーが赤ちゃんのことばの発達を創るのだ。

　幼児も，ごっこ遊びを通して，今の自分ではない，今の自分を超えるヒーローに成り，お姫様に成る。学齢期以降，勉強と仕事の観念が導入されることで，急速に衰えていくパフォーマンス環境であるが，大人も含めた発達と発達支援の視点にできるはずであり，パフォーマンスの視点は，子どもだけでなく，大人も含めた生涯発達を見渡す視点にできるというのが，パフォーマンス心理学である。

　ところで，日本語を話しはじめようとしている赤ちゃんは，不思議な存在である。今の自分の能力では話すことができない存在で〈在る〉。しかし母親や家族とともに創るコミュニティーにいるとき，有能な雄弁な日本語話者と〈成れる〉。赤ちゃんは，この意味で二重の生を生きているといえる。今の自分で〈在り〉ながら，同時に今の自分ではない，誰か他の人物に〈成ろう〉としつつある。日本語をまだ話せない人で〈在り〉つつも，日本語を話せる人に〈成り〉つつある。NewmannとHolzmanは，Marxの弁証法の考え方に基づいて，私たちの発達しつつあるプロセスを「在ることと成ることの弁証法」と呼んでいる（Newman & Holzman, 2014）。

　パフォーマンスの概念は，成果主義にもとづいた出来映えや出来高を意味することも多い。誤解のないようにしていただきたいのは，パフォーマンス心理学のいうパフォーマンスは成果主義とは無縁だということだ。むしろ，俳優が舞台で行う演劇活動を思い起こしていただきたい。俳優が，今の自分の心のあり方とは関係なく登場人物を演じるように，パフォーマンスは，今の自分の制限（性別，セクシャリティー，エスニシティー，個人史など）で縛られた在りかた（being）を超えて突破して違う自分に成ること（becoming）を意味している。特に，即興的なパフォーマンスが，発達を考えるうえで重要になる（Lobman & Lundquist, 2007）。私たちの生は，いわば台本のない芝居だともいえる。突発的に，予想を遥かに超える，不意の事態に見舞われる。どんなに想定の台本から外れても，うろたえることなく，むしろあらゆる事態を贈り物（オファー）と軽く受け止めて，豊かで創造的なパフォーマンスを返していく。それが発達であり，パフォーマンス心理学が目指す生のベタリングである。

III　社会療法セッションの描写
──魔法の薬マチョーレ・パルツ

　次の事例は，社会療法そのものというよりも，社会療法をベースに発展した，教育実践の1コマである。少しでも具体的なイメージをつかんでいただくために事例を紹介してみる。Newmannら

特　集　発達的視点を活かす

は，パフォーマンス心理学に基づいて，数多くの学習発達支援実践を展開してきたが，以下の事例は，実践のひとつのバーバラ・テイラー学校の事例である。

　この学校は，パフォーマンスの考え方で組織された，ラディカルな私立実験学校だった。12年間の実験の末，1997年に資金難から閉校に至ったが，学校全体が"学校ごっこ"を演じパフォーマンスするというラディカルな考え方で運営されていた。私たちの基準からすればカリキュラムといえるものはなく，子ども達も参加する委員会で，この週，この日何をするかを決めていた。その決定は即興的で，その日ある大学からきた物理の教授とともに科学者をパフォーマンスする等，暗記中心の勉強というよりも，遊び中心のものであった（茂呂，近刊）。

　ある日の午後，ジャスティン（癲癇持ちの11歳男児）とレン（バーバラ・テイラー学校の学習指導者と呼ばれる教員）は，アリス（8歳）とジュリア（別の学習指導者）が台本を書いたサーカスごっこに参加していて，サーカスの途中で道化が演じるコマーシャルのシーンをパフォーマンスした。

（レンとジャスティンが舞台に登場する）
レン：ジャスティン，今日は言語療法士のところには行けなくなったよ。
ジャスティン：（いったん固まり叫び声を上げ，癲癇を起こして床の上で泣きわめく）
レン：（観客の方をしばし見渡した後，封筒から紙玉を取り出し，かがんでそれをジャスティンの口元にもっていく。そして次のように高らかに言う）魔法の薬，マチョーレ・パルツ（英語のmatured partに対応する，スペイン語。成長の姿というような意味）。
ジャスティン：（薬を飲んだふりをして，レンと一緒に，もう一度シーンを演じる）
レン：ジャスティン，今日は言語療法士のところに行けなくなったよ。
ジャスティン：（レンを見上げて，静かに言う）そうなの，じゃあ，家に帰ろうかな。
（観客は大いに喝采を送った）

　学習障害とも広汎性学習障害とも診断されているジャスティンは，幼児期からずっと思い通りにならない場面で癲癇を起こしてきた。ジャスティンは小学校の特別学級に通っていたが，小学校の最後の年にバーバラ・テイラー学校に転校してきた。両親は，ジャスティンが特別学級で指導を受けても，もうこれ以上の成長が期待できないのではないかと心配していたとき，この学校のことを知人から聞いて転校してきたのだった。

　さて，ジャスティンが舞台でレンと仲間と演じたことは，"自然"とはいえない。"あえて，わざわざ"行ったパフォーマンスである。癲癇をもつジャスティンも，学習指導者や仲間達と一緒に舞台を創りながら，舞台でパフォーマンスすると，いつもの自分のやり方，癲癇とは違う自分を見せることができた。つまり自分を突破することができたのだ。

　ところで，パフォーマンス心理学では，社会文化的な規範をなぞることはパフォーマンスとは呼ばない。それは固定した社会的役割や非創造的ルーチンに私たちを縛りつけて，発達から遠ざける。これは適応行動とはいえても，パフォーマンスではない。

　このように考えると，アイデンティティーも，自分の行動様式はこういう風だ，こういう風に感じるのが自分だ，という固定した役割を演じるという意味で，パフォーマンスとはいえない。多くの場合，私たちは適応行動以外の自分をパフォーマンスすることが，「自分のあり方」にとって「正しくない」と考えがちである。このような適応のモードで，はたしてジャスティンは発達できるだろうか。ジャスティンは繰り返し，癲癇持ちの人のステレオタイプを実行してきた。癲癇という感情反応は，実は周囲の人々と共同で社会的に構成されてきたものだ。普通，予定が変更されれば，別の無数のことが可能になり，人々は新たな感情

反応を共同で作ることも可能だ。この当たり前のことが、ジャスティンには届いていなかった。社会療法は、さまざまなパフォーマンスの可能性をグループワークのなかで作り上げて、ジャスティンのような人に届けるワークである（Newman, 1994）。

IV　発達のステージ

通常、心理学では発達のステージは、生物学的に固定された成長変化の道筋である発達段階を意味する。しかし、パフォーマンス心理学では、発達のステージは、発達の舞台を意味する。みんなでパフォーマンスするための舞台を作りながら、その舞台のうえで、パフォーマンスする。このような、今ここで行われるパフォーマンスそのものによって、現在の自分を超えて、自分ではない何者かに成ること（becoming）、つまりビカミングすることが、パフォーマンス心理学のいう発達なのである。

パフォーマンス心理学において、発達のステージを作るための実践的なアイディアのひとつに「道具の結果の弁証法（tool and result）」がある。発達はめざす結果であり、ステージはその発達のための道具といえる。通常は、道具＝ステージは演目に先立って用意されている、いわば既製品とされる。Holzmam（2009）は、これを「結果のための道具（tool for result）」と呼ぶ。しかしパフォーマンスを可能にする環境としての舞台を、ホームセンターで買ってくれば済むハンマーのように、事前に用意することができるだろうか。むしろ舞台そのものを作ることもまたパフォーマンスであり、舞台の意味も活動のなかで変化するのではないだろうか。道具と結果は切り離すことのできない弁証法的関係体なのだ。

ジャスティンがみんなと作った舞台も、有り合わせの、手持ちのものを総動員して用意したのであり、そのなかでのジャスティンの動きに合わせて、即興的に作り上げられたのではないだろうか。舞台、ジャスティンのパフォーマンス、レンの動き、観客の反応のすべてが、一体となって動いている。道具と結果の弁証法は、まさに「この場」で作られる発達のダイナミズムを表現する、パフォーマンス心理学と社会療法の中心的なアイディアなのである。

▶付記

本論はトヨタ財団 2015 年度研究助成プログラム「格差社会において様々な交換をアクティベートする実践的な分配の正義（課題番号 D15-R-0262）」の成果に基づいている。

▶文献

Holzman L（2009）Vygotsky at Work and Play. London : Routledge.（茂呂雄二 訳（2014）遊ぶヴィゴツキー——生成の心理学へ．新曜社）

香川秀太，有元典文，茂呂雄二 編著（近刊）パフォーマンス心理学．新曜社．

Lobman C & Lundquist M（2007）Unscripted Learning : Using Improv Activities across the K-8 Curriculum. New York : Teachers College Press.（ジャパン・オールスターズ 訳（2016）インプロをすべての教室へ——学びを革新する即興ゲーム・ガイド．新曜社）

茂呂雄二（近刊）ソーシャルセラピー入門——発達と共生のパフォーマンス．新曜社

Newman F（1994）Let's Develop : A Guide to Continuous Personal Growth. New York : Castillo International.（茂呂雄二，有元典文，城間祥子，郡司菜津美 訳（近刊予定）みんなの発達——ニューマン博士の自己成長の心理学．新曜社）

Newman F & Holzman L（2014）Lev Vygotsky : Revolutionary Scientist. Classic Edition. New York : Psychology Press.（伊藤崇，川俣智路 訳（近刊予定）レフ・ヴィゴツキー．新曜社）

[特集] 発達的視点を活かす

生涯発達としての「老い」
多様な関係性・コミュニティの力とプロダクティブ・エイジング

山口智子 Satoko Yamaguchi
日本福祉大学子ども発達学部

I はじめに

『平成29年版高齢社会白書』によると，65歳以上の高齢者人口は3,459万人であり，総人口に占める割合は27.3％である。100歳以上の高齢者は2017（平成29）年9月現在，67,000人を超えている。また，65歳以上の認知症有病率は15％である。このように，「老い」は身近なものとなり，「老い」とどのように向き合うのかが個人や社会に問われている。近年，認知症や介護の問題が議論されることが多いため，一般的には，「高齢者＝ケアの対象」ととらえられやすいが，果たしてそうであろうか。また，アンチエイジングという言葉が多用されているが，「老い」はあらがうべきものなのか。本稿では，生涯発達の視点から「老い」について，関係性のなかで支えあうことによる発達について考えてみたい。

II 獲得と喪失としての発達
―― 語りの聴き手，伴走者としての心理専門職

発達は獲得と喪失のダイナミックな相互作用であり，環境への適応能力の変化としてとらえることができる（Baltes, 1987）。高齢期は喪失が注目されやすいが，獲得もあり，獲得と喪失のダイナミクスという視点が求められる。ここでは筆者による沖縄での臨床実践を紹介したい（山口, 2013）。

ある日，脳梗塞で左手足に麻痺が残ったAさんは心理検査のために心理室を訪れ，開口一番，「こんな姿になって情けない。何でこんなことになったのか。戦争で苦労したけど……今も子どもや孫もやさしくしてくれて，このことだけが悩み。皆は（障害が）軽くてよかったねと言うけど，こんな悲しいことはない」と訴えた。筆者が〈戦争では大変な思いをされたと思うのですが，その時と同じように追い詰められたお気持ちですか？〉と言うと，表情が変わり，「ええ逃げましたよ」とじっとこちらを見ながら（過去に戻り視点が動かなかったのかもしれない），「昼は見つかるといけないから，夜，真っ暗な中を逃げるさ。ほかの人も一緒だけど話はしない」と現在形で話した。そして，少し間をおいて，「ああ，その時に比べたら，こんなことたいしたことないね……私は小学校の頃，リレーの選手だったの。運動会も走りましたよー。だから，余計に悲しいのかもしれないね」と。筆者は声援を受けて走るAさんの姿が浮かび，困難を乗り超えてきたAさんの人生と手足の不自由さへの悲しみを感じた。検査を終えたAさんは「頑張ってみるよ。ありがとね」と言いながら，退室した。

筆者は「このことだけが悩み」と繰り返すAさんに，戦争時の追いつめられた気持ちと重なるか尋ねた。安易に外傷体験にふれることは危険である。しかし，Aさんは自ら戦争を話題にし，家族や経歴を語った。筆者は，それをAさんが「なぜ」と何度も自問自答を繰り返した結果であると理解し，戦争にふれた。〈追い詰められた気持ち？〉に，Aさんは「ええ逃げましたよ」と答えてズレが生じ，そこからAさんの戦争の語りが展開した。身体機能の喪失が〈暗闇・沈黙・逃げる〉戦争の出来事と結び付けられることで「たいしたことはない」と意味づけられた。さらに，〈暗闇・沈黙・逃げる〉の対極にある〈晴れ・声援・走る〉運動会の出来事と結び付けられ，語り直されることで，麻痺の悲しみに新たな意味が付与された。

人は日常の連続性を分断する出来事を経験すると，出来事に圧倒されて，主体性が脅かされる。そのとき，「なぜ」と問い，出来事を聴き手に語り，語り直すことで，主体性を回復し，新たな意味や新たな自己を獲得することができる。高齢者は病気や配偶者の死など多くの喪失を経験する。しかし，老い＝衰退ではなく，高齢者は喪失を経験しながらも，人生を語り直すことで，新たな自己を獲得する可能性がある。その語り直しには聴き手，伴走者が必要である。喪失の影響が大きく，主体性が揺らいでいるとき，心理専門職が寄り添うことが求められる。喪失を「なぜ」と自問する力は語り直しにつながるものだが，喪失の衝撃が大きく「なぜ」と問えない場合は，より安心感や安全を保障する配慮が求められる。

III 世代間の交流による発達──高齢者と孫・若者との深い交流がもたらすもの

発達は個人のなかで展開するものではなく，世代と世代の相互交流により促される。Baltes（1987）は，個人の生涯発達の目的は，究極的には遺伝子の世代間伝達と文化の世代間伝達であると指摘しているが，世代間のつながりを考えた場合，個人の生涯発達はその人自身にとって重要であるだけでなく，後に続く世代の人たちの生涯にも影響を与える。例として，大学生が祖父と祖父の故郷に出かけた経験（森岡，2006）を紹介したい。

祖父が伝えるもの：「縁つなぎだ」そう言って津和野の旅の終わり頃，駅でぽつりと私に言いました。祖父の津和野の町への想いを，そしてその足跡を孫の世代へまで繋ごうという祖父の切な願いはこうして実現されたのでした。祖父が一体どこから来て，どこへ行こうとしていたのか，私は何も知りませんでした。［…］この旅を通して祖父は，私に多くの歴史とその足跡を見せました。故郷の津和野で，祖父が思い出の場所や人を私に会わせ，また挨拶をしていく姿に，老いていくという実感のなかで残そうとした祖父の生きざまを，私は拾い集めるようにして後ろをついて歩きました。津和野への旅は，そんな祖父が私に残そうとした遺言のように，これで最後になるのかもしれないという故郷への一つのけじめのようでした。祖父との一週間にわたる旅を通して，振り返るということの力強さを教わった気がしています。振り返るということは，むしろ前を向いていると，祖父から教わりました。［…］前向きさという言葉が好きになったのは，祖父のおかげかもしれません。ただ明るさを指すものでもなく，がんばれといっているのでもない。この言葉のあたたかさと力強さに，老いを見つめていく人の切なさが少しでも拭われることがあればと思います。（略）

この文章からは祖父と孫の深い交流が感じられる。故郷への旅は，祖父が孫に人生を伝えるだけでなく，自身の人生を振り返るライフレヴュー（Butler, 1963）の機会になり，「自我の統合」を促す。学生にとっては，祖父を理解し，振り返る力強さ，前向きさ，老いとは何かを考える機会となり，それは，孫自身のアイデンティティ形成を促すと考えられる。

また，血縁関係がない場合でも，世代間の交流が双方の発達に影響することもある。高齢者と若者の交流の例として，筆者が実習指導で関わった社会福祉士実習での出来事も紹介したい（山口, 2013）。

高齢者施設での実習で，ある学生は，話しかけに反応がない終末期の利用者Bさんの担当になった。学生が，毎日，共通の趣味であるカメラをBさんに手渡し，Bさんがかつて写した写真を見ながら語りかけたところ，Bさんは学生の言葉かけに少し反応するようになった。そこで，学生は，Bさんがかつて建設した建物の写真を見せながら話しかけた。すると，Bさんは「ウォー」と大きな声を出し応えた。その後，Bさんは言葉かけにうなずいて，自分の意思を伝えることができるようになり，終末期ケアの対象者ではなくなった。学生には家族から感謝の手紙が届いた。

他の学生は，実習で利用者Cさんの担当になった。学生は高僧だったCさんに毎朝，施設で亡くなった方のために経を読むことを提案した。Cさんは毎朝，読経を続けたところ，手の拘縮が改善し，かつての朗々とした声が戻った。実習終了後も，Cさんの読経は続いている。

筆者は学生たちの真摯なかかわりに感心し，「その人らしさ」を大切にしたかかわりの力を再認識した。同じかかわりを筆者が行っても同じ変化があったかは疑わしい。社会人経験のない若者のケアが功を奏したといえるが，これから社会福祉士をめざす学生がかかわりの重要さや人間の尊厳を学びえたのは，高齢者からの貴重な贈り物であり，高齢者からのケアとも言える。

Hemingwayの『老人と海』や『千と千尋の神隠し』など高齢者と若者の交流は若者と親世代の関係とは異なるものを与えあう力がある。ケアをする／される関係は，一方がケアをし，他方がケアを受ける一方向の関係ではなく，両者がケアをする／される関係であるとき，両者の発達が促されるのかもしれない。

IV 社会・文化のなかの発達——コミュニティの力とプロダクティブ・エイジング

高齢者も何らかのコミュニティに所属しており，個人の発達は社会・文化の影響を受け，社会・文化に影響を与える。筆者の経験から，社会・文化のなかの発達について考えたい。

九州で農業を営んでいた筆者の義父（夫の父）の葬儀の翌日，組内（近所）の人3人が早朝に家を訪れた。3人は，「葬儀は参列者が多いので遠慮し，畑仕事に行く前に立ち寄った」と口上のように話し，義母に夫の死のいきさつを尋ね，義母の話にうなずきながら，話の流れに沿うような故人との思い出を話し，何かできることがあれば遠慮しないようにという言葉を残して，仕事に向かった。また，2人が訪れ，死のいきさつを聴き，故人の話をした。次に，3人が訪れたとき，義父の死は雨のなかで仕事をしていたために体調を崩してしまったまじめな夫の物語となり，1組目のときは，問いかけに答える形で話されていた出来事が3組目のときには見事な物語になっていた。

20年前の話であるが，組内の人が2，3人ずつ何組かに分かれて訪問し，義父の死は語り直され，徐々に物語となり，地域で共有された。来訪が1人でもなく，5，6人でもなく，2，3人ずつ数回に分かれており，皆が語り直しにかかわっている。また，遺された家族は語り直しを共にすることで，コミュニティのメンバーであることを再確認できる。このような慣習は長い時間をかけて作られた地域の知恵であり，コミュニティの力がメンバーの死の受け入れに影響している。

高度成長期以降，都市部ではこのようなコミュニティの力は衰退し，新たなコミュニティ作りが課題となっている。北名古屋市では，介護・認知症予防として回想法を行い，回想法グループに参加した高齢者は回想法終了後もボランティアとして地域活動を続けている（遠藤，2007）。高齢者がケアされる対象ではなく，ケアの担い手となっている点がポイントである。

また，高齢者施設への入所も新しいコミュニティへの参入であり，高齢者にとっては大きな環境変化である。小山（2011）は，施設全体を「学校」とすることで，認知症をかかえる高齢者が主体的に過ごせるように工夫をしている。重度の認知症

と診断され，入所当初，大声を出したDさんは，施設を「学校」と聞いて，態度が激変し，高校で教えていた漢文を教えるまでに回復し，施設を退所した。現在，施設入所者のなかには，Cさん，Dさんのように，機能を回復できる可能性をもっている人が実はいるのではないだろうか。

　2000（平成12）年に介護保険制度が施行され，介護を社会で支える制度ができた。しかし，「要支援2」と「要介護3」では利用できるサービスや入所できる施設が異なる。機能が回復すると退所の話がされる場合もあり，高齢者は，施設でケアされる対象として環境に適応し，機能低下が生じている可能性がある。高齢者はケアされるばかりの申し訳なさや無力感を感じ，口数少なく，静かにソファーに座り続ける存在になっていく場合もある。Butlerは，高齢者が経済的負担をかける存在として排除されることを危惧し，「プロダクティブ・エイジング」という概念を提唱し，高齢者もケアを受ける存在であるだけでなく，「社会に貢献する存在」であることを求めている（国際長寿センター，2010）。施設の高齢者がCさんやDさんのように，経験を活かし，何か役割を担い，尊厳を回復し，機能を回復できる施設のあり方や制度の整備（発達）が求められる。

V　おわりに

　私たちは人類史上初めての時代を生きている。医学の進歩による長寿だけでなく，情報化が進み，いろいろな場面で効率化が求められる。AI社会の到来は，人間とロボットと情報系の融合という新しい時代である。一見，「老い」は進歩や効率とは反対のベクトルであるように見えるが，急速なテクノロジーの進歩は戦争による壊滅的な破壊という危険性をはらんでいる。このような時代に，原爆や戦争など破壊的な出来事を経験した高齢者が長寿であることの意義は大きい。高齢者は喪失を経験するなかで，新たな意味を模索し，長い人生を経たことで得られるものを「次の世代に伝える存在」であり，老い，人生，人間とは何かを「問いかける存在」である。心理臨床の場で高齢者と出会うとき，不安や葛藤や問題として語られる事柄の奥底にある次世代に伝えたい想いや人間存在を共に問う想いにも耳を傾けていきたい。今，高齢者も含めて皆がプロダクティブである社会の実現が求められている。

▶文献

Baltes PB (1987) Theoretical propositions of life-span developmental psychology : On the dynamics between growth and decline. Developmental Psychology 23 ; 611-626.

Butler RN (1963) The life review : An interpretation or reminiscence in the aged. Psychiatry 26 ; 65-75.

遠藤英俊 監修（2007）地域回想法ハンドブック―地域で実践する介護予防プログラム．河出書房新社．

国際長寿センター（2010）豊かな高齢社会の実現をめざして（ロバート・バトラー博士特集号）．長寿社会グローバル・インフォメーションジャーナル Vol.15．（http://www.ilcjapan.org/chojuGIJ/15.html［2017年10月30日閲覧］）

小山敬子（2011）なぜ，「回想療法」が認知症に効くのか（祥伝社新書235）．祥伝社．

森岡里実（2006）祖父が孫に伝えるもの．日本福祉大学紀要 地域と臨床 15 ; 112-116.

山口智子（2013）回想法―技法からコミュニケーションの回復へ．N：ナラティヴとケア 4 ; 39-45．

新刊案内

Ψ 金剛出版　〒112-0005　東京都文京区水道1-5-16　Tel. 03-3815-6661　Fax. 03-3818-6848
e-mail eigyo@kongoshuppan.co.jp　　URL http://kongoshuppan.co.jp/

地域における
ひきこもり支援ガイドブック
長期高年齢化による生活困窮を防ぐ

［編著］境泉洋

ひきこもり状態にある人は，複合的な困難のために地域に居場所を見出すことができずにいます。その状態にある人への支援において最も重要なのは，ひきこもり状態にある人にとって魅力的な居場所を地域に確保することです。本ガイドブックでは，魅力的な居場所をどう作り，その居場所にどうつなげ，支援していくかを紹介します。　　　　本体3,200円＋税

ひきこもりの心理支援
心理職のための支援・介入ガイドライン

［監修］一般社団法人 日本臨床心理士会　　［編集］江口昌克

同じ当事者でも，場や関係により，その姿は一様ではなく，心のありようも微妙に変化し続ける。そうした当事者に，支援者は視点を移動させたり，関係者との連携の中でさまざまな情報を総合しながら考え，取り組むことが必要である。相談室での一対一の面接方法にこだわるのではなく，支援者自身がいかにそこから自らを解放してものを考え，関わりのバリエーションをもつかが求められる。本書では，心理職として「ひきこもり」をどう理解し，アセスメントし，支援していくかを，予防・教育アプローチ，家族支援，コミュニティーワークなど援助技術各論を紹介する。　　　本体3,400円＋税

学校コミュニティへの
緊急支援の手引き 第2版

［編］福岡県臨床心理士会　　［編著］窪田由紀

学校の安全神話はさまざまに崩壊の局面を迎えている。大阪・池田小事件，東日本大震災，子どものいじめ自殺，教師のメンタル危機……。突然遭遇する学校の危機に支援者はどう対応すべきか。本書は，学校における危機理論，緊急支援の意味と具体的方策，インターネット社会における新たな危機課題などについての実証的な理論と豊富な事例によって，日常の対応システムの構築と渦中の対応について実践的な内容を提案する。　　本体3,800円＋税

次号予告 『臨床心理学』第18巻第3号

治療構造論再考
妙木浩之 [編]

1 — 総論

- 治療構造論——日本で開発された精神分析的な概念 ……………………………（東京国際大学）妙木浩之
- 治療構造と抱える構造——子育て支援にひきつけて ……………………………（大妻女子大学）深津千賀子
- 子どもの治療における治療構造と設定 ……………………（杏林大学／NPO法人子どもの心理療法支援会）脇谷順子
- 思春期臨床における治療構造 ………………………………………………………（東京国際大学）中村留貴子
- 心理テストにおける治療構造の読み方——ロールシャッハを中心に ………（桜ヶ丘記念病院）北村麻紀子
- 治療関係と治療構造——出会いと交流 ……………………………………………（慶應義塾大学）森さち子

2 — 臨床的な課題

- 治療的・精神療法的コンサルテーション …………………………………………（上智大学）吉村　聡
- 逆転移と治療構造——内的マネージメント概念を援用して ……………………（愛知教育大学）祖父江典人
- 週一回のセラピー構造——その長短 ………………………………………（新宿こころの杜クリニック）高野　晶
- 私設心理臨床（開業）の構造——面接の頻度と料金 …………………（さちクリニック／代々木心理相談室）重宗祥子

3 — 場面ごとの治療構造論

- 病院臨床における治療構造 …………………………………………………………（群馬病院）相田信男
- 学生相談における治療構造 …………………………………………………………（慶應義塾大学）貞安　元
- 家庭裁判所の治療構造 ………………………………………………………………（横浜家庭裁判所）町田隆司
- 家族臨床における治療構造 …………………………………………………………（中村心理療法研究室）中村伸一
- 産業臨床における治療構造 …………………………………………………………（企業内カウンセラー）割澤靖子
- 認知行動療法の治療構造 ……………………………………………………………（上智大学）毛利伊吹
- A-Tスプリット ………………………………………………………………………（東京医療センター）野村真睦

リレー連載

- 「臨床心理学・最新研究レポート シーズン3」 ……………………………………（熊本大学）矢原隆行
- 「主題と変奏——臨床便り」 …………………………………………………………（名古屋市立大学）天谷祐子

書評

- 村上伸治＝著『現場から考える精神療法』（日本評論社）…………………………（九州大学）黒木俊秀
- 福岡臨床心理士会＝編『学校コミュニティへの緊急支援の手引き 第2版』（金剛出版）……（九州大学）増田健太郎
- 日本臨床心理士会＝監修『ひきこもりの心理支援』（金剛出版）…………………（慶應義塾大学）平野　学

臨床心理学

Vol.18 No.1（通巻103号）[特集] **もっと知りたいあなたのための認知行動療法ガイド**

[総論] 認知行動療法のブレークスルー		境　泉洋
[オペラント条件づけ]	基礎理論を学ぶ	井口善生
	臨床応用を学ぶ――認知症における行動分析	宮　裕昭
[レスポンデント条件づけ]	基礎理論を学ぶ	澤　幸祐
	臨床応用を学ぶ――強迫性障害の集団集中治療	原井宏明・岡嶋美代ほか
[関係フレーム理論]	基礎理論を学ぶ	大月　友
	臨床応用を学ぶ――関係フレーム理論を実践する	佐藤友哉
[認知心理学]	基礎理論を学ぶ	丹野義彦
	臨床応用を学ぶ――メタ認知療法	富田　望・今井正司・熊野宏昭
[神経科学]	基礎理論を学ぶ	大平英樹
	臨床応用を学ぶ――神経認知療法・神経行動療法	山本哲也

教室におけるSST……金山元春
がん領域における認知行動療法……藤澤大介
トラウマ治療とCBT―トラウマに特化したCBT……亀岡智美
生活習慣病とCBT……野崎剛弘・小牧　元・須藤信行
アスリートへのCBT……深町花子・岡浩一朗
インターネット支援型認知行動療法……大野　裕
性犯罪へのCBT……嶋田洋徳・野村和孝

認知行動療法は「心理療法の統合」という視点からどう見えるのか……沢宮容子
クライエントは認知行動療法をどのように体験しているか？……岩壁　茂
CBTはどのような人間像をイメージしているのか？……平井秀幸

★ 好評発売中 ★

Vol.12 No.1 〈特集 行動分析学で広がる心理臨床〉神村栄一 他	Vol.15 No.2 〈特集 学校・教育領域で働く心理職のスタンダード〉森岡正芳 他 編
Vol.12 No.2 〈特集 災害トラウマからの快復に向けて〉下山晴彦 他	Vol.15 No.3 〈特集 産業・組織領域で働く心理職のスタンダード〉下山晴彦 他 編
Vol.12 No.3 〈特集 子育て支援―乳幼児と向き合う心理臨床〉鶴 光代 他	Vol.15 No.4 〈特集 司法・矯正領域で働く心理職のスタンダード〉村瀬嘉代子 他 編
Vol.12 No.4 〈特集 「うつ」の現在〉森岡正芳 他	Vol.15 No.5 〈特集 福祉領域で働く心理職のスタンダード〉村瀬嘉代子 他 編
Vol.12 No.5 〈特集 発達障害支援〉針塚進 他	Vol.15 No.6 〈特集 スキルアップのための心理職スタンダード〉下山晴彦 他 編
Vol.12 No.6 〈特集 ストレスマネジメント〉神村栄一 他	Vol.16 No.1 〈特集 発達障害のアセスメント〉下山晴彦 他 編
Vol.13 No.1 〈特集 精神医療を知る〉下山晴彦・中嶋義文 編	Vol.16 No.2 〈特集 発達支援のアセスメント〉下山晴彦 他 編
Vol.13 No.3 〈特集 研究の方法を知る〉岩壁 茂・杉浦義典 編	Vol.16 No.3 〈特集 臨床的判断力〉村瀬嘉代子・岩壁 茂 編
Vol.13 No.5 〈特集 スクールカウンセリングを知る〉増田健太郎・石川悦子 編	Vol.16 No.4 〈特集 認知行動療法を使いこなす〉熊野宏昭 他 編
Vol.13 No.6 〈特集 関係づくりの方法を知る〉妙木浩之・武藤 崇 編	Vol.16 No.5 〈特集 治療的コミュニケーション〉森岡正芳 編
Vol.14 No.1 〈特集 発達障害の理解と支援〉村瀬嘉代子・辻井正次 編	Vol.16 No.6 〈特集 いじめ・自殺―被害・加害・社会の視点〉増田健太郎 編
Vol.14 No.2 〈特集 社会的支援と発達障害〉森岡正芳・辻井正次 編	Vol.17 No.1 〈特集 「こんなときどうする？」にこたえる20のヒント〉
Vol.14 No.3 〈特集 発達障害研究の最前線〉下山晴彦・辻井正次 編	Vol.17 No.2 〈特集 知らないと困る倫理問題〉
Vol.14 No.4 〈特集 学校教育と発達障害〉増田健太郎・辻井正次 編	Vol.17 No.3 〈特集 心理専門職も知っておきたい精神医学・医療の現在〉
Vol.14 No.5 〈特集 成人期の発達障害支援〉辻井正次・村瀬嘉代子 編	Vol.17 No.4 〈特集 必携保存版 臨床心理学実践ガイド〉
Vol.14 No.6 〈特集 発達障害を生きる〉村瀬嘉代子 他 編	Vol.17 No.5 〈特集 レジリエンス〉
Vol.15 No.1 〈特集 医療・保健領域で働く心理職のスタンダード〉下山晴彦 他 編	Vol.17 No.6 〈特集 犯罪・非行臨床を学ぼう〉

＊ 欠号および各号の内容につきましては，弊社のホームページ（URL http://kongoshuppan.co.jp/）に詳細が載っております。ぜひご覧下さい。

● B5判・平均150頁　　● 隔月刊（奇数月10日発売）　　● 本誌1,600円・増刊2,400円／年間定期購読料12,000円（税別）　※年間定期購読のお申し込みに限り送料弊社負担

● お申し込み方法　書店注文カウンターにてお申し込み下さい。ご注文の際には係員に「2001年創刊」と「書籍扱い」である旨，お申し伝え下さい。直送をご希望の方は，弊社営業部までご連絡下さい。

 金剛出版　　〒112-0005　東京都文京区水道1-5-16　URL http://kongoshuppan.co.jp/
Tel. 03-3815-6661　Fax. 03-3818-6848　e-mail kongo@kongoshuppan.co.jp

系統的事例研究論文

地域子育て支援拠点におけるグループ活動の展開
相互支援活動の促進を目指して

鬼塚史織

九州大学人間環境学研究院

　本研究の目的は，乳幼児期の子育て支援に関する臨床心理学的地域援助の具体的方法について検討を行なうことである。地域の子育て支援施設の利用者の交流を促すことを目指して開催したグループ活動をセッション記録や質問紙への回答に基づいて提示し，その有効性について検討した。全22セッションについて，参加理由，感想，セッションにおける話題とその様子を分析し，考察を行った。その結果，グループ活動によって，他の母親との交流をもてなかった母親同士をつなぐ効果があったと考えられた。またセッション中における母親同士の会話からは，日常的な子育てに関する話題について，共感したり，相談してお互いに助言を受けたりするなどして話が展開されたことがうかがえ，母親同士の交流を促すことができたと考えられた。臨床心理学的地域援助として，当事者の相互支援活動を生み出すきっかけとなる機会の提供は有効であると考えられた。

キーワード：子育て支援，グループ，居場所，地域，相互支援

臨床へのポイント

- 地域の子育て支援において，乳幼児を抱える母親は，同じ子育てをする母親同士の間で情報共有ができるようになると，その場で安心感を得られ，さらに深いレベルで抱えている悩みなどを話すことができるようになる。
- 一定数の母親は，たとえ地域の子育て支援の場に参加していても，他の母親と交流したいというニーズを満たすことができないまま過ごしている可能性が高いため，支援者が直接交流の機会に誘う介入が有効である。
- 参加した母親同士の相互支援を促すファシリテーターの役割とは，グループの枠組み，内容の検討に尽力し，セッション中は，母親の体験を引き出し，交流を促すことである。

Japanese Journal of Clinical Psychology, 2018, Vol.18 No.2 ; 219-228
受理日——2017年12月12日

I　問題と目的

1　地域子育て支援において求められる相互支援活動

　乳幼児期の子育ては，多くの親が不安や悩みを抱える。地域の子育て支援には，親や保護者の養育技術の獲得を目的に行われてきたペアレント・トレーニング（Anastopoulos, Shelton, DuPaul, & Guevremont, 1993；免田・伊藤・大隈・中野・陣内・温泉・福田・山上，1995）が挙げられ，定型発達児の親を対象とした実践報告（立元・岡本，2003）も散見され，不適切な子育てを予防する分野に広がっている。さらに，養育技術の訓練に特化しない育児プログラムである「Nobody's Perfect（以下，NPと略記）」（Catano, 2000）などの実践研究（望月・杉澤・田中・冨崎・渡辺・恩田・徳竹・安梅，2013）もみられるようになった。

　また，厚生労働省の地域子育て支援拠点事業では，全国各地に親子・家庭・地域社会の交流をつくり出す場の拡充が進められ，物理的にはすべての子育て家庭が支援を利用しやすい環境が整備されてきた。このように地域の「居場所づくり」として，親の孤立を予防する活動が展開されている。居場所に関して，中西（2000）が，母親の不安や焦りの軽減には家庭や社会における居場所の存在が大きく影響していることを示したことからも，地域における母親の居場所づくりは

有効であると考えられる。しかし大豆生田（2006）は，子育てひろばの実践から，空間だけを用意する物理的拡充の問題点を指摘し，ひろばの質的拡充という課題を挙げた。つまり，場所を設けるだけでは支援として不十分であり，その場における支援のあり方を検討する必要がある。

母親にとって子育てグループの場が居場所となることに関して，鬼塚（印刷中）は，子育てグループに参加する母親への調査から，子育てに戸惑いを抱く母親が，同じ子育てをする母親のサポートを受けることによって，その場を居場所としていく過程を示唆した。また鬼塚（2016）は，当事者が運営する子育てグループの運営に携わる母親への調査から，そのグループへの参加過程を居場所という視点から明らかにした。子育てに悩む一母親が運営に参加し，支援をする側へと変化する過程を示し，母親の居場所が，受容され，本来の自分を取り戻す場所であることに加えて，担った役割を達成し，充実感が得られるという居場所へと変容することを示唆した。具体的には，子育てグループへの参加初期において母親同士で話したり，子育てのちょっとした手助けをしたり，悩みを共感したりするなどの相互交流の体験を通して，子育てグループの場が母親の居場所となり，それが運営に参加する動機となっていたと考察している。さらに，大日向（2008）は，地域の子育て支援は，一方的に「支援する側」と「支援を受ける側」に分けられるのではなく，互いに支えあう関係を大切にすることの重要性を指摘している。つまり，母親の居場所づくりの支援では，母親が交流するなかで互いに助け合うといった相互支援的な活動が重要であると考えられる。したがって，地域の子育て支援において，相互支援活動を促す支援，つまり母親同士の交流を促進する支援の拡充が必要であり，それは子育ての困難を抱える母親に対するアプローチとして有効であると考えられる。

相互支援活動の活性化に関して，母親同士をつなぎ，交流を促すなどの地域のネットワークづくりを行なった事例として鬼塚（2017）の報告がある。鬼塚は，臨床心理士が配置されていない地域の子育て支援拠点における支援を探索的に試み，4回のグループ実践事例から支援の意義について臨床心理学的地域援助の視点から考察した。たとえば，施設利用者の子どもを遊ばせるだけでなく他者と交流したいという潜在的なニーズを汲み取った点，グループへの参加が施設利用のきっかけとなり，それが親子の孤立の予防となった点などを挙げている。また望ましいグループの枠組みとして，多くの利用者が参加しやすく，交流できるという点を重視し，テーマを設定せず，1回のみの参加が可能なオープン・グループの開催が望ましいことを示唆した。しかし，試行段階の実践事例であるため，鬼塚も指摘するように，事例を積み重ね，さらに精査することが課題である。

2　本研究の目的

以上より，子育て支援における臨床心理学的地域援助のアプローチとして，母親同士の交流を促す場を設定し，そこで交流を促進させるという支援が有効であると考えられる。筆者は，鬼塚（2017）の事例を踏まえてグループを設定し，地域子育て支援施設利用者を対象としたグループ活動を実施した。グループの実践活動を記録や質問紙への回答に基づいて報告し，その概要と有効性について，参加者のニーズがグループの目的と合致していたのか，活動のなかで相互支援が展開されていたのか，そしてその活動に対する参加者の評価という3点から検討する。そして，地域子育て支援施設におけるグループ活動の意義と具体的な支援方法について考察を行なうことを目的とする。

II　方法

1　開催したグループZ会について

1．Y施設の概要

Y施設は，地域子育て支援拠点事業の「一般型」の施設，つまり地域子育て支援拠点のひとつで，行政からの委託を受けてNPO団体がX−7年に開設した。開館時間は，週6日10：00〜16：00である。未就学児をもつ親子は，登録を行えば無料で利用できる。施設は遊具などが並び，乳幼児用のトイレや授乳室が完備されている。屋内公園のような雰囲気であり，1組から多いときは30組程度の乳幼児親子が各々遊んでいたり，親子で交流する場面が見受けられる。スタッフは，子育て支援に関する知識・経験を有する者2,3人が常駐し，他に子育て支援講座を受講したボランティアであるサポーター0〜2人が加わり，遊具の管理や親子の見守りを行なっている。身体測定や各種講座などの行事も開催され，行政機関から相談員が月2回派遣され，子育て相談の時間が設けられている。

2．Z会開催の経緯

筆者はY施設にボランティアとしてX−4年から関わった。利用者は，親子で遊び，母親同士の交流が少ないことから，スタッフと検討し，グループの開催を決定した。X−1年に4回の試行を経て（鬼塚，2017），X年4月からZ会というグループを開催した。

3．グループの枠組み

Y施設内に日時と内容を記載したチラシを掲示し，通信とブログに日時を掲載した。内容は「ワークを交えながら子育てのお話を和気あいあいと楽しくできる時間にしたいと思います。お気軽に参加下さい」と案内した。初めて来所した母親や周囲との交流が希薄にみえる母親などには，スタッフが直接参加を促したり，開催日当日にも人数に余裕がある場合は，来所している利用者に声をかけて，参加を促した。

セッションは，月に1回10：30から1時間で，Y施設の一角で開催した。①ウォームアップと，②参加者同士で自由に話をする時間を中心に展開し，最後に感想を尋ねた（表1）。筆者はファシリテータ（以下，Facと略記）として参加した。

Y施設は，親子が都合のよい時間に来て，自由に過ごすことができ，子育てグループなどへの参加をためらう親子でも利用しやすいことが推察される。鬼塚（印刷中a）の提案したグループ設定を踏まえ，他者との交流が苦手であるなど，来所者のなかでも支援が必要な親も気軽に参加できる枠組みとして，1回のみの参加を可能とした。

4．グループの方針とFacの関わり

Facはグループ開始前に，参加者の情報をスタッフから得た。グループの運営方針は，カナダ保健省のもと開発された親支援プログラムNP（Catano, 2000）を参考にした。NPは参加者が自分たちで問題を出し，その解決方法を話し合う場が提供されることによって，親としての自信を取り戻したり，自分の子育てを見つめ直すことができ，親としての役割を果たせるよう支援することを目的としている。学習内容は参加者のニーズに基づき組み立てられる。通常，1回およそ2時間のセッションを週1回，6〜8週間にわたって行ない，活動のなかでは，親が自分の経験を話したり，意見を表明したりするワークが実施される参加者中心のプログラムである（Catano, 2000）。Z会は，「相互支援を促す」ために，参加者が中心となってグループを展開する必要がある。そのため「3．グループの枠組み」で述べたように枠組みは異なるが，NPの理念を参考にグループを開催することとした。

まずFacである筆者から，〈お母さま方がすでに知っていること，経験を土台として，参加者同士でそれを共有することによって，お互いに学んだり，サポートし合うような時間にしたい。子育てに絶対正しい方法はありません。私も，Facとして，皆さんとこの時間を共有することで，共に学びたい〉と説明した。そして，参加者が交流や自己表現が行ないやすい雰囲気をつくるために，自己紹介を兼ねたウォームアップを行なった。ウォームアップでは，発言しやすい雰囲気をつくるとともに，出身地や居住地区などの紹介を含めて参加者の共通点が共有できるものや好きなお店や趣味など母親自身に関する話題を取り入れた。たとえば，「バースデーサークル」で出身地の順に並んでもらってグループ分けをした。また，できるだけ2，3人程度の少人数で話し合うようにした。

全体を通してFacは，発言の少ない参加者に話を回すなど参加者の交流を促す役割に徹した。話題が出にくい場合には，ウォームアップで挙がった話題を深める質問をしたり，参加者から質問が挙がった場合には，それに関する他の参加者の体験や情報を引き出すよう話を回した。話が止まったり，話さない参加者，一人で話し続ける参加者がいる場面はほとんどなく，Facの導入のみで，セッションが展開する回も度々あった。Z会を終える際には，〈会は終わりますが，まだ話したいこと，聴きたいことありましたら，Y施設のなかでぜひお話しください〉と伝えた。また，フォローできるようにセッション後もしばらく滞在し，参加者の様子を窺った。

表1　セッションの構成

活動内容	備考	時間
ウォームアップ	自己紹介のウォームアップを実施する。	20分
話の時間	各グループで自由に話す。	25分
全体で共有	ファシリテータはホワイトボードに記入。質問があれば話し合う。	5分
感想	一人ずつ感想を話す。	5分
アンケート記入		5分

5．倫理的配慮

セッション後，実施した質問紙は，配布時に統計手続きにおいて個人が特定されないこと，研究目的以外には利用しないこと，研究協力を拒否しても不利益を被らないことについて口頭および文面で説明し，承諾を得られた場合のみ回答してもらった。そこで得た情報については，個人が特定されないよう配慮し，利用者への関わりに有用であると考える情報のみFacから口頭でスタッフに伝えるに留めた。またグループ開催にあたり，施設利用者への支援を目的とすることを第一として，研究として発表する可能性とその場合の研究計画を文章化し，スタッフの会議において承諾を得た。

2　本研究で提示するデータ

1．時期

X年4月〜X+2年3月で，参加者がいなかったX年12月，X+2年1月を除いた計22セッションを対象とした。

2．分析するデータ

Z会中にFacが記述したセッションについての記録（セッション中に筆者がメモを取り，実施後に記録した参加者のやりとり，感想などであり，各回A4用紙1枚程度であった）とセッション後に実施した質問紙を分析対象とした。質問紙は，①フェイスシート（年齢・性別・同居家族・来所頻度・Z会への参加理由・参加経緯），②Z会の参加回数，③Z会への感想や要望，から構成された。

3．分析方法

Z会は「相互支援を促す」ことを目的としたグループである。その有効性について，参加者のニーズがZ会の目的と合致していたのか，セッションのなかで相互支援が展開されていたのか，そしてその活動に対する参加者の評価という3点から検討する。グループの性質上，毎回参加者が異なるグループであったが，セッション内容とファシリテートに大きな変化や差はなかったと考えられる。上記の3点の視点から，参加者の異なる各回をまとめてZ会の全体的理解を深めるため，分析は主にKJ法（川喜田，1967）を参考に以下の手順で分析した。その手順は，まず記録と質問紙から得られた各該当データからラベルを作成した。次に，ラベルとして抜き出した文章が適切であるかを筆者と臨床心理学の研究者1名で検討し，修正を行なった。そして採用されたラベルを記述内容の本質が近いもの同士でグループ分けしてカテゴリ化し，分類・整理を行なった。さらに各カテゴリについて，ラベルをまとめる抽象度の高いカテゴリ名をつけ，表で示した。このカテゴリへの分類，カテゴリ名の決定についても，筆者と上記の1名で協議を行い，意見が割れた際には，前後の文脈も含めて検討した。

上述した3点の検討のため，具体的には，全セッションについて次のように分析を行なった。まず，参加者のZ会に求めていたニーズを明らかにするために，①Z会の参加者の属性を示し，KJ法を参考に上記の手順で分類した参加理由をまとめた。次に展開されたセッション内容や参加者の様子について明らかにするため，②セッション中に挙がった話題についてKJ法を参考に上記の手順で分析を行なった。なお，話題の分析においては，話された内容で上がった話題を1つのラベルとして作成した。そして各話題のセッション中の具体的なやりとりについて代表例をまとめた。最後に参加者によるZ会の評価を明らかにするために，③参加者から得られたZ会の感想をKJ法を参考に上記の手順でまとめた。

III　結果

本研究では，地域の子育て支援施設に来所する母親同士をつないで相互支援活動を促すことを目的として開催したZ会の有効性を検討するという目的に沿って分析を行なった。なお，文中の【　】はカテゴリ，〔　〕はサブカテゴリを表す。

1　参加者の属性と参加理由

参加者は，Y施設に来所し，Z会への参加を希望した母親82名（のべ113名）であった。各回の参加人数は3〜9名であり，平均人数は，5.14名（$SD=1.86$）であった。ほとんどが当日に参加希望を表明し，1回のみの参加であったが，複数回参加した母親もいた。また各回の参加者は，初対面か関わったことがほとんどないメンバーだった。参加者82名の平均年齢は33.00歳（$SD=4.20$，有効回答79名），初回参加時の子どもの年齢（きょうだいがいる場合は，末子の年齢）は13.35カ月（$SD=6.80$，有効回答80名）であった。

Z会に参加した理由について，次の6つのカテゴリ

が得られた（表2）。【a1. 他の母親と話す機会をもちたい】には，〔他の母親と話したかった〕など，また【a2. 他の母親と子育ての情報交換をしたい】には，〔子育ての悩みを相談したかった〕などが含まれ，参加者が他の母親との相互交流を求める内容を表すカテゴリであった。【a3. グループに興味・関心があった】には，〔誘われて〕〔興味があった〕などが含まれ，Z会への興味・関心を表すカテゴリであった。【a4. 以前参加してよかった】には，〔いつも参加している〕〔参加して楽しかった〕などが含まれ，2回以上の参加者が肯定的体験を得られ，再び参加したことを表すカテゴリであった。その他に【a5. 理由なし】【その他】のカテゴリが得られた。

2　セッションにおいて話された話題と具体的内容

分析の結果，Z会の話題は，4つのカテゴリに分類された。各話題についての具体的なやりとりを表3にまとめた。なお，表中の「　」は参加者，〈　〉はFacの発言を表し，便宜上，話題ごとに発言者を順にP，Q，R，Sと表記した。

【b1. 乳幼児期の子育て】は，〔離乳食〕〔寝かしつけ〕などの日常的な子育ての生活に関する内容を表すカテゴリであった。【b2. 子どもの特性とその対応】は，〔子どもの特性〕〔いやいや期〕など，乳幼児期に遭遇するこどもの困った行動や，それに対するしつけに関する内容を表すカテゴリであった。【b3. 地域の子育て情報】は，〔幼稚園・保育園〕〔遊ぶ場所〕などの子育てに関する地域の具体的な情報交換が行われていたことを表すカテゴリであった。【b4. 子育てのふりかえりと将来の見通し】には，〔母親の仕事〕〔きょうだいに関して〕などが含まれ，母親が気になる少し先の将来に関する内容が話されたことを表すカテゴリであった。また表3にまとめた話題のやりとりから，母親は，上記の話題について自身の日常的な体験の語りを通して，共感をし合ったり，悩みを共有したり，相談・助言をし合ったり，情報共有をしたり，愚痴を言い合ったりすることが確認された。

3　参加者によるZ会の評価

分析の結果，227個のラベルが得られ7カテゴリに分類された（表4）。【c1. 話ができてよかった】には，〔気軽に話せてよかった〕など，また【c2. 話ができる機会を得られた】には，〔この会のおかげで話すこと

表2　参加理由

カテゴリ　　　　サブカテゴリ	ラベル数
a1. 他の母親と話す機会をもちたい	
他の母親と話したかった	9
他の母親と話す機会がなかった	3
自分の話を参考にしてもらいたい	2
a2. 他の母親と子育ての情報交換をしたい	
子育ての悩みを相談したかった	10
他の母親の話を聞きたかった	8
情報交換がしたかった	7
子育ての参考にしたかった	4
a3. グループに興味・関心があった	
誘われて（スタッフ・知人）	17
興味があった	10
ちょうど開催されていた	8
楽しそうだと思った	4
a4. 以前参加してよかった	
いつも参加している	5
参加して楽しかった	4
ストレス解消になる	4
a5. 理由なし（なんとなくなど）	4
その他	4

ができた〕などが含まれ，参加者が交流を体験することができたことを表し，とくに後者は，他者との交流をもてない母親がいたことを表すカテゴリであった。【c3. 話が聞けてよかった】には，〔いろんな話が聞けてよかった〕など，また【c4. 参考になった】には，〔勉強になった・役立った〕などが含まれ，子育てに関する情報交換を行うことができたことを表すカテゴリであった。【c5. 安心感が得られた】は，〔同じことで悩んでいるとわかって安心した〕〔共感してもらえた〕というように，母親の育児ストレスが軽減されたことを表すカテゴリであった。【c6. 楽しかった】は，〔ストレス解消になった〕〔ゆっくり過ごせた〕など，Z会が居心地のよい時間となっていたことを表すカテゴリであった。【c7. グループのあり方についての意見】は，〔進行・ゲームについての感想〕〔もっと多くの人に参加してほしい〕など，グループの設定に関する要望などを表すカテゴリであった。

IV　考察

1　Z会の実践活動の意義

まず，参加理由，セッションの話題，感想におい

表3 Z会における話題と具体的様子

カテゴリ	サブカテゴリ	各話題の具体的な様子※	ラベル数
b1. 乳幼児期の子育て			
	離乳食	「離乳食を食べない」というPへ、Qも「うちも食べなかった。ここ1週間くらいで食べるようになった。作っても捨てるのがいつもでつらい」と話し、さらにPから「そう、捨てるから、せっかく作ったのに」と話され共感し合っていた。離乳食は食べるというRも含め、「大変だから、まとめて冷凍して（P）」「ブロッコリーとか食べれると思って、あまりつぶさないまま。たくましく育ってねって（R）」と工夫を共有しあった。（#19）	7
	食事その他	子どもが食べないことについての悩みが挙げられ、それぞれの話を共有した。（#5）	4
	寝かしつけ	寝かしつけについてPから「できなくて知りたい。添い乳をしてしまって」と悩みが話される。それに対して、「泣いたらお茶飲ませてたら落ち着いた（Q）」「泣かなかったら、自分は寝て好きに遊ばせといたら、そのうち疲れて寝ている。電気は消して（R）」「ねんね先生って本があって、添い乳はだめって。ゆらゆらも自分がきついのはやめたほうがいいって。だから私も泣いたけど、トントン寝せるようにして今はトントンで寝る（S）」とPへの助言という形で各自の体験談の共有が活発になった。（#10）	5
	生活リズム	Pの「夜は何時ごろ寝ますか？」という質問から、各々の寝る時間と起きる時間について共有された。双子を育てるQさんは、「昼寝をしっかりして。夜は21時から22時くらいに寝る。2人で盛り上がって遊んでると話し、他の参加者は「2人で遊んでくれるのはいいですね」と肯定的な反応を返した。（#16）	4
	夜泣き	夜泣き対策について2歳児、1歳児、7カ月児それぞれの母親のやり方が共有される。話題に出した6カ月児の母親は「抱っこしてないと寝ない。立って」と悩みを話し、それに2歳児の母親が、「1歳までそうでした。ずっと歩いてました。アンパンマンので、今だけですよ」と助言し、それを受け「そうですね。ありがとうございます」と安心した様子だった。	2
	卒乳・断乳	1歳児の母親Pが困って、断乳について尋ねる。それに対して2歳児の母親が経験談を話した。それを聞き、Pは、「○○しなきゃいけないって思ってきつかった」と話した。後日、Pは、普段断乳については、聞きにくいと思っていたが、Z会の機会に話が聞けてよかったと話した。さらに、翌回の会では、会のおかげで断乳ができつつあると報告された。	4
	アレルギー	「私がパンが好きなんですけど、子どもが小麦アレルギーで、食べれない。小麦、卵、乳がダメ」と自己紹介で話すPに、「うちもその3種類です！」と、アレルギーのことについてQが共感を示した。2人はセッション後も昼食を食べながらアレルギーについて話していた。（#20）	2
	医療関連情報	予防接種（#3）、血液型の調べ方（#17）などの情報共有がなされた。	3
	はみがきの仕方	「歯が生えてきた。ガーゼで磨いているが、虫歯にならない？」という質問が挙がり、「ガーゼがなくて、歯ブラシをくわえさせてた。習慣をつけた」と子どもが少し年上の参加者がアドバイス的に経験を話した。（#12）	3
	トイレットトレーニング	「どんなに怒っても私のほうにくる。今トイレットトレーニングしてて、おむつにもらして、『誰が悪いの？』って聞くと『ママ』って言ってくぅーって」と愚痴を話し、他の参加者も笑いながらも「うちもトレーニング真っ最中」とトレーニングの話が活発に交された。（#18）	2
	子どもの衣服	子どもの靴や、子どもの服のサイズについての話が挙がった。（#11）	2
	大気汚染	「大気汚染が気になる。洗濯物は中ですか？」に、「父親のは外とか」と別の参加者が答え、そこからマスクをするのかしないのか、どのくらい外で遊ばせて大丈夫なのか、という話題が挙がる。かなり気にしている参加者がいて、Facが〈人によるかも。私ずぼらなので、気にしてなくて〉というと、別の参加者が「私も気にしてなかった。でも喉が痛くなって、隣の県にいったらそれがなくなって、これは大気汚染の影響かって気にするように」と話された。（#10）	2
	家での過ごし方	父親がいつ帰ってくるか、というところから「平日母子家庭ですよ」と参加者が言うと、どの家庭も父親が仕事で忙しく、日中家では母と子だけの生活と共感を示しながら話した。	3
	その他	家で危ない場所（#11）、子どもの便秘（#11）、寝るときに子どもが転がらない方法（#18）の話題が出た。	3
b2. 子どもの特性とその対応			
	子どもの特性	子どもが泣いた姿から、「うちはためてためて泣く。Pさんところは、2人は性格違いますか？」と、子どもの性格の話になり、他児を押すようにむかってきたという共通の悩みが挙がる。また「外でおとなしくて、家ではほんとターザンみたいで」という悩みに、「うちも外ですごいおとなしい。託児所でいい子ですねって言われる。でも外でストレスをためるのが心配」と同じ悩みを共有できた様子がうかがえた。（#16）	5
	いやいや期	いやいや期の対処について、常連の母親の話に全員が興味を示し、Facはその話を広げる。その母親からいやいやを言わせない方法について、「嫌って言ったら選択肢を挙げて選ばせる。それを選ぶのを待つ。嫌って言えない状況に」「ごはんも食べないなら、いつか食べるだろうって片付ける」と経験からのアドバイスを話すと他の参加者は「あぁー！そうなんだ。目からうろこです。食べさせるの悩んでいた」とうれしそうに話した。（#9）	3

表3　Z会における話題と具体的様子（つづき）

カテゴリ	サブカテゴリ	各話題の具体的な様子※	ラベル数
	子育て・しつけの工夫	しつけをどうしているか、についてそれぞれのやり方を共有した。（#4）	3
	人見知り	「うちの子が人見知りで、私もあまり外に出ないから、ここにとりあえず来るようにしてる」というPに、「うちも人見知りが激しい。パパみしりもした」とQも同意し、その反面「うちはしなかった。最近少しあるかもしれないけど、パパには今べったり。私よりパパ」というRにP、Qはうらやましがる。〈何がきっかけで？〉とFacが尋ねると、「下の子が生まれて、パパに任せてたら、普段関わらない分甘いので、そっちのがよくなったのかも」と話される。（#18）	2
	男の子・女の子の違い	男の子、女の子の成長、性格の違いについて話が挙った。（#8）	2
	ストレス解消	ストレス解消について、各々の方法を共有した。「6カ月くらいのときは、ほったらかしにしてた。周りにおもちゃおいて。今のほうがストレス。離れないし」という参加者や、「ここにいるのはストレスない。アレルギーがひどくて、食べるのもだめだし。ここは周りに子どももいて、かくのを忘れる。ほんとならお酒飲みたい」とY施設にいることで解消されている部分も話された。（#12）	1
	ならいごと	「習い事って？」と質問が挙がり、まだしていないという話が出たことを共有すると、質問者から「近所の大学で0歳児のプールに行ってた。ただで」と情報提供があり、他の参加者も興味津々に聞いた。（#22）	1
b3. 地域の子育て情報	幼稚園・保育園	幼稚園に入園するなどの具体的な情報が共有された。実際に他の母親から聞いた話なども挙がる。引っ越してきた方は、地域の現状を聞き驚いていた。（#1）	10
	遊ぶ場所	子どもと無料で遊べる場所についてどんなところがあるかと、各々の情報を共有した。Facからも特徴的な施設について紹介した。（#7）	6
	子育て関連施設	砂場遊びの話から、施設の近所にある保育園の園庭開放について、行ったことのある参加者が知らない参加者に向けて具体的に説明した。（#22）	4
	かかりつけ医	「突発性発疹はなりました？」というPの問いに、Qは「まだなっていないが、この歳になれば、もうなってたかもね」と病院で言われたことを話した。皮膚科・小児科の話になり、Rはどこの小児科に行っているかを尋ね、情報共有が行なわれた。（#15）	4
	子連れで行ける商業施設	Pの「出歩いたり、私もしたい」という話から、Qが外出について「離乳食は、お昼も持ち歩いています？」と質問した。それにRが、デパートの授乳室の説明をしたり、Pからも具体的な場所の情報が提供された。また「授乳とかどこでしようとか、いつも怖いから、車で中心街に行く。車の中でできるから」というところからRに対して、PとQは、バスでの行き方を説明した。（#19）	4
	居住地の情報	話題が途切れた際に、Facから〈みなさんの現住所は？〉と尋ねると、2組の参加者が近所だとわかり、「じゃあ一緒に帰りましょう」とつながりを見つけ喜んでいた様子だった。（#4）	3
	日中でかける場所	毎日どこにいるかと質問がありそれぞれ共有した。Pの「お金がかからないところ」には、他の2名も「そうですよね」とうなずいて共感する。さらに、園庭開放に関する情報共有がなされた（#18）	3
b4. 子育てのふりかえりと将来の見通し	母親の仕事	出産前の仕事についてPは「産休だったけど、3月で辞めないといけなくなって。4月から仕事を探すか、もう少し子どもといるか。どうですか？」とQにふる。Qは、「幼稚園教諭なんです。産休はないようなもの。自分の子育てと預かるのは全然違う。今までアドバイスしてたお母さんたちすみませんって感じで」と自身の仕事について話した。（#19）	3
	きょうだいに関して	1人目が男の子で2人目が女の子だった母親が2名いて、「2人目がすっごいかわいいですよね」「つい下の方を甘やかしてしまう」と2人とも共感しあった。（#17）	3
	子育ての振り返り	Facがどんなテーマが挙がったかを尋ねると「何も。これまでこんなことしたとか」〈振り返り？〉に、参加者2名とも「そんな感じです」と答えた。（#6）	3

※便宜上、話題ごとに発言者をP、Q、R、Sと表記した。

て示された結果から，Z会の参加者は，日常的に遭遇する子育ての疑問や困難を他の母親と情報交換することへのニーズが高いことが示唆された。これは鬼塚（2017）の結果を支持し，大豆生田（2006）の指摘する居場所の質の不十分さが浮き彫りになったと同時に，Z会によってそれを補うことができたと考えられる。つまり，他の母親と交流が乏しかった母親が，「悩んでいたのは自分だけではなかった」という体験を得られ，施設内での孤立を軽減する体験となったことが推察された。この体験は，Yalom（1995）のグループサイコセラピー理論によると，「普遍性」の体験であり，母親に仲間として受け入れてもらえた安心感が生まれたことによって，【b1】〔卒乳・断乳〕の話題で話されたように，「普段は聞きにくいと思っていた」ことを安心して話すことができたと考えられる。しかし，〔誘われて〕参加したという理由が参加理由でも多数の17名であったことから，一定数の母親は，他の母親と出会うことができる場所に訪れ，他の母親との交流を求めていても，Z会のような機会を自ら積極的に利用することが難しいことが窺える。とくに場所や時間が日常の生活範囲外であるようなペアレント・トレーニングや子育て講座などの支援に参加することは，より敷居が高く，限られた層へのアプローチになっていることが考えられる。したがって，本実践で行っていた支援者が母親を直接Z会へ誘う介入は，Y施設のなかで母親が孤立しないための居場所づくりのきっかけとなる介入であり，また施設を利用する母親の隠れたニーズを汲み取った介入とも考えられ，今後もとくに必要な介入である。

次に，相互支援の展開について検討する。Facは，Z会の導入において〈参加者の経験を共有する〉点を強調し，セッション中には参加者の発言を促す役割に徹し，参加者中心の展開を促した。たとえば【b1】〔離乳食〕について「作っても食べない」つらい体験に参加者が共感し，経験者が楽な作り方を教える（表3）など，日常的な子育ての体験をもとに，母親は，共感，悩みの共有，相談，助言，情報共有，愚痴という方略を用いて，相互支援を展開していたことが窺えた。言い換えると，Z会において，鬼塚（2016）で示された相互交流が行なわれていたと考えられる。鬼塚（2016）の示唆した，一参加者の母親が支援者となる過程に当てはめるならば，本研究においては，わずかな値ではあるが，【c4】〔自分の話を参考にしてもらいたい〕と

表4 参加者の感想

カテゴリ	サブカテゴリ	ラベル数
c1. 話ができてよかった		
	話ができてよかった	12
	気軽に話せてよかった	7
	共通点がある人と話せてよかった	8
	接点のない母親と話せてよかった	5
c2. 話ができる機会を得られた		
	この会のおかげで話すことができた	11
	普段話せる人がいないので，話ができてよかった	15
c3. 話が聞けてよかった		
	いろんな話が聞けてよかった	13
	知らないことが聞けてよかった	3
	具体的な子育ての情報が聞けてよかった	17
c4. 参考になった		
	参考になった	11
	勉強になった・役立った	13
	新しい発見があった	9
	自分の話を参考にしてもらいたい	4
c5. 安心感が得られた		
	同じことで悩んでいるとわかって安心した	7
	共感してもらえた	3
c6. 楽しかった		
	楽しかった	27
	ストレス解消になった	5
	ゆっくり過ごせた	3
	話を聞いてエンパワメントされた	7
	また参加したい	13
	その他	2
c7. グループのあり方についての意見		
	進行・ゲームについての感想	6
	もっと多くの人に参加してほしい	7
	人数が多いと話しにくい	4
	内容への要望	6
	参加中の子どもの見守りについて	2
	その他	7

いう「支援する側」になりたいという動機が高まった参加者もいたと推察される。この相互交流については，グループサイコセラピーにおける「与えるという行為を通じて何かを得る」（Yalom, 1995）という「愛他主義」の体験と考えられるだろう。相互交流を通して，自分が他者にとって重要な存在になりうることを発見する

という体験が，母親の主体的な活動を促すきっかけとなると考えられる。セルフ・ヘルプ・グループについて，三島（1998）は，活動の中心者が個々のメンバーであることを明確にし，メンバー自身の力を肯定し，専門的枠組みを押し付けることによってグループ自体が持つ力を失わせないように細心の注意を払うこと，を何より注意すべき点として強調している。Z会におけるFacの役割も同様に，まずはグループを実施するまでの枠組み，内容の検討に尽力し，セッション中は上記のように参加者を中心に据え，体験を引き出す役割を担った。それによって，母親は先述したような「普遍性」の体験を得て，その土台のうえでの安心感のある参加者同士の関わりが母親の相互支援を促したことが推察された。

　以上より，Z会の活動は，参加者の相互支援活動を促し，その目的が参加者のニーズともおおむね合致し，ある程度評価を得られた活動であったと考えられる。本活動について次のようにまとめる。Z会は，①母親同士の相互支援のきっかけづくりを目的として，地域の子育て支援の場に集まる母親を対象に実施された。そして，セッションの話題と具体的内容，参加者の評価から，②安心して子育てについて話ができる雰囲気のなかで，Facが母親同士の交流を促し，地域における母親の居場所づくりを促進する働きを担ったことが示唆された。また，支援者からの声かけも重要な支援であったことから，③このグループの形式が成り立つのは，日常的に母親が利用し交流できる場において開催されることを前提としている。したがって，④Facの役割は，グループのなかでの参加者の交流のサポートだけでなく，グループ実施時間以外の様子も把握し，グループに参加しない施設の利用者への声かけなどの援助も含めたものとなることが考えられる。

　以上のように本活動は，乳幼児期の子育てにおける母親の孤立を予防し，母親の地域における居場所づくりの支援として意義のある活動であったと考えられる。地域で子育て中の親子が居場所を得るための具体的な支援の方法を提示できたことは，本研究の成果であり，地域子育て支援の質的拡充の一助となると考えられる。子育て支援の臨床心理学的支援では，各地の現場が抱える課題を見立てたうえで地域に根ざした支援のあり方を検討し，展開していくことが重要であると考える。

2　本研究の成果と今後の課題

　報告したグループ活動は，Y施設の利用者という限られた対象への支援であった。利用者は，子育て支援の情報を得て，それを利用できる能力をもつ母親であったと考えられ，そのなかでもZ会の参加者は，他者との交流をとくに求めていたと推察できる。そのため得られた結果は，健康度の高い水準のものであった可能性に留意する必要がある。本実践では特別な支援を要する子育てへの強い不安やいらだち，虐待などに関する深刻な話題が出ることはなかった。Y施設の利用者のなかにも，さまざまな水準のリスクを抱えた母親が存在すると考えられるため，本実践において支援が可能な水準を十分に認識し，今後は地域で孤立するハイリスクを抱える母親をY施設へつなぐという支援を検討する必要がある。

▶付記

　本論文は，日本心理臨床学会第33回秋季大会で発表したものに加筆・修正を加えたものである。

▶文献

Anastopoulos, A.D., Shelton, T., DuPaul, G.J., & Guevremont, D.C.（1993）. Parent traning for attention deficit hyperactivity disorder : Its impact on parent functioning. *Journal of Abnormal Child Psychology*, 21, 581-596.

Catano, J.W.（2000）. *Working with nobody's perfect: A facilitator's guide*. Canada:: The Minister of Public Works and Government Services.
　（キャタノ，J.W. 杉田　真・門脇陽子・幾島幸子（訳）（2002）．親教育プログラムの進め方　ひとなる書房）

川喜田二郎（1967）．発想法　―創造性開発のために―　中央公論社

免田　賢・伊藤啓介・大隈紘子・中野俊明・陣内咲子・温泉美雪・福田恭介・山上敏子（1995）．精神遅滞児の親訓練プログラムの開発とその効果に関する研究　行動療法研究, 21(1), 25-38.

三島一郎（1998）．セルフ・ヘルプ・グループと専門職との関わりについての検討　コミュニティ心理学研究, 2, 36-43.

望月由妃子・杉澤悠圭・田中笑子・冨崎悦子・渡辺多恵子・恩田陽子・徳竹健太郎・安梅勅江（2013）．親支援プログラム（Nobody's Perfect）を活用した虐待予防事業の評価と今後の課題に関する研究　小児保健研究, 72, 737-744.

中西友美（2000）．若い世代の母親の居場所感についての基礎的研究　臨床教育心理学研究, 26, 87-96.

鬼塚史織（2016）．乳幼児を育てる母親の子育てグループへの参加過程 ―母親の居場所という視点から― 発達心理学研究，27(1)，10-22．

鬼塚史織（2017）．地域子育て支援拠点における臨床心理学的支援の試み ―グループ活動の開始と展開― コミュニティ心理学研究，21(1)，46-60．

鬼塚史織（印刷中）．子育てグループにおける母親の居場所に関する意識や態度の変化 ―育児不安・母親としての意識・居場所に着目して― 家族心理学研究，31(2)．

大日向雅美（2008）．子育て支援は地域の時代に 大日向雅美（編）地域の子育て環境づくり ぎょうせい pp.3-21．

大豆生田啓友（2006）．支え合い，育ち合いの子育て支援 ―保育所・幼稚園・ひろば型支援施設における子育て支援実践論― 関東学院大学出版

立元 真・岡本憲和（2003）．幼児をもつ親への予防的親トレーニングの試み 日本行動療法学会大会発表論文集，29，234-235．

Yalom, I.D.（1995）．*The theory and practice of group psychotherapy*. 4th ed. Basic Books.
（ヤーロム，I.D., 中久喜雅文・川室 優（監訳）（2012）．ヤーロム グループサイコセラピー ―理論と実践― 西村書店）

A Group Activity in a Child-Care Support Facility:
Aim to Encourage Mutual Support between Mothers

Shiori Onitsuka

Faculty of Human-Environmental Studies, Kyushu University

This study aimed to examine the effects of community-based psychological support for mothers with respect to childcare, especially during their child's infancy. The author examined the use of a group activity aimed at forming a relationship and encouraging interaction between the users of childcare support facilities by recoerds and questionnaire results and discussed its efficacy. The group activity was analyzed based on the following criteria: "reason for participation", "level of satisfaction", "feedback", and "topic and scene of the sessions". The results showed two effects of the group activity. (1) Mothers who did not interact with other mothers in this facility developed a relationship with others. (2) Interaction between mothers was encouraged through the group activity because the mothers engaged in empathetic listening, and consulted with and provided advice to each other about everyday nurturing. Therefore, this method of encouraging mutual support among mothers is considered a valuable form of community-based psychological support.

Keywords : childcare support, group, ibasho, community, mutual support

原著論文

発達障害児童をもつ保護者は学校との関わりをどのように体験しているのか

平田祐太朗

鹿児島大学

　本研究の目的は，発達障害のある児童を持つ保護者が学校と関わる際の体験を明らかにすることであった。9名の保護者を対象としてインタビュー調査を行い，グラウンデッド・セオリー・アプローチを用いて分析を行った。その結果，保護者の学校への相談や依頼の動機は，子どもの発達障害に気づく過程を経て環境へ働きかける必要性を感じること，またトラブルが起きることへの不安と関連している可能性が考えられた。また保護者は，学校への相談や依頼の背景に，関係悪化の懸念や学校への期待，親としての責任などさまざまな葛藤を抱えていた。以上のことより，学校が発達障害児童をもつ保護者と関わる際に，学校への関わりに至るまでのプロセスとその背景にある葛藤の理解を試みることが重要と考えられた。また保護者の学校への協力的な態度には，教員の発達障害に関する知識や経験だけではなく多面的・包括的理解とその伝達との関連がある可能性が示唆された。

キーワード：発達障害のある児童，保護者，小学校，グラウンデッド・セオリー・アプローチ

臨床へのポイント

- 発達障害児童をもつ保護者が学校へ関わる際の動機には，その必要性を感じていること以外にも不安や葛藤があることを教師やスクールカウンセラーは十分に理解することが重要である。
- 保護者の学校への協力的な態度形成において，保護者の学校との関わりにおける否定的な体験とそのプロセスの理解に努めることは重要である。
- 発達障害に関する知識や対応のスキルだけではなく，教師が子どもを多面的・包括的に理解すること，そしてその伝達が保護者の担任への協力的な態度へとつながる可能性がある。

受理日——2017年12月20日

I　問題と目的

1　発達障害のある児童をもつ保護者の抱えやすい困難と課題

　学校における発達障害のある児童の支援において保護者との連携・協働が重要とされている。特に自らの思考や感情を言葉にすることが難しい発達段階にある場合には，合理的配慮に関する合意を形成していくうえで保護者の意見や考えの重要性は大きいと考えられる。そのため，発達障害のある児童をもつ保護者は，自身が子どもを理解するだけではなく，学校に子どもの特性や配慮について理解してもらうため，代弁者として学校への積極的な関わりを求められる。

　一方，これまでの発達障害のある児童をもつ保護者に関する従来の研究を概観すると，障害受容（桑田・神尾，2004；中田，1995）や障害認識（山根，2010，2011）に関する研究が多く，保護者の心理的課題や援助や助言を受ける側としての保護者に関する研究が主流であった。発達障害のある児童だけではなく，家族を含めた支援の重要性は現在も変わらず大きいことが指摘されており，実際に発達障害のある児童をもつ保護者の子育てにおけるストレスは，定型発達の子どもの保護者に比べて高いことが指摘されてきた（中田，2009）。そのなかでも発達障害のある児童・生徒を抱

える保護者のストレスは大きく2つに大別され，主に発達障害のある児童本人自身に関わるものと，発達障害のある児童を取り巻く周囲の環境についての側面があることが指摘されている（吉利・林・大谷・来見, 2009）。つまり，発達障害のある児童をもつ保護者は，周囲の人にどのように理解してもらうか，という児童の代弁者としての役割を求められている一方で，その役割に関する困難を抱えている現状が窺われる。

2 発達障害のある児童をもつ保護者の学校との関わりの実際

これまで発達障害のある児童をもつ保護者の学校との関わりはどのように検討されてきたのであろうか。アスペルガー障害児童をもつ親は，教師の無理解に対する不満が非常に高く，「子どものニーズに応じた援助をしてほしい」や「子どもの障害についてもっと理解してほしい」などの要望があることが挙げられている（宋・伊藤・渡邊, 2004）。また同様に三島・淵上（2011）も，発達障害のある児童をもつ保護者へのインタビュー調査から保護者のニーズとして教師・学校に対する子どもの障害への理解と学校を挙げての人的支援に対する強い要望が挙げられている。

その他，奥住（2009）は通常学級で学ぶ発達障害のある児童の保護者のインタビューデータをKJ法により分類を行った。その結果，保護者は「相談の充実」「情報の提供」を肯定的にとらえ，また一方では「情報提供不足」「否定的情報のみの提供」「子どもを丸ごとみないですべて障害に帰結させる見方」などを否定的にとらえていた。

また上村・石隈（2000）は，教師からのサポートの種類とそれに対するLDおよびその周辺の子どもの母親のとらえ方の関係について質問紙を用いて調査を行っている。その結果，道具的サポート，情緒的サポート，指導的サポートの順で母親は援助的ととらえており，具体的な保護者への関わりの重要性を指摘している。また平田（2015）は，学校への主体的な保護者の関与が学校との協働を促進すること，また保護者の学校での否定的な体験と想いが協働を阻害することを指摘している。一方，瀬戸（2013）は，保護者が障害のある子どもの指導や支援の場において，教師とともに子どもを支援する対等なパートナーである（石隈, 2009）という意識を持てないまま，自己主張することなく不満や不安を抱きながら意思決定が行われていくことは少なくない，と指摘している。

以上の先行研究は，保護者のニーズや求めるサポートの種類といった視点から検討しているものの，瀬戸（2013）が指摘する保護者の不満や不安を抱きながら学校との関わりが行われている実態を十分に検討しているとは言い難い。そのため，保護者の学校との関わりにおける体験を検討することで，保護者が児童のことで周囲に理解を得ようと働きかける過程における心理的困難の様相を明らかにできると考えられる。

以上の問題意識を踏まえ，本研究では，以下の2点について明らかにすることを目的とする。1つは発達障害のある児童をもつ保護者の学校への関わり，特に協力関係が展開するプロセスを明らかにすること，2つめは保護者の学校への関わり方に影響する要因を同定することとする。なお，今回は小学校期の保護者の経験が，中学校，高等学校や大学とその後の保護者の学校への関わり方や協力関係に影響を与えると考え，小学校期に焦点をあてて検討を行うこととした。

II 方法

1 調査対象

小学校高学年以上の発達障害のある児童・生徒をもつ母親9名。調査協力者は，医療機関，療育機関などに調査協力を依頼し，協力を得たものを対象とした。なお，本研究では主に日常的な学校との連絡や相談を担うことが多いと考えられる母親に対象を絞り，調査を行った。

2 調査内容

協力者へは「発達障害のある児童をもつ保護者とその教師と連携・協働」についてインタビューを行う旨を伝え，60分程度の半構造化面接を実施した。得られたデータはその後すべて逐語化した。インタビューの質問は主に下記の通りである。①相談・受診歴，②小学校時代に一番大変だったと感じた時期の想起と，その際の保護者・担任の子ども理解，③学校との連絡の方法や頻度，対象とのやりとりと，その必要性，④子どもの学校での様子や状況の変化，⑤学校と子どもの理解を共有していく際に難しかったエピソードやうまくいったエピソードなどについてインタビューの文脈を尊重しながら質問を行った。エピソードを想起してもらう際には，筆記用具で書き出してもらう，想起するための時間を十分にとるなどの工夫を行った。主

に①～④の質問から得られる語りを通して保護者の学校への関わりのプロセス，また⑤の質問から得られる語りを通して保護者の学校への関わり方に影響する要因を明らかにすることを目指した。

3　倫理的配慮

調査協力者に対して本調査の主旨，および録音の許可，その際の配慮事項や個人が特定されることはないことなどについて文章を用いて説明を行い，調査に協力することへの承諾を得た。また，現在進行形のエピソードではなく，過去のエピソードについて想起してもらうこと，うまくいったエピソードなど肯定的な体験について尋ねることで，保護者の心理的な負担と現在の学校段階の子どもの学校への関わりへ与える影響に対して配慮を行った。

4　データ分析の方法・手続き

先行研究では，発達障害のある児童をもつ保護者の学校への関わりについて，保護者の視点より検討した研究が少ない。このような場合には，特に質的研究法が有効であるとの指摘（能智，2000）があるため，本研究では質的研究法を選択した。分析はグラウンデッド・セオリー・アプローチ（以下，GTA）を用いた。GTAにはいくつものバージョンがあるが，基本的な手続きは一致しており本研究ではそのなかでも分析手続きの明瞭さからStrauss & Corbin（1998）に準じた。具体的には以下の手順で分析を進めた。

①切片化：逐語録のなかから「発達障害のある児童をもつ保護者の学校への関わりのプロセス」と思われるものについてデータを抜き出し，切片化した。②コード化：切片化されたデータ1つ1つに対してその意味内容を的確に表すような短い名前をつけた。③カテゴリー生成：コード化されたデータを比較し，似たもの同士をまとめ，そのまとまりに名前をつけてカテゴリーを生成した。その際には，コードの背景にある文脈を考慮し，データへ立ち返りながらカテゴリー名についての検討を経て随時データまで戻り，コード化，切片化の作業に戻るという手順を繰り返した。さらに，内容的に共通の上位概念で括られる複数のカテゴリーをまとめることもあった。その際にはカテゴリー生成と同様の手続きを行った。本研究では，これらのカテゴリーを下位のものからサブカテゴリー，カテゴリー，カテゴリーグループ（以下，CG）と呼ぶ。④カテゴリーの精緻化：データから抽出された具体的箇所とコード，サブカテゴリー，カテゴリー，CGの統合を図った。⑤仮説生成・モデル生成：「発達障害のある児童をもつ保護者の学校への関わりのプロセス」について，CGとカテゴリー間の関係を受けて仮説的知見の生成を行った。さらにそれぞれ，カテゴリー，CG同士の関係を視覚的に表現するモデルを作成した。なお，本研究ではモデル生成にあたり，CG，カテゴリー間に時間的な前後関係や明確な因果関係は想定していないが，緩やかな連関関係を示すために，KJ法A型（川喜田，1967）を用いた。具体的には，カテゴリー，CGを1つのまとまりとして，そのまとまり同士の相互関係を空間的にもっとも適切に示すと考えられる配置について，試行錯誤を行い，検討した。

なお，結果には研究者の価値観や経験などの個人の特性や志向，支援に対する捉え方などが反映される。そのため本研究では，分析過程においてスクールカウンセラー経験のある大学院生とディスカッションを行い，リサーチクエスチョンに関するコード化の箇所，コード名の妥当性，カテゴリーのまとまりやカテゴリー名に関する分析や解釈の妥当性を検討し，適宜修正を加えた。KJ法を実施する際にも同様の協力を得た。また分析の過程で適宜メモをとり，調査者が，研究素材であるデータから一定の距離を保ち続けることに努めた。上記の工夫を通して，分析結果の見直しや新たな分析観点の導入を試み，筆者の恣意に偏る危険性の軽減に努めた。

III　研究過程

研究過程は大きく4つのステップで表された。ただし，現実的制約から分析にかける協力者の順番を考慮し，データ分析の段階において理論的サンプリングを適用した。なお，理論的サンプリングの基準は，児童の就学形態，診断の有無，支援機関との関わり等を用いた。このことにより，可能な限り多様な属性をもつ発達障害のある児童の保護者に対する仮説を生成することを目指した（分析の順番に関しては表1を参照）。以降本文中ではCGを【　】，カテゴリーを『　』，下位カテゴリーを［　］で示す。

1　ステップ1
①目的：プロセスについて検討するうえでの叩き台となるカテゴリーの生成。

表 1　理論的サンプリング

協力者	対象児童生徒の学年	診断名	就学形態	支援機関との関わり	サンプリング基準
ステップ 1					
1	中 3	高機能広汎性発達障害	通常	病院	通常学級に在籍し，診断名を有している児童をもつ保護者
2	中 3	高機能広汎性発達障害	通常	病院	
3	中 1	アスペルガー障害	通常＋通級	病院，通級	
ステップ 2					
4	大 2	広汎性発達障害	通常＋通級	通級	協力者の属性を広げ，通級指導教室に通っていた児童をもつ保護者を含め，カテゴリーの拡充・洗練を図る
5	中 2	高機能広汎性発達障害	通常＋通級	病院，通級	
ステップ 3					
6	小 6	高機能広汎性発達障害	通常＋通級（小 4 より）	病院，通級	データを追加することでカテゴリーのさらなる拡充・洗練を図り，カテゴリー間の関係について検討を行う。
7	高 1	自閉症（確定診断なし）	通常	通園施設	
ステップ 4					
8	中 1	発達障害疑い	通常＋通級	通級	データを追加することで最終的なカテゴリー，カテゴリー間の関係について確定する。
9	中 1	発達障害疑い	通常	通級，特別支援学級	

注 1)「通常」とは通常学級を指す。
注 2)「通級」とは通級指導教室を指す。

②対象とした協力者：協力者 1，2，3。
③協力者の選択理由：通常学級に在籍し，診断名を有している児童をもつ保護者。
④結果：カテゴリーの叩き台となるカテゴリーが作成された。一方で，学校への関わりが始まる以前の状況に関するカテゴリーが不十分なため，今後の検討が必要と考えられた。

2　ステップ 2

①目的：ステップ 1 で生成されたカテゴリーと見出されたカテゴリー間の関連性に対して，新たなデータを追加することで比較検討し，カテゴリーを精緻化すること。
②対象とした協力者：協力者 4，5。
③協力者の選択理由：協力者の属性を広げ，通級指導教室に通っていた児童をもつ保護者を含め，カテゴリーの拡充・洗練を図る。そのことにより，通常学級だけではない学校との関わりをもった保護者の体験を抽出できると考えた。
④結果：［担任教師に対する信頼感］［保護者が肯定的に捉える担任の構え］を統廃合して『子どもと担任の良好な関係からの信頼』『担任の柔軟な対応への信頼』『確実なやりとりに対する信頼』を生成した。

また，新たにカテゴリーを統廃合して【就学前の学校の関わり】【発達障害への気づきの過程】【学校への関わり】【学校への関わりの背景にある葛藤】【関わりのなかでの心理的な揺れ】【学校への不信感】『担任心情への配慮』の CG とカテゴリーを生成した。

3　ステップ 3

①目的：ステップ 2 までに生成されたカテゴリーと見出されたカテゴリー間の関連性に対して，新たなデータを追加することで比較検討し，カテゴリーを精緻化し，カテゴリー間の関係について検討を行うこと。
②対象とした協力者：協力者 6，7。
③協力者の選択理由：小学校期に発達障害に気づき，支援を開始する場合と，就学前に何らかの支援を受けている場合では学校との関わりのなかでの体験が異なることが推察される。したがって，これまで検討していない就学前に診断を受けた協力者を追加することでカテゴリーのさらなる拡充・洗練を図り，カテゴリー間の関係について検討を行う。
④結果：【就学前の学校への関わり】の『学校でトラブルが起きるのではという不安』を取り出し『環境・関わりの配慮の必要性の認識』という新たなカテゴ

リーと合わせて【学校へ関わる動機】を生成した。それに伴い，【就学前の学校への関わり】をCGからカテゴリー『就学前・年度ごとの学校への関わり』へと変更を行った。また，その他【担任への信頼】と【関わりのなかでの心理的な揺れ】をそれぞれ【保護者の捉える肯定的な担任教師の態度】と【関わりのなかでの否定的な体験】とCG名を変更し『固定的な子ども理解と対応への抵抗感』『教員間の理解・対応の違いへのとまどい』と，新たに生成したカテゴリーである『子どもと担任の信頼関係の薄さ』を合わせて【保護者の捉える否定的な教師の態度】を生成した。その他『学校でトラブルが起きるのではないかという不安』を『トラブルが起きるのではという不安』というカテゴリー名へ微調整を行った。また［担任への敬意］と［担任のやり方の尊重］を生成し，その2つより，『担任への協力的な態度』を新たに生成した。また，『確実なやりとりに対する信頼』へデータを追加して拡充させ『確実なやりとりに対する安心感』を生成した。

4 ステップ4
①目的：協力者の属性の拡大によるカテゴリーの洗練（最終的なカテゴリーの確定）。
②対象とした協力者：協力者8，9。
③協力者の選択理由：学童期の体験により近い協力者であったため，より具体的な語りを得ることが可能であり，最終的なカテゴリーの確定を行うことに適していると判断した。
④結果：全ての切片はすでに生成されていたカテゴリーを用いて分類可能であり，カテゴリー編成・カテゴリー名の修正は必要ないものと判断された。得られた最終的なカテゴリーは表2に示した。

IV 結果と考察

分析の結果，7つのCG，27のカテゴリーが生成された。以下，本文中ではCG，カテゴリーに分けて具体例を交えながら説明する。

1 【発達障害への気づきの過程】
このCGは保護者が子どもの発達障害に気づいていく過程のことである。3つのカテゴリーからなり，『子どもの理解の難しさから生じる漠然とした不安』『トラブルの報告に関するショック』『子どもの不適応への気づき』で構成されている。「小学校1年生の担任との面談の時には何から話したらいいでしょうかって言われて，すごいショックだったのは覚えていますね。（協力者3）」に示されるように，保護者はこのような過程をそれぞれのタイミングである程度の期間体験しており，子どもの不適応状態に対する気づきを得ていた。

2 【学校へ関わる動機】
このCGは保護者が学校へ関わる際の動機を表す。その動機は保護者が子どもの発達障害へ気づいていくなかで『トラブルが起きるのではという不安』『環境・関わりの配慮の必要性を感じる』の2つから構成される。つまり，保護者が学校へ関わる動機には，保護者自身の子どものトラブルに対する不安と，発達障害に関する気づきの過程で得た環境や関わりの配慮の必要性に関する認識があり，学校への関わりへとつながる可能性が窺われた。このCGは，発達障害のある児童の保護者の学校への関わりに至るまでの実際の動機が表されており，保護者の学校への関わりを理解するうえで重要と考えられた。

3 【学校への関わりの背景にある葛藤】
このカテゴリーは『学校への期待』『学校への関わりによる関係悪化の懸念』『親の責任の自覚』『担任の心情への配慮』の4つのカテゴリーから構成されていた。

保護者は，担任の忙しさ，自分の子どもだけではなく集団を対象として他児の指導の責任をもつことや，担任が発達障害を理解することの難しさなどから，『担任の心情への配慮』を行う。また，「やっぱりこう，保護者が「わっ」て言うと人質にとられているようなものなんで（笑）。先生によっては態度が変わると思うんですよね（協力者3）」といった具体例のように，学校へ関わることでうるさい親と思われるのではないかといった不安や，自身の関わりにより子どもへ悪い影響が及ぶのではないかといった学校との関係悪化の懸念に関するカテゴリーも見られた。その他にも学校の支援に対する期待や，親としてできることを行わなければならないといった責任感に関するカテゴリーが見られた。以上のことより保護者の抱えやすい多様な葛藤の存在が示唆された。

表2 最終的に生成されたCG・カテゴリーと具体例

CG	カテゴリー	具体例	カテゴリ該当者数（エピソード数）
発達障害への気づきの過程	子どもの理解の難しさから生じる漠然とした不安	まぁちっちゃいころってあの，検診とかあったりするじゃないですか，まぁちょっと普通のお子さんよりちょっと発育が遅れ，体とかじゃなくて，情緒面とか発育がちょっと遅いかなと指摘があって，うん，そいで親子教室とかも，ちっちゃいころから通ったりしてて，でまぁあのーこの子が他の子と違うなって思ったのもやっぱり赤ちゃんのころからで，目を合わせようとしなかったんですよ，（中略）赤ちゃんのころから。この子はちょっと違うなっていうのはうすうす思っていた，人との関わりもなかった，うーん，まったくの一人の世界（協力者5）	3（8）
	トラブルの報告に関するショック	小学校1年生のときの学校の先生の二者面談のときには何から話したらいいでしょうかって言われて，すごいショックだったのは覚えていますね（協力者3）	3（6）
	子どもの不適応への気づき	1年生のときははりきって行ってました，2年生の後半くらいからどうもちょっと一人で帰ってきて友達とうまくいってないなっていうのがあって3年生のときに完全に一人になったんですね，本人もちょっと仲間にいれてもらおうとしたんですけど，たくさん失敗をして，そのときにここで診断を，先生もちょっと問題視されていたんで，ここで診断をいただいて（協力者6）	6（8）
学校へ関わる動機	トラブルが起きるのではという不安	もう，あのそうじゃなくて，こうしてもらわないとって例えば席を前のほうにしてほしい，一番前じゃないと困るんですっていうお話も2年生の先生にしたんですね。じゃもうちょっと気が散っちゃうので，先生の話も入ってこなくなるし，絶対指示が通らない（協力者2）	9（12）
	環境・関わりの配慮の必要性を感じる	こちら（家庭）の状態を，話をする必要もありますでしょうし，学校でどういうことが起こったっていうのをお聞きするっていうのもありますでしょうし（協力者1）	7（9）
	就学前・年度ごとの学校への関わり	5歳のときに診断を受けているんで，もう小学校に進学する前に何度も学校に2～3回行って校長先生，教頭先生とか相談して担任の方に発達障害とか，よくなるべく接されたことがある人をお願いしますって主人とお願いにこう，文章をつくってお願いに行ったんですね。入る前のほうが診断をくだされた後っていうのもあって，いろいろ用意しようと思って（協力者4）	6（12）
学校への関わりの背景にある葛藤	学校への期待	こういう子どもというのは環境の変化とかにすごい敏感なので，月に1回くらい先生と話せる場っていうのがあったらって思います。学校の先生だけでなくて，校長先生もそういうことに対して，なんか理解をもってもらうためには，話に参加してもらうか，そういう話をしている内容を伝えるっていう形にしてもらうと（協力者3）	3（5）
	学校への関わりによる関係悪化の懸念	言える人は言えるんです，でもやっぱり言って悪い印象をもたれるんじゃないかなとか，そういうふうに思う人もいるので（協力者3）	5（11）
	親の責任の自覚	まずは，あの丸投げしないこと，先生にお任せしますじゃなくて，親としてもうちも行事によって，年度が替わると必ずその担任の先生に会うようにしていました（協力者2）	3（5）
	担任の心情への配慮	でも先生も息子だけじゃないですか。ほかにも子どもがいるんで。いろんなことでいっぱいいっぱいなんだろうなって思って（協力者4）	6（9）
学校への関わり	学校へ関わらない	遠慮してらっしゃる方も結構いらっしゃるんですよ，こんなこと言ってもなとか，どうせしてもらえないし，とかなんかセンターとか言われたら嫌だなとか，言わずに黙っている方がけっこういらっしゃるんで（協力者2）	3（8）
	学校への積極的な協力	役員をしたりですね，PTAの，してもらうばかりじゃだめなんで，学校のこともしようかなって委員だとかやったりだとか（協力者2）	7（10）
	学校への依頼	5年生になって，うーん，あのまた担任の先生やってもらえませんかね，って無理なことを承知でお願いしたりとかしたんですけど（協力者4）	8（16）
	子どもの気持ちの代弁	もうすごい傷ついて本人は帰ってきているのに，ちょっと隠れてたらこんなこと言われたって言って帰ってきて，それをやっぱりその2年生の担任の先生にお伝えした（協力者2）	5（12）
	担任への相談	パニックになることも多かったですから，そのたびにお話はしていただいて，で，お話をしていただいたときにこちらの状況を話したりとかっていうことでやってましたので，そうですね，ほんとに多いときは1週間に3回，4回とお話をすること多かったですから（協力者1）	7（14）

表2　最終的に生成されたCG・カテゴリーと具体例（つづき）

CG	カテゴリー	具体例	カテゴリ該当者数（エピソード数）
保護者の捉える否定的な教師の態度	固定的な子ども理解と対応への抵抗感	別の地域にいたときにアスペルガーの子にあったことがあるって言われて、教えたことがあるって言われたので経験があるって思われてるんですね、そういう子に対してあのアスペルガーの子もいろいろいるじゃないですか、一人じゃないんで、変にちょっと知識を聞きかじっている先生のほうがうまくいかなかったりするなぁっていうのはあって（協力者2）	4（9）
	教員間の理解・対応の違いへのとまどい	同じような感じの子がこういうクラスにちょっとあの籍を半分（特別支援教室へ）移したっていうか、通うようになったよって聞いたので、うちは大丈夫なんだろうかっていうのもあって、そこで話をしたんですね、いやあのちゃんと授業も受けているし、問題ないですっていうことを言われて、でその何年、何回か、5年生で診断を受ける時期までの間に先生のほうは、大丈夫でしょうかってことは何回か投げかけたことがありました。（略）一度2年生くらいのときに先生にそちらのほうじゃなくても大丈夫でしょうかってうちは、っていう話をちょっとしたことがあります（協力者3）	6（12）
	子どもと担任の信頼関係の薄さ	子どもたちが何か悪いことをするとそれを写真にとってるんですね、子どもたちの前で写真にとるんですよ、残すんですね、それをこう2者面談のときにこんなことして、こんなことしてって私にも見せてくるんで（協力者3）	7（10）
関わりのなかでの否定的な体験	学校との関わりのなかでの困難感	こういう症状の子のことを理解していただくというのは難しいですね、なんとなく大枠ではわかっていただくことはあるんですけど、すべて同じタイプの子どもさんであることはないので（協力者1）	4（8）
	学校へ期待することへの諦め	そうですねあんまり伝わらないですね（笑）伝わらないんですよね、あのなんか学校の先生ってわかってくれないんですよね、なかなか伝わったなっていう、思ったことがあんまりないんですけども（協力者2）	8（13）
	担任に理解してもらえない怒り	いじめじゃないですか、そんなのあってたら、でももうすごい傷ついて本人は帰ってきているのに、ちょっと隠れてたらこんなこと言われたって言って帰ってきて、それをやっぱりその2年生の担任の先生にお伝えしたら、いやあれは遊んでいただけですよっておっしゃれていや違うでしょって話をしたんですけど、（中略）そこもしばらく納得していただけなかったりですね（協力者2）	7（14）
	学校への不信感	新任の先生とかにその状況を知らない先生にちょっといやだなって思う子を押し付けるっていうのが裏でそういうことが実はあってるらしいんですよ、実際にあったしですね、（中略）結構実はクラス決めのときにそういうどろどろが実はあるんだよっていうのを聞きました。そういうのはやめてほしいですけど、親としては（協力者2）	2（6）
	管理職への相談	学校にはあのー、入学の、あの、入学前検診がありますよね（略）その足で、校長先生のほうに、こういう子どもですので、あのー、親も一生懸命やりますので、よろしくお願いしますということで、受けてくださるということでしたので、はい（協力者8）	3（8）
	第三者を介した担任への関わり	3年生のときから通級指導教室に行ってたので、その通級の先生から指導してもらったりとか、学校に連絡してもらったりとか、ここをこうしてくださいとかですね（協力者2）	5（12）
	学校との距離を保つ	学校は特に入ってきてないんですよ、なんかあんまり（協力者3）	5（8）
保護者の捉える肯定的な担任教師の態度	確実なやりとりに対する安心感	こっちが質問したことに対しては、そのときに即答できなくても次回の通級の時間までにこういろいろ調べてこんな方法があるとか、してくれましたよね（協力者6）	9（14）
	子どもと担任の良好な関係からの信頼	まずとりあえず本人が言ったことを認めてくれて、でもこういうときはこうしようね、って後で言ってくれるじゃないですけど、そういう感じだと、すごくわかってくださっているなって思うし、で、それで子どももこの先生僕を認めてくれるんだって肌でわかるし、担任の先生とはすごくよかったんですよ、ずーっと（協力者2）	5（12）
	担任の柔軟な対応への信頼	なんかもうほんとに学校のほうで決めつけないでいろいろあの、お話を聞いてくださるというのが一番親として一番信頼を得られることじゃないですね、一つだからあの、私（担任）の方針はこうですとかって言われるのが一番、どう言っていいのかがわからなくなりますから（協力者1）	7（10）
	担任への協力的な態度	あのー、そのうち、毎日来なくていいからっておっしゃったんですけど、ずっと委員とか役員をしてましたので、そういう感じで、ま、みなさんに理解していただくっていうことで、はい。なので、学校にはタイムカードを準備しようかおっしゃるほど（笑）通っておりました（協力者8）	4（7）

4 【学校への関わり】

このCGは『学校への依頼』『子どもの気持ちの代弁』『担任への相談』の3つで成り立っていた。『担任への相談』は，家や学校での子どもの対応や，行事の際などの子どもへの具体的な対応を相談することであった。『子どもの気持ちの代弁』は，家庭において学校での出来事など子どもの話を聞き，母親が子どもの気持ちを担任へ代わりに伝えることであった。

『学校への依頼』は，保護者が子どもへの配慮や対応を依頼することを表していた。また学校へ関わる際の方法としては，連絡帳や電話，直接会って話すなどさまざまであり，それぞれの保護者に応じた学校への関わりを行っていた。

発達障害のある児童をもつ保護者の関わりは，『学校への依頼』『子どもの気持ちの代弁』『担任への相談』の以上大きく3つに分類され，同様の関わりが繰り返し行われる場合や，1回のみで終わる場合もあった。

5 【保護者の捉える否定的な教師の態度】

このCGは，『固定的な子ども理解と対応への抵抗感』『教員間の理解・対応の違いへのとまどい』『子どもと担任の信頼関係の薄さ』の3つから構成されていた。まず『固定的な子ども理解と対応への抵抗感』は，「（先生が）あの子がああだったからこの子もこうだろうってちょっと思っているようなところがあって（中略）かえってちょこっと聞きかじっているだけの先生の方が困るなって思うんですよね（協力者2）」といった具体例に見られるように，保護者が担任側の固定的な子ども理解を感じた際に，強い抵抗感を抱いていた。また『教員間の理解・対応の違いへのとまどい』は，例えば年度が変わった際の担任による理解や対応の違いの差や，管理職や担任との間の子どもへの考え方や支援に対する考え方のズレがあることを指す。『子どもと担任の信頼関係の薄さ』は，子どもが担任を嫌がる，もしくは関わろうとしていないと保護者が捉えることである。以上のような教師の態度を保護者は否定的に捉えていたことが明らかになった。

6 【関わりのなかでの否定的な体験】

このCGは『学校との関わりのなかでの困難感』『学校へ期待することへの諦め』『担任に理解してもらえない怒り』『学校への不信感』の4つのカテゴリーから成り立っている。

『学校への不信感』は，「正直途中で諦めてしまいました。もうちょっとしたらもう（担任が）変わるだろうからと思って，正直（協力者4）」といった具体例に見られるように，学校へ関わるなかで，思い通りにいかないこと，伝わらないことを感じ，またその事に対して怒りの感情や諦めの感情を体験している状態である。これらの感情を保護者が全て体験するというよりは，その保護者の特性や状況に応じて体験をしていることが窺われた。

7 【保護者の捉える肯定的な教師の態度】

このCGは『確実なやりとりに対する安心感』『子どもと担任の良好な関係からの信頼』『担任の柔軟な対応への信頼』の3つのカテゴリーからなる。『担任の柔軟な対応への信頼』とは，担任が子どもの状態やニーズ，保護者自身へ柔軟な対応を行うことに対して保護者が信頼を寄せることである。また『子どもと担任の良好な関係からの信頼』は，「先生があの，手づくりのモンスターを書いた，はいカードを作ってくれて，うん，それで勉強の合間に遊んでくれたりとか，すごいよくしていただいたので，うちの子もその先生のことが大好きで（協力者5）」という具体例に見られるように，子どもと担任の間に信頼関係があると保護者が捉えることが担任への信頼へとつながっていることが示された。保護者は，子どもの担任への態度や様子をひとつの基準としていることが窺われた。『確実なやりとりに対する安心感』は，保護者からの連絡や相談に対して曖昧に対応されずに確実に担任とやりとりできることが保護者の安心感へとつながっていた。

8 『第三者を介した担任への関わり』

このカテゴリーは，病院の医者や通級指導教室の教員，SCなどの第三者を介して担任へ関わることを表している。「3年生のときから通級指導教室に行っていたので，その通級の先生から（担任へ）指導してもらったりとか，学校に連絡してもらったりとか，ここをこうしてくださいとかですね（協力者2）」といった具体例に見られるように，保護者は上述した第三者を発達障害の専門家としての権威として用いる場合もあったが，逆にそのような介入を戒めるような語りをしている保護者もあり，第三者の活用法は保護者によりさまざまであった。しかし，いずれの場合も保護者

が担任との間に自身だけで担任とやりとりを行うことが難しく，何らかの行き詰まりを感じた際に用いられていた。

9　カテゴリー間の関係

発達障害のある児童をもつ保護者は，【発達障害への気づきの過程】を経ることで【学校へ関わる動機】が生じてくる。【学校へ関わる動機】により，保護者は『就学前・年度ごとの学校への関わり』と【学校への関わり】を行う。また背景には【学校への関わりの背景にある葛藤】が存在し，その葛藤は【学校への関わり】だけではなく，『学校へ関わらない』ことや『学校への積極的な協力』へとつながっていた。

そして保護者は【学校への関わり】のなかで，担任の態度を肯定的に捉える場合（【保護者の捉える肯定的な担任教師の態度】）もあれば，否定的に捉える場合（【保護者の捉える否定的な教師の態度】）もある。教師の態度を肯定的に捉えた場合はそのまま『担任への協力的な態度』へとつながり，『学校への積極的な協力』へとつながっていく。しかし，否定的に捉えた場合，保護者の【関わりのなかで否定的な体験】へとつながり，その体験は『管理職への相談』や『第三者を介した担任への関わり』，という他者の関与か，『学校との距離を保つ』といった行動へとつながっていた。

10　生成された仮説的知見

次に生成されたCG，カテゴリーと，見出されたCG，カテゴリー間の関係を受けて「発達障害のある児童をもつ保護者の学校への関わりのプロセス」について以下の6つの仮説的知見が見出された。

① 発達障害のある児童をもつ保護者は【発達障害への気づきの過程】を経ることで，【学校へ関わる動機】が生じる。
② 【学校へ関わる動機】と【学校への関わりの背景にある葛藤】が，保護者の【学校への関わり】と関連している。
③ 【学校への関わりの背景にある葛藤】は，その葛藤の内容や程度により，【学校への関わり】『学校へ関わらない』『学校への積極的な協力』へと分かれていく。
④ 発達障害のある児童をもつ保護者は，【学校への関わり】のなかで，教師の態度を肯定的なものと否定的なものの2つに分けて捉える。
⑤ 【保護者の捉える肯定的な担任教師の態度】は『担任への協力的な態度』へつながり，『学校への積極的な協力』となる。
⑥ 【保護者の捉える否定的な教師の態度】は，【関わりのなかでの否定的な体験】へとつながり，その後『管理職への相談』『第三者を介した担任への関わり』『学校との距離を保つ』の3つのうちいずれかにつながっていく。

V　総合考察

本研究の目的は，発達障害のある児童をもつ保護者の学校との関わりについて明らかにすることであった。以下，得られた仮説的知見とモデルに考察を加える。

1　発達障害のある児童をもつ保護者の学校との関わりのプロセス

保護者が子どもの発達障害に関して疑いをもち，気づきの過程を経ることは，その後の学校へ関わる動機とつながっていた。これは，保護者が支援における環境調整の重要性を認識することと関連していると考えられ，そのことが必然的に学校での配慮の必要性を感じることとつながると考えられた。また保護者は，学校へ関わる必要性を感じると同時に，子どものトラブルに対する漠然とした不安を抱いていたことが明らかとなった。以上のことより，保護者の学校へ関わる動機は学校へ関わる必要性だけではなく，保護者の不安感もその1つに含まれることが明らかとなった。

発達障害のある児童をもつ保護者の学校への依頼や相談の背景には，上記のような動機や不安があることが，あらためて明らかになった。これまで，保護者が学校へ相談や依頼を行った際の不信感や困難な体験に関する知見（三田村，2011；宋他，2004），コミュニケーションスキルの習得に関する研究（三田村・田中，2014）は見られるものの，相談・依頼を行う背景の動機や，学校への相談・依頼時の葛藤との関連を示した研究は見られなかった。柳澤（2014）は，保護者が周囲から必要な支援を受けながらも，主体性をもって自律的に障害のある子どもの支援を行うことが可能になるように教師が保護者を後押ししていく重要性を指摘している。上述した指摘を踏まえると相談・依頼を受ける側の担任が，発達障害のある児童をもつ保護者の

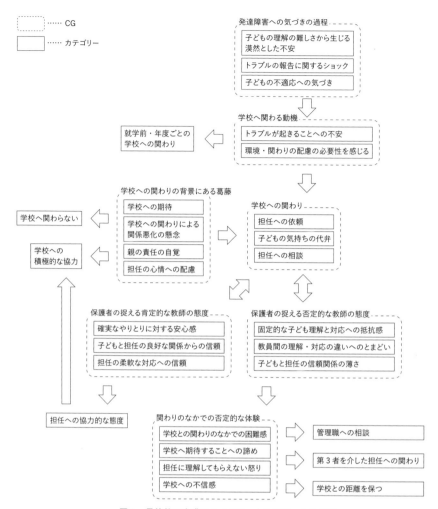

図1　最終的に生成されたCG・カテゴリーと具体例

動機や抱えやすい葛藤を理解することは，保護者の主体性をもった子どもの支援につながると考えられる。

また，本研究のデータからは，発達障害のある児童をもつ多くの保護者が，学校との関わりのなかで否定的な体験をしていたことが窺われた。三田村（2011）は，発達障害のある児童をもつ保護者の63.8％が，教師とのコミュニケーションに困難を感じた経験を持ち，また54.2％が「言いたいことが言えない」経験をしていると指摘をしている。平田（2015）は，発達障害のある児童をもつ保護者が学校と関わる中での否定的な体験は，保護者と担任の協働を阻害する要因となる可能性を指摘している。発達障害のある児童の多くの保護者がこのような否定的な体験をもつ現状を考えると，教師が本研究で得られた発達障害のある児童をもつ保護者の否定的な体験とそのプロセスの理解に努めることは保護者の学校への協力的な態度を形成するうえで重要と考えられる。

2　発達障害のある児童をもつ保護者の学校への関わりに影響する要因

次に，本研究から明らかになった発達障害のある児童をもつ保護者の学校への関わりに影響を与える要因のひとつとして，教師の態度に着目して考察を行う。

担任が子どもに応じた柔軟な対応を行っていると保護者が捉えることは，保護者の学校への協力的な態度と関連していた。一方担任が発達障害特性に関する行

動や配慮を甘えと捉え，自身の指導へのこだわりに関する語りも見られ，また担任が発達障害に関する知識や発達障害のある児童に関わった経験をもつ場合でも，子どもを障害名で一括りにして理解し，対応されることに対する保護者の抵抗感は強く見られた。つまり，保護者は固定的な子どもの理解と対応を行う担任の態度を否定的に捉え，その一方で，自身の指導・関わりのなかに保護者の意見や考えを柔軟に取り入れようとする教師の態度が，その後の保護者の担任に対する協力的な態度へとつながっていた。これは部分的，一面的な子どもの理解ではなく，より包括的・多面的に子どもを理解すること，そしてそれを保護者に伝えることの有用性を示していると考えられる。

本研究から考えられることとして，発達障害のある児童をもつ保護者が学童期を振り返った際に，担任を発達障害に関する知識と経験に拘わらず，肯定的・否定的に捉えていたことを示している。「子どもの障害について理解して欲しい」（三島・淵上，2011；宋他，2004）といった先行研究で挙げられていたニーズや要望に加えて，得られた新たな知見と考えられる。このことは，単純に教員の発達障害に関する知識や対応のスキル，経験の必要性を否定するものではない。しかし一方で発達障害のある児童をもつ保護者にとって，教員が発達障害に関する理解と同時に子どもの多面的，包括的に理解しようとする姿勢をもつことの重要性を示していると考えられた。

3 本研究のまとめと今後の課題

本研究の限界，今後の課題と展望について述べる。本研究の知見は，発達障害のある児童をもつ保護者が学校と関わるなかでの体験を保護者の語りから表現しており，学校が保護者との連携・協働を試みる際の一助となると考えられる。特に，本研究では，保護者の相談や要望を一側面からとらえるのではなく，相談や依頼に至るまでと，保護者の学校や教師の対応の認知とその後の体験をひとつのプロセスとして提示した。保護者の主体的な関わりが，学校や担任教師の対応をどのように捉えるかによって異なることを示唆した点は本研究のひとつの意義と考えられる。

最後に本研究の課題と限界を3点挙げる。1点目は調査対象者および調査データについてである。本研究で得られた知見は調査に協力が得られた対象から生成したモデルと仮説であるため，その影響を十分考慮する必要がある。例えば，学校への肯定的・否定的な想いを含めて，学校との関わりに何らかの問題意識をもっている調査協力者から得られたモデルであると考えられる。

2点目は，今回の研究では，理論的サンプリングにおいて，発達障害のある児童をもつ保護者に焦点をあてたものの，保護者自身の特性に関して検討を行っていない。例えば社交的な保護者や，コミュニケーションに苦手意識がある保護者など，当然保護者自身の特性により，学校への関わりに差異が生じることは推測される。また，対象とした児童の特性として，通常学級に在籍していることや，通級指導教室を活用している児童とその保護者が多かったこと，さらには医療機関や療育施設を通して調査協力者を募ったことなどから，支援や援助を受けるまでに至った調査協力者から得られた知見として認識する必要があると考えられる。

3点目は，データの収集方法として実際に子どもが小学校期にある保護者のみではなく，過去の体験の想起した語りを対象として分析しているという点である。このことにより，インタビュー実施時の子どもの適応状況や保護者と学校との関係性の影響を受けている可能性が考えられる。

また今後の展望として，保護者の視点からだけではなく教員の視点を検討することで発達障害児童をもつ保護者と学校のよりよい連携・協働について検討ができるだろう。

▶付記

調査にご協力頂いた保護者の皆様に深く感謝申し上げます。なお，本論文は九州大学人間環境学府へ提出した博士論文の一部を加筆・修正したものである。調査・執筆にあたりご指導賜りました福留留美先生（福岡女学院大学）に厚くお礼申し上げます。

▶文献

平田祐太朗（2015）．スクールカウンセラーのとらえる発達障害児童の保護者・教員間の協働に関する質的分析　臨床心理学, 15, 517-529.

石隈利紀（2009）．学校心理学　―教師・スクールカウンセラー・保護者のチームによる心理教育的援助サービス―　誠心書房　pp.277-295.

上村恵津子・石隈利紀（2000）．教師からのサポートの種類とそれに対する母親のとらえ方の関係　―特別な教育的ニーズを持つ子どもの母親に焦点をあてて―　教育心

原著論文

理学研究，48，284-293.
桑田左絵・神尾陽子（2004）．発達障害児をもつ親の障害受容過程 ―文献的検討から― 児童青年精神医学とその近接領域，45，325-343.
川喜田二郎（1967）．発想法 ―創造性の開発のために― 中央公論社
三田村仰（2011）．発達障害児の保護者・教師間コミュニケーションの実態調査 ―効果的な支援のための保護者による依頼と相談― 心理臨床科学（同志社大学心理臨床センター），1，35-43.
三田村仰・田中善太（2014）．発達障害児の保護者向け機能的アサーション・トレーニング ―相互作用を強調したロールプレイ・アセスメントによる追試的検討― 行動療法研究，40，105-114.
三島美砂・淵上克義（2011）．発達障がいやその母親への幼稚園・小中学校からの支援に関する質的研究 岡山大学大学院教育学研究科研究集録，148，61-68.
中田洋二郎（1995）．親の障害の認識と受容に関する考察 ―受容の段階説と慢性的悲哀― 早稲田心理学年報，27，83-92.
中田洋二郎（2009）．発達障害と家族支援家族にとっての障害とはなにか 学習研究社
能智正博（2000）．質的（定性的）研究法 下山晴彦（編）臨床心理学の技法 福村出版 pp.56-65.
奥住秀之（2009）．通常学級で学ぶ発達障害児の保護者からみた子どもの行動と特別の配慮 障害者問題研究，37，46-53.
瀬戸美奈子（2013）．子どもの援助に関する教師と保護者との連携における課題 三重大学教育学部紀要，64，233-237.
Strauss, A.L., & Corbin, J. (1998). *Basics of qualitative research : Techniques and procedures for developing grounded theory.* 2nd ed. New York : Sage Publications.（ストラウス，A.L.・コービン，J.，操 華子・森岡 崇（訳）（2004）．質的研究法の基礎 ―グラウンデッド・セオリー開発の技法と手順― 第2版 医学書院）
宋慧珍・伊藤良子・渡邉裕子（2004）．高機能自閉症・アスペルガー障害の子どもたちと親の支援ニーズに関する調査研究 東京学芸大学紀要1部門，55，325-333.
山根隆宏（2010）．高機能広汎性発達障害をもつ母親の診断告知時の感情体験 ―診断告知に至る状況との関連― 神戸大学大学院人間発達環境学研究科研究紀要，3，165-173.
山根隆宏（2011）．高機能広汎性発達障害児をもつ母親の診断告知時の感情体験と関連要因 特殊教育学研究，48，351-360.
柳澤亜希子（2014）．特別支援教育における教師と保護者の連携 ―保護者の役割と教師に求められる要件― 国立特別支援教育総合研究所研究紀要，41，77-87.
吉利宗久・林 幹士・大谷育美・来見佳典（2009）．発達障害のある子どもの保護者に対する支援の動向と実践的課題 岡山大学大学院教育学研究科研究集録，141，1-9.

What are the Guardians of Children with Developmental Disorders' Experiences with School Personnel?

Yutaro Hirata

Kagoshima University

The present study examined the experiences and interactions of guardians of children with developmental disorders with school personnel. Interviews were conducted with nine guardians, and interview data were analyzed using the grounded theory approach. The guardians were motivated to connect, talk, and interact with school personnel because they understood the children's developmental disorders and considered it necessary to understand their children's environment at school. Moreover, they were anxious about potential problems that their children may face. The guardians experienced several conflicts interacting with school personnel, including deterioration of relationships, expectations of the school, and parents' responsibility. It is important for school personnel to communicate with guardians as well as to understand the conflicts they experience in approaching school personnel and what is involved in that process. The results of the study suggest establishing a cooperative relationship between the guardians and the school personnel who have not only sufficient knowledge about and experience in working with children with developmental disorders, but also a comprehensive, multifaceted understanding of children, and to report that understanding.

Keywords : children with developmental disorders, guardian, elementary school, grounded theory approach

実践研究論文の投稿のお誘い

　『臨床心理学』誌の投稿欄は，臨床心理学における実践研究の発展を目指しています。一人でも多くの臨床家が研究活動に関わり，対象や臨床現場に合った多様な研究方法が開発・発展され，研究の質が高まることで，臨床心理学における「エビデンス」について活発な議論が展開されることを望んでいます。そして，研究から得られた知見が臨床家だけでなく，対人援助に関わる人たちの役に立ち，そして政策にも影響を与えるように社会的な有用性をもつことがさらに大きな目標になります。本誌投稿欄では，読者とともに臨床心理学の将来を作っていくための場となるように，数多くの優れた研究と実践の取り組みを紹介していきます。

　本誌投稿欄では，臨床心理学の実践活動に関わる論文の投稿を受け付けています。実践研究という場合，実践の場である臨床現場で集めたデータを対象としていること，実践活動そのものを対象としていること，実践活動に役立つ基礎的研究などを広く含みます。また，臨床心理学的介入の効果，プロセス，実践家の訓練と職業的成長，心理的支援活動のあり方など，臨床心理学実践のすべての側面を含みます。

　論文は，以下の5区分の種別を対象とします。

論文種別	規定枚数
①原著論文	40枚
②理論・研究法論文	40枚
③系統的事例研究論文	40枚
④展望・レビュー論文	40枚
⑤資料論文	20枚

　①「原著論文」と⑤「資料論文」は，系統的な方法に基づいた研究論文が対象となります。明確な研究計画を立てたうえで，心理学の研究方法に沿って実施された研究に基づいた論文です。新たに，臨床理論および研究方法を紹介する，②「理論・研究法論文」も投稿の対象として加えました。ここには，新たな臨床概念，介入技法，研究方法，訓練方法の紹介，論争となるトピックに関する検討が含まれます。理論家，臨床家，研究者，訓練者に刺激を与える実践と関連するテーマに関して具体例を通して解説する論文を広く含みます。④「展望・レビュー論文」は，テーマとなる事柄に関して，幅広く系統的な先行研究のレビューに基づいて論を展開し，重要な研究領域や臨床的問題を具体的に示すことが期待されます。

　③「系統的事例研究論文」については，単なる実施事例の報告ではなく，以下の基準を満たしていることが必要です。

①当該事例が選ばれた理由・意義が明確である，新たな知見を提供する，これまでの通説の反証となる，特異な事例として注目に値する，事例研究以外の方法では接近できない（または事例研究法によってはじめて接近が可能になる），などの根拠が明確である。
②適切な先行研究のレビューがなされており，研究の背景が明確に示される。
③データ収集および分析が系統的な方法に導かれており，その分析プロセスに関する信憑性が示される。
④できる限り，クライエントの改善に関して客観的な指標を示す。

　本誌投稿欄は，厳格な査読システムをとっています。査読委員長または編集副委員長が，投稿論文のテーマおよび方法からふさわしい査読者2名を指名し，それぞれが独立して査読を行います。査読者は，査読委員およびその分野において顕著な研究業績をもつ研究者に依頼します。投稿者の氏名，所属に関する情報は排除し，匿名性を維持し，独立性があり，公平で迅速な査読審査を目指しています。

　投稿論文で発表される研究は，投稿者の所属団体の倫理規定に基づいて，協力者・参加者のプライバシーと人権の保護に十分に配慮したうえで実施されたことを示してください。所属機関または研究実施機関において倫理審査，またはそれに代わる審査を受け，承認を受けていることを原則とします。

　本誌は，第9巻第1号より，基礎的な研究に加えて，臨床心理学にとどまらず，教育，発達実践，社会実践も含めた「従来の慣習にとらわれない発想」の論文の募集を始めました。このたび，より多くの方々から投稿していただけるように，さらに投稿論文の幅を広げました。世界的にエビデンスを重視する動きがあるなかで，さまざまな研究方法の可能性を検討し，研究対象も広げていくことが，日本においても急務です。そのために日本の実践家や研究者が，成果を発表する場所を作り，活発に議論できることを祈念しております。

（査読委員長：岩壁 茂）（2017年3月10日改訂）

新刊案内

Ψ金剛出版　〒112-0005　東京都文京区水道1-5-16　Tel. 03-3815-6661　Fax. 03-3818-6848
e-mail eigyo@kongoshuppan.co.jp　URL http://kongoshuppan.co.jp/

[新版]
大学生のこころのケア・ガイドブック
精神科と学生相談からの17章
［著］福田真也

悩める大学生のこころ模様に，ベテラン精神科医がぐぐっと斬り込む！ LGBT，留学生，障害学生支援，そして大学生活の定番テーマ（授業，サークル，奨学金・アルバイト，留年・休学，運転免許，ハラスメント）を論じた「大学生も楽じゃない」など，新たに4章を追加＋再編した2007年刊行初版の大幅改訂増補版。専門家も教職員も，保護者も学生本人も，気軽に読めて納得できる「大学生メンタルヘルスケア必携ガイド」。　本体3,000円＋税

青少年のための自尊心ワークブック
自信を高めて自分の目標を達成する
［著］リサ・M・シャープ
［訳］高橋祥友

ティーンエイジャー（青少年）が自尊心を育み，自己洞察を深めるための明解な40の対処法（スキル）を示す。読者は，ワークブック形式の本書を読み進めることで，健康な自尊心に関する結果指向の練習を進めることができる。こころの危機にある若者が，これからの人生を送るための重要かつ必要なスキルを身に付けるための懇切丁寧なセルフガイドブックであり，実際の臨床場面や学校現場ですぐに活用可能である。　本体2,800円＋税

友だち作りの科学
社会性に課題のある思春期・青年期のためのSSTガイドブック
［著］エリザベス・A・ローガソン
［監訳］辻井正次　山田智子

自閉スペクトラム症（ASD）や注意欠陥多動性障害（ADHD）などソーシャルスキルに課題を抱えている子どもや，診断は受けていないけれど友だち関係に困っている子どもが，友だちと上手につきあっていくためのプログラム「PEERS (Program for the Education and Enrichment of Relational Skills)」。アメリカUCLAの研究機関で開発されたPEERSを使って，親子で協力しながら友だち作りを実践するためのセルフヘルプ・ガイド。
　本体2,800円＋税

臨床心理学＊最新研究レポート シーズン3
THE NEWEST RESEARCH REPORT SEASON 3

第10回
認識された批判
現場の実践家のための研究知見のアップデート

Masland SR & Hooley JM (2015) Perceived criticism : A research update for clinical practitioners. Clinical Psychology : Science and Practice 22-3 ; 211-222.

三田村仰 *Takashi Mitamura*
[立命館大学総合心理学部]

I　予後不良・介入が奏功しないケースの存在

　すべてのクライエントに対し等しく効果的な介入を提供することは，私たち対人援助職者の目標ではあるが，この目標は研究レベルでも（おそらく）実践レベルでも未だ達成されてはいない。それでも，科学者と実践家は一人でも多くのクライエントに対し，より効果的な介入を提供するべく日々奮闘している。本稿で紹介する「認識された批判」概念は，通常の個人療法をおこなっただけでは介入が奏功しない，もしくは予後が不良となるケースを，日々の臨床現場で無理なく予測可能にしてくれる概念である。

　「認識された批判」の測定はほんの1項目によっておこなうことができる。クライエントに対し，「あなたの［重要な他者］は，あなたに対してどのくらい批判的だと思いますか？」という項目について，"全く批判的でない（1）" から "大変批判的である（10）" までの10件法で評定を求めるのだ（成瀬ほか，2017）。この尺度の得点が高いことは，通常の個人療法をおこなっただけでは介入が奏功しない，もしくは予後が不良となることを予測することがわかっている。

　本稿では，我が国の実践家にこの高い予測的妥当性をもつシンプルな尺度を活用してもらうべく，Masland & Hooley（2015）"Perceived criticism : A research update for clinical practitioners"（以下，標的論文）を土台に，「認識された批判（perceived criticism）」（以下，PC）概念を紹介する。

II　統合失調症患者の家族における「感情表出（EE）」の研究

　PCを理解するうえでまず知っておくべきは統合失調症におけるEE研究である。"expressed emotion（EE）" とは，精神障害を抱える患者に対して，その家族が示すある種の態度のことで，特に統合失調症患者の家族における高いEEが，その患者の予後を予測するという事実をもとに研究が始まった。EEでは，「批判的コメント」「敵意」「情緒的巻き込まれ」という3つの因子が高いほど，また「肯定的言及」「暖かさ」という2つの因子が低いほど，患者のネガティブな予後を予測する（Brown, 1985 ; Wearden et al., 2000）。EEの測定には，Camberwell family interviewやFive-minute speech sampleといった，面接を録音したうえで，特別な訓練を受けた者がそれを評定するという方法が用いられる。しかしこれらは

決して容易な手法ではなく，EE は有用でありながらも測定に大変な手間がかかるという課題を抱えていた。

III　認識された批判（PC）
——診断横断的な予測的妥当性を備えた指標

PC は，EE の簡便な測定方法を模索するなかから生まれた概念で（Hooley & Teasdale, 1989），重要な他者が自分に対してどの程度批判的であるかについての主観的な評価である。うつ病の入院患者を対象とした Hooley & Teasdale（1989）の研究によれば，評定された PC が 6 点以上だったうつ病患者は退院後 9 カ月以内に全員が再発し，反対に 2 点以下だったすべての患者は良好な状態を維持した（ちなみに PC は EE 以上に正確に予後を予測した）。さらに PC は，うつ病以外にも，物質使用，強迫症と広場恐怖，双極性障害，統合失調症において，介入の効果や予後を予測することが明らかにされており，診断横断的に予測的妥当性があるとされている（Renshaw, 2008）。

IV　認識された批判（PC）の本質と
　　そこからの示唆

標的論文によれば，測定された PC は評定者自身の受け取り方の要因（批判バイアス）と重要な他者から示される実際の態度（環境要因）という 2 つの側面をもつ。同時に，PC はその一方の側面のみから説明できるものではなく，単に何らかの症状の現れ（Renshaw, 2008）やそのときの感情状態に依存したものでもなければ（Gerlsma et al., 2014），純粋に他者からの批判の程度を反映するものではないことが指摘されている（e.g.：Hooley & Teasdale, 1989）。

この概念的なわかりにくさにもかかわらず，PC は高い予測的妥当性をもつことが複数の研究で実証されており，標的論文では，この高い予測的妥当性は，PC における他者からの批判を「一旦クライエントの認識を経由して」表出されるという性質に由来するものだと考察している。

そのうえで，標的論文では実践現場への示唆として，高い PC を示したクライエントに対しては，本人の同意を得て，家族に対する心理教育をおこなうことを提案している。一方で，PC をターゲットとして直接これに介入した研究がこの時点でないことを指摘し，今後の課題としている。

V　標的論文に対するコメント
——Miklowitz & Chambless（2015）

Miklowitz & Chambless（2015）は，高い PC が個人の側のバイアスなのか実際に受けた批判についての正確な反映なのかという点に焦点を当ててコメントしている。実際のところ，研究知見からも，高い PC はバイアスという側面と現実の批判という側面の双方を反映している。それを踏まえ，彼らは，臨床家が高い PC を単に，受け手の側のバイアスであるとして片付けてしまわないよう強調している。家族療法やカップルセラピーではなく，個人面接においてクライエントの内面（認知など）に焦点を当てる志向性の強い実践家にとっては，家族や他者からの視点を介入に含み込んだり，家族をセッションに招く方法はひとつの挑戦かもしれない。しかし，臨床家が高い PC のクライエントが置かれた対人的環境に対してきちんと注目しなければ，介入における PC の低減は期待できないだろう。これが彼らの主張であり，PC のもつ簡便かつ有用な特性を評価したうえで，実践現場での積極的な使用を促している。

VI　標的論文以降の動向
——家族焦点型セラピー（FFC）

標的論文が刊行されたのと同年，O'Brien et al.（2015）は母子 90 ペアの精神病性障害のハイリスク患者に対し，心理教育を中心とした介入をおこない，これにより PC が下がること，そして，この低減は陽性症状の軽減を予測することを示した。また，その 2 年後，Hooley & Miklowitz（2017）も，家族に焦点を当てた介入が，高い PC を示す青年に有効でありうることを事例によって示している。

これらいずれの研究においても介入手法として家族焦点型セラピー（family-focused treatment : FFT）（Miklowitz, 2010）が用いられている。FFTとは，統合失調症の家族を対象に作成されたプログラムをもとに，双極性障害に対して改変されたプログラムで，実際に双極性障害に対しその効果が実証的に認められている。FFTは家族への心理教育，コミュニケーション・トレーニング，問題解決スキル・トレーニングから構成される。すでに紹介したO'Brien et al.（2015）では，3セッションからなる家族への心理教育のみのプログラムと18セッションからなるFFT（つまり，コミュニケーションと問題解決に関するスキル・トレーニングを含む）の効果を比較している。その際，後者がより有効であろうという予測に反し，双方の効果に有意な差は見られず，O'Brien et al.（2015）は「家族に対する心理教育」というセラピーの共通要因がPCに影響を与えるのではないかと考察している。

VII まとめ——PC概念から考える実践家が目指すべき方向性

PC概念が臨床現場に訴えかけてくることは，FFTをはじめとする家族療法やカップルセラピー的なアプローチというオプションを用意しておくことの必要性であろう。このことは，統合失調症を抱えるクライエントの支援に限定されず，パニック症や強迫症をはじめとしたさまざまな問題に対する支援にも当てはまる。通常の介入がうまくいかないときには特にPCを測定し，家族などの重要な他者を取り込んだ介入の必要性を検討すべきであろう。また現時点において家族への心理教育が有効でありうることが示唆されてはいるが，より良い方法を模索しつづける必要もある。現場の実践家においては，受身的に研究の動向を待っていたのではいけない。PCの高いクライエントに対し，どのような介入の工夫によってセラピーを奏功させうるかについて事例研究を積み重ね，その情報を共有していくことが期待される。まさにこのことこそが，標的論文の著者たちの切なる思いであり，標的論文のタイトルの意味するところといえるだろう[注]。

▶追記

Perceived Criticism Measure日本語版についての問い合わせは，成瀬麻夕氏（mayunaru@tokyo-med.ac.jp）まで。

▶謝辞

貴重なコメントをくださった成瀬麻夕先生に心よりお礼申し上げます。

▶文献

Brown GW (1985) The discovery of expressed emotion : Induction or deduction? In : J Leff & C Vaughn (Eds.) Expressed Emotion in Families. New York : Guilford Press, pp.7-25.

Gerlsma C, de Ruiter NM & Kingma W (2014) Mood dependence of perceived criticism : A significant null finding. Psychiatry Research 220-3 ; 1102-1105.

Hooley JM & Miklowitz DJ (2017) Perceived criticism in the treatment of a high-risk adolescent. Journal of Clinical Psychology 73-5 ; 570-578.

Hooley JM & Teasdale JD (1989) Predictors of relapse in unipolar depressives : Expressed emotion, marital distress and perceived criticism. Journal of Abnormal Psychology 98-3 ; 229-235.

Masland SR & Hooley JM (2015) Perceived criticism : A research update for clinical practitioners. Clinical Psychology : Science and Practice 22-3 ; 211-222.

Miklowitz DJ (2010) Bipolar Disorder : A Family-Focused Treatment Approach. 2nd Edition. New York : Guilford Press.

Miklowitz DJ & Chambless DL (2015) Perceived criticism : Biased patients or hypercritical relatives?. Commentary on "Perceived criticism : A research

---

注）行動療法（行動分析学）的には，PCに関して次のように解釈することもできる。PCはそのクライエントにおいて重要な他者という刺激から引き出される刺激機能のひとつである。PCはクライエントの問題となる行動（従属変数）についての制御変数（独立変数）が，①重要な他者の振る舞いに影響している文脈および，②他者とクライエントとの相互作用の文脈（特に学習の歴史）に存在することを示唆する。したがって，介入においては，①その重要な他者の行動の変容を促す介入や，②その他者とクライエントとの間に新たな学習の歴史を積み上げるような介入が必要となる。

update for clinical practitioners". Clinical Psychology : Science and Practice 22-3 ; 223-226.

成瀬麻夕, 堀内聡, 坂野雄二 (2017) Perceived Criticism Measure 日本語版の信頼性と妥当性の検討. 認知療法研究 10 ; 39-44.

O'Brien MP, Miklowitz DJ & Cannon TD (2015) Decreases in perceived maternal criticism predict improvement in subthreshold psychotic symptoms in a randomized trial of family-focused therapy for individuals at clinical high risk for psychosis. Journal of Family Psychology 29-6 ; 945-951.

Renshaw KD (2008) The predictive, convergent and discriminant validity of perceived criticism : A review. Clinical Psychology Review 28-3 ; 521-534.

Wearden AJ, Tarrier N, Barrowclough C et al. (2000) A review of expressed emotion research in health care. Clinical Psychology Review 20-5 ; 633-666.

♫ 主題と変奏──臨床便り

第30回
森林セラピー

春日未歩子
［NPO森林セラピーソサエティ／株式会社グリーンドック］

「森林浴」が日本発症の言葉であることはご存知だろうか。「日光浴」「海水浴」という言葉のように，森林を浴びるという言葉が作られたのが1982年。その後，森林の心身への効果について研究を行い，2004年に科学的エビデンスに裏付けられた森林浴効果を「森林セラピー」®と名付けた。2008年にはNPO森林セラピーソサエティ（http://www.fo-society.jp/quarter/index.html）が設立され，現在は効果のある森として認定された基地が全国に62カ所あり，森を心身の健康向上のために活用する森林セラピストが631名活躍している。世界的にも「森林浴」は「SHINRIN-YOKU」として注目されている。

筆者は，労働者のメンタルヘルス不調による休職時のカウンセリングを行っている。関わりのなかで，過労からうつ病になっていく経過を聞けば聞くほど，自分の疲労状態を把握し，早めにケアできれば，うつ病を予防できただろう，と常々感じる。疲れは，何かしらの身体のサインとして出ているのだが，「〜しなければ」というスイッチが入ると，思考に囚われ，身体のサインがキャッチできなくなる。気が付けば出勤できないほど体調が悪化して，受診するしかない状況に陥り，薬物療法での治療だけでは回復までに時間がかかってしまう。

こうした過労によるうつ病を予防するには，まず自分の疲労に気が付くことが重要だと考え，5年前，山梨県山梨市に「保健農園ホテルフフ山梨」（http://fufuyamanashi.jp/）という自然環境を活用した心身の健康向上のための宿泊施設を立ち上げた。ホテル全体は，予防に重要な①睡眠リズム，②野菜中心の食事，③適度な運動，④感覚活用，⑤コミュニケーション，⑥リラクセーション，という6つの柱をもとに組み立てている。宿泊プランには，ヨガや坐禅などのさまざまなセルフケアプログラムがあり，自分の心身の状態に気づき，自分を大事にしようという気持ちを日常に持ち帰られるような内容となっている。さまざまなオプションプログラムも用意しているが，特に，自分や周囲へのコントロール欲求が強く，がんばり過ぎている方には，森林セラピーをお勧めしている。

森林セラピーでは，森林セラピストと一緒にゆっくり森を歩いていきながら，少しずつ五感を開いていく。たとえば，嗅覚は，感情につながる大脳辺縁系を刺激する。都心ではあまり使われていない嗅覚を，森の香りを使って活性化させると，いきいきとした感情がわいてくる。子どもの頃の，のびのびしていた自分を思い出し，本来の自分らしさを少しずつ取り戻していく様子がみられる。そして，森ではいろいろな生命が役割をもち，一緒に存在し，循環をつくり出していることに気が付くと，人もそのなかのひとつであり，自然とのつながりを感じることで，安心感につながっていく。さらに，森で横になる時間があるのだが，ベッドでは眠れない人が寝落ちしたり，ただただ涙がこぼれて気持ちが楽になったり，深いリラックスを味わえる。こうして2時間半を森で過ごして帰ってくると，若返って見えるほど表情がいきいきとしている。終了時の感想では，「疲れている自分に気が付いた」「もっと自分のことを大事にしようと思う」という言葉がよく聞かれている。

保健農園ホテルフフ山梨でメンタルヘルスに取り組んできて，都心のオフィスでのカウンセリングをしていた頃に比べ，自然のもつ癒しの力の大きさに，いつも驚き，感動している。人間がもともと持っているバランスを取ろうとする力が，自然環境に戻ることで同期され，治癒力が高まるのではないかと思う。ところで，カウンセラーという仕事につく人は，自分よりも誰かを優先してケアする傾向がある。今あなたは，最近の自分の疲れをキャッチできているだろうか？　この問いに，「あれ？」と思った方は，ぜひ身近にある森でリラックスする時間を取り，自分の疲れに気づき，癒してほしいと思う。

書評 BOOK REVIEW

伊集院清一［著］
空間と表象の精神病理

岩崎学術出版社・四六判上製
定価3,600円（税抜）
2017年6月刊

評者＝佐々木玲仁（九州大学大学院人間環境学研究院）

　本書は長年にわたり精神科医として臨床現場に携わり、また、風景構成法を中心とした絵画療法、芸術療法の研究や実践を行ってきた著者の論文集である。全体は11章からなり、各章のテーマは芸術、芸術療法、離人、大学空間での精神保健学的考察、書評と多岐にわたっている。しかし、第8章を除くとそのすべてに芸術／芸術療法、ことに絵画療法についての言及がなされており、また第8章も大学キャンパスの精神保健学的考察として次の9章に連なるものであるから、実質はさまざまなテーマについて絵画療法の視点から論じていることが本書を貫く柱と言っていいだろう。著者の前書『風景構成法──枠組みの中の心性』がタイトル通り風景構成法についての論が前面に押し出されているのに比べ、そのテーマ性は一歩奥に退き、より広い視野からの論考が行われた一冊である。

　著者自身はあとがきで本書の「目玉」を、SchieleやKlimtを中心とした画家の作品の病跡学的分析を行った第1章、持続的な離人症状という特徴的な状態像を示す患者との20年にわたる治療の経過を追った事例研究である第2章の2つの書き下ろしの章としているが、評者は自分自身の専門性からも、芸術療法そのものをテーマとして掲げた第4章（絵画療法の精神療法としての治療可能性）、第6章（拡大風景構成法──統合失調症における空間表象の病理を交えて）、第11章（21世紀の芸術療法・表現精神病理学に向けて）が興味深く感じられた。これらの章では、繰り返し述べられる、中井久夫のいう「投影的空間」と「構成的空間」の対比を土台として、芸術療法の骨法が論じられている。このなかでも著者の個性が強く発揮されているのは、やはり著者自身が開発した「拡大風景構成法」が詳細に論じられている第6章であろう。後に評者の研究の結果からも支持されているが、風景構成法では10のアイテムの後に描かれる「付加アイテム」としては、太陽と雲が描かれることが多い。その着目をきっかけとして、著者は風景構成法で風景を描いた後に用紙を替えて「空」と「星（または星空）」を描くことを求めるのが「拡大風景構成法」である。これは枠付けされた風景の外側に心的空間を「半開放」していく、つまり風景の外側に視野を拡大していく方法である。さらに著者はこの「拡大」を別の方向に拡充する。風景構成法を描いた後の描き手にやはりもう一枚の画用紙を渡し、「この風景のなかで気に入った部分を拡大して描いてみてください」という方法も導入するのである。これは、個々のアイテムの具象化の度合いが激しいあまりに全体を構成することができない描き手に対して行われる。

　著者はこの2つの「拡大」によって、一方ではすでに描かれた風景空間の外側に視野を「拡大」し、また一方ですでに描かれた風景空間の一部を「拡大」して視野を風景空間の一部に限定する。風景構成法のプロセスは大景群から近景群へと、おおむね「外側から内側へ」とアイテムが進んでいくが、この両者の拡大は風景構成法の外側よりも外側への拡大と、内側よりも内側への拡大の両方を含んでいると言える。

　このことは、映像表現における「引き」と「寄り」、すなわち対象から距離をとって広範囲を見渡すことと、対象への距離を詰めて部分を大写しにすることに対応する。つまり、拡大風景構成法の視点は、風景をさらに「引いて」みることと、風景の一部分に「寄って」みることに対応するということもできるのである。ここから、拡大風景構成法は風景を用紙平面上に拡大するというよりは、風景構成法空間と描き手の距離を詰めたり離したりという、風景空間に垂直な向きの軸を拡大したということができるだろう。これは中井久夫がたびたび引用するBalintのフィロバティズムとオクノフィリアの2つの指向性をより深める方向への拡張と見ることもできる。

　著者はこのように、この変法で、風景構成法空間を描画と描き手の距離感を顕在的に描画空間に持ち込

み，風景構成法の適用範囲を技法として拡張したと言うことができるだろう。

芸術療法そのものについてこの拡張の方向を時間軸の未来の方向に向けたのが，終章である第11章と言える。著者は，芸術療法がこれから進むべき方向性について，「国際的な文脈において，日本の芸術療法・表現精神病理学を位置づけるとすれば，歴史や風土に根差して日本の差異性を強調することも必要であろうし，同時に，その上に気づきうる非差異性を指向するアプローチもまた重要となるだろう」と述べている。そして，その研究者のとるべき具体的な行動を「国内の研究においては，日本の文化・歴史に規定されるであろうこうした特殊性について意識する機会は稀であるようにも思われる」としたうえで，「まず日本の風土や歴史に由来する差異性を明確にする作業を意識的に行」うことと，「海外の研究者たちにその差異性への理解を促した上で，非差異化された内容を浮き彫りにしていく」作業の療法が必要であるとも述べている。これは，拡大風景構成法が風景空間の限定的な一部拡大と，風景空間の枠の外への拡張をともに行うことと対応しているのは興味深い。多少強引かもしれないが，この章は，著者が，芸術療法が生き続けるためのとるべき，いわば「拡大芸術療法」の方向性を示していると考えると，非常に腑に落ちるものがある。芸術療法の研究者がアカデミックな方向性をもって研究を海外にも発表しようとするときに，当たり前のように投稿や学会発表を行うための場が共有されているとは言えない現在，芸術療法の研究者は自らその道を開拓しなければならない。そのときに必要なのが，「風景（芸術療法）の中で気に入った部分を拡大して描く」ことであり，「今の風景（芸術療法）の上の空や星を描く」ことであると考えると，何とも心躍る話ではないだろうか。

冒頭に述べた著者の前著と本書の関係もまた，芸術療法に「寄った」ものと「引いた」ものになっていると思われ，ここに著者の基本的な姿勢が表れていると言えるのではないだろうか。対象に寄るだけでも，対象から引くだけでもない自在な距離感がさまざまなレベルで提示されており，そのような構造込みで読むとさらに興味深い一冊であった。

日下紀子［著］
不在の臨床
——心理療法における孤独とかなしみ

創元社・A5判上製
定価3,000円（税抜）
2017年6月刊

評者＝祖父江典人（愛知教育大学大学院教育学研究科）

本書は，あたかも伝統工芸の職人が丹精込めて紡いだ，シックな織物のようである。私には，読みながら品のよい薄茶色の織物が連想された。その上質な織物は，日下紀子氏のことばの使い方の巧みさによって担保されている。言葉遣いは控えめだが，芯の一本通った誠実さに貫かれている。しかも，それでいて，女性的な柔らかさも感じさせるのである。

松木邦裕氏の「推薦の辞」に書かれているように，若い臨床家（おそらくは女性か）が「日下先生のようになりたい」と言うのも，至極頷けるところである。ただし，若い臨床家が気安くその言を発することのできるほど，日下氏への道のりは実は容易ではない。この織物の成り立ちには，日下氏の臨床家としてのたゆまぬ努力と苦闘の痕跡が刻まれているからである。日下氏とは直接の面識はないが，おそらくは臨床の地平を丹念に歩まれてきた方なのであろう。その足跡を前にして，「日下先生のようになりたい」というのは，あまりに無邪気である。

さて，本書はおそらくは日下氏の師である松木邦裕氏の著書『不在論』（創元社，2011）の思想を引き継いだ手引書と考えてよいだろう。松木「不在論」がどちらかと言えば理論的なものだとすれば，日下「不在論」は初学者にもわかりやすい臨床版とみなすことができる。ここにも美しい師弟関係（というより父娘関係？）によって継承された一大織物を見ることができる。

日下氏は「不在」へのアプローチとして，「現代社会に見られる対象の不在」という，わかりやすい切り口から始め，「母子関係に見る不在」から，「セラピストのこころの機能」や「セラピストの外的・内的不在」などの，セラピーに内在する「不在」の本質へと歩を進めていく。「セラピストの外的・内的不在」を論じた「往還するものと二重性なるもの」の篇では，日下氏自身の4つの実践例を素材に，「不在」の内奥にあ

る哀しみや苦痛に出会うことにより，逆説的に「在」の実感が蘇る様を描き出している。弟子が師の「不在論」の肝を初学者にもわかりやすく臨床的に描写している美しさが眩しい。

本書の一貫したテーマは，対象の不在の認識による抑うつポジションの通過だが，そこに至るまでに必要とされる「負の能力」「わからないことに持ちこたえること」「待つことの意味」などの概念が，臨床家ならではの経験に裏打ちされて，初学者にもわかりやすい導きの糸となっている。まさに理論と実践の「往還」が「二重なるもの」として本書を貫いている。

このように本書は臨床の織物として完成しており，日下氏の抑うつ的で繊細なこころの襞によって，読者は確実に抑うつポジションの境地に誘われるであろう。

ところで時代は自己喪失の時代に向かっているように思われる。分離が乳房の喪失をもたらすばかりでなく，乳房を吸う口の喪失までももたらされる患者群の登場が，それを示す。それらの患者たちは，日下氏の挙げた臨床素材よりも，さらに自己の存在感の手応えは希薄だ。いわゆる自閉隣接の境域の患者たちである。日下氏は，それら存在感の希薄な感覚水準の患者たちに対しては，どんな情動的な織物を紡ぎあげてくれるのだろうか。次回作も楽しみである。

本書は，心理臨床を情動的に学び研鑽したいものには，必読の書である。

三田村仰［著］
はじめてまなぶ行動療法

金剛出版・A5判並製
定価3,200円（税抜）
2017年8月刊

評者＝**斎藤清二**（立命館大学総合心理学部）

『はじめてまなぶ行動療法』という手軽な入門書を連想させるタイトルと，可愛らしいイラストを散りばめた表紙から，読者が思わず手に取りたくなる仕掛けが本書には施されている。しかし本書はとてもそんなレベルの本ではない。もちろん難解な専門用語が無原則に散りばめられているような本でもない。まさに行動療法を"はじめて"本格的に学びたい人のための，包括的で，実に理解しやすく，痒いところに手が届くような親切な教科書である。

本書の記述はとてもバランスのとれたものである。冒頭の第1章で行動療法の全体像が提示され，特に方法論的行動主義と徹底的行動主義が対比的かつ具体的に説明される。その適切な行動療法的世界の俯瞰図の上で，行動療法を支える基本理論である学習心理学，古典的条件づけのわかりやすい解説が展開し，そこから章を追うごとに，オペラント条件づけ，シェイピング，機能分析，曝露反応妨害法などの基本的な概念と技法が説明されていく。第9章以降では，言語行動に焦点が当てられ，ルール支配行動，関係フレームづけを経て，いよいよ本書の中核である臨床行動分析へと読者は丁寧に導かれていく。

読者を先導するのは，最初問題行動のエピソードの事例として登場し，次第に微笑ましくも逞しく一人の心理治療者への道を歩み続ける主人公となる太郎君（おそらく著者の分身なのだろう）である。この一貫性のある物語を用いた記述法も親しみやすく，本書が読者を惹きつけて離さない仕掛けの一翼を担っている。

著者が心酔しているHayes SCの言葉を借りれば，「行動療法とは技法の集まりではない。むしろ，それは行動的な哲学，概念，方法論の用語によって，組織立てられ，説明され，評価される心理療法の一アプローチである［…］それゆえ，"精神力動的"，"ゲシュタルト療法的"，もしくはいかなる他の技法のセットさえも（それを満たしたならば）行動療法の一部と成りうる」(Hayes, 1987)。本書で著者が描き出している"行動療法"はまさにこの哲学，概念，方法論などの複数の次元を包括する一つのパラダイムとしての行動療法である。

公認心理師制度の発足により，本邦の臨床心理学の世界は大きな転換期を迎えている。6年後を見据え，学部と大学院での包括的な学びを得るべき心理学徒にどのような「臨床心理学」が教育されるべきかについての議論は十分ではない。学習心理学も条件づけ理論も学んでいない心理専門職は今後はいなくなる。しかし一方で，「要素的実在主義」一辺倒の"これまでの行動主義"を受け入れがたいと感じている専門職の候補生たちが存在していることもまた事実である。科学的な心理学と複雑で多義的な臨床実践を架橋し，相互浸透を可能にするようなパラダイムこそが求められているのである。そのような観点からも，本書の真の意

義は，機能的文脈主義にその到達点を見出す，"いかなる他の技法とも相互浸透関係を取りうるような行動療法論"を示すことで，臨床心理学の世界に住することになる全ての人が利用できる共有地を切り開くところにあるのだろう。

▶ 文献

Hayes SC (1987) A contextual approach to therapeutics change. In : NS Jacobson (Ed.) Psychotherapists in Clinical Practice : Cognitive and Behavioral Perspectives. Guilford Press, pp.327-387.

門本 泉・嶋田洋徳［編著］
性犯罪者への治療的・教育的アプローチ

金剛出版・A5判上製
定価4,200円（税抜）
2017年9月刊

評者＝横山仁美（滋賀刑務所処遇部企画部門）

　本書は，刑務所で行われている性犯罪者処遇プログラムに関する本である。いわゆる「塀の中」で，誰がどのように性犯罪者を理解し，そして再犯防止に向けたかかわりを実践しているのかについて，誠実に報告されている。「誠実に」と書いたのは，「こうすれば良い」とか「こんな方法できっとうまくいく」といった明るい道筋が示されているのでもなければ，理路整然ときれいにまとめられた成果報告でもない，という意味においてである。編著者総勢18名の執筆者が，ここぞとばかり思いの丈をぶつけた，というのは言い過ぎであるが，それぞれの立場・視点から持てる力を存分に発揮しつつ，性犯罪者処遇にかかわる自らを叱咤激励するかのようにエネルギーを注いだ跡が随所に感じられ，熱い。

　まずはこの「治療的・教育的」というタイトルに興味を引かれる。並列された意図について特に言及されてはいないが，単純化すれば，刑務所では心理職・教育職が中心となってプログラムを実施していること，その他のさまざまな立場の人間も結び付くことで，より効果的なプログラム実施が可能になるということが本書を通じて読み取れる。そして裏を返せば，性犯罪者はそうした幅広い複層的な働きかけを必要としている人たちと考えることもできる。他の犯罪者との比較ではないものの，性犯罪者のパーソナリティの多様性に触れるなかで，「受刑態度は概して良い」「一見すると情緒的に安定している」といったおそらく一般的にはほとんど知られていないレビューがあり，その表向きの在りようと犯罪事実とのギャップを理解してかかわることが最大のポイントであり，かつ，難しさのようである。

　もうひとつ，上記プログラムは認知行動療法をベースに据えながら，それが集団（グループ）で行われているという点に注目したい。理論的背景が第1部（概論・基礎篇）で述べられたうえで，第2部（各論・実践篇）では，「性犯罪者のグループワーク」として4つの章が当てられている。ここに刑務所特有の枠組みや困難について最も色濃く書かれていると思われるが，冒頭にも記したように，どれが正しいとかそうでないといった議論よりも，グループを担当する者の覚悟や葛藤が，責任感と共に真摯に伝わってくる。このような担当者との出会いがあるからこそ，対象者も安心・安全な場で自分の考えや気持ちを表現するようになり，再犯防止という目的に向けて協働する力を得るのではないかと，あらためて気付かせてくれる。

　と，ここまで書いて再度本書の「はじめに」を読み返してみると，編者がまさに「（現場の知を）誠実に書き起こした」と記しており，評者はそのメッセージをそのまま受け止めたことになる。それは評者自身が刑務所で勤務する心理職であり，内情を知っているだけに読みやすかったからかもしれない。しかし，あえて「塀の外」に出ることで処遇の知識と技能をさらに高めていきたいとする本書の目的に純粋に感銘し，また，読み終えた今，本書自体がひとつのグループとして機能しているかのような面白さを味わった。たくさんの人との出会いを，この本は待っている。

書評

境 泉洋 [編著]
地域におけるひきこもり支援ガイドブック
——長期高年齢化による生活困窮を防ぐ

金剛出版・A5判並製
定価3,200円（税抜）
2017年10月刊

評者＝齊藤万比古（恩賜財団母子愛育会愛育研究所）

　境泉洋氏の編集による本書は，KHJ全国ひきこもり家族会連合会の活動を支援し関与する専門家によって著わされた，ひきこもりの評価と支援に関するガイドブックである。評者は，家族会連合会が「KHJ全国引きこもり親の会（連合会）」とまだ名乗っていた2010年開催の同会第6回東京大会で，創設者の一人である奥山雅久氏と出会い，癌を患いながらもしっかりと未来を見据える透明感の高い佇まいに感動したことを回想しながら，本書はあの時の奥山氏が未来へ託した願いの結晶のひとつなのだと感じている。

　ガイドブックである本書がひきこもりをどのような現象として規定しているのか気になるところであるが，ひきこもりの心理，ひきこもりを生む社会，背景にある医学的問題という観点からとらえようとする第1章の記述は，いまひとつ明確な像を結んでいないことが気になった。また，図1〜2のひきこもり当事者が抱える精神疾患の集計図は，「発達障害」が7％とこれまで言われてきた数字に比べ，あまりに少ない数字であることにも戸惑いを感じずにはいられなかった。以上は評者が本書で感じた2つの疑問であるが，それを除けば本書がさまざまな輝きを持つアイディアや指針にあふれていることに間違いはない。

　第1章で取り上げているひきこもり当事者の両親の高齢化や，それ故の親支援の重要性の指摘は，現在のひきこもり支援の大きな課題を示唆し，その支援の必要性と喫緊性を示している。第2章は個々の当事者のひきこもり特性を評価するアセスメントについて述べた章で，5種の親用評価尺度が示され，これらのプロフィールを得ることで，親支援とそれを介した当事者支援を具体的に組み立てることが可能になるとされる。直感的ではない論理的な評価に基づいた親と当事者への支援の構築という観点は，ひきこもり支援に明確な指針を与えてくれることだろう。

　第3章以降は支援法を検討し提案する章となっており，支援プランに基づくアウトリーチが第3章で，家庭訪問，電話相談，インターネットを用いた相談，相談室等での本人支援，居場所が第4章で，就労支援が第6章で解説されている。これらの支援法はいずれもひきこもり当事者と長年関わり続ける親の経験に寄り添った観点から書かれており，その視線は温かい。特に評者の印象に残った記述は，第4章の本人支援に関する「人が育っていく緩慢な過程に伴走する」という表現である。ひきこもり者が支援者と出会い，心を開き，自己の生き方に挑戦する気持ちになっていく道程は，前進しては壁にぶつかり，後退しては勇気を奮い起こし，再び前進しようとするという反復的過程となるのが普通である。その間その過程の意義を見失うことなく当事者も親も歩き続けられるように力を尽くすこと，それが支援なのだと評者も日頃考えており，この言葉に強い共感を覚えた。また，第5章の「地域作り」という考え方を読むと，それはひきこもり当事者とその家族の支援にとどまらず，さまざまな経済的困窮者への支援，児童虐待への対応，そして単親家族の子育て支援などさまざまな社会的支援を必要とする住民と共生する地域社会作りへとつながっていかねばならないというメッセージと感じた。本書は，今世紀に入って厚労省から公開された2000年と2010年の2種類のひきこもりに関するガイドラインによるひきこもり支援についての提案を踏まえ，もっと先へ進んでいこうとする具体的取り組みの現在の到達点を教えてくれる良書である。

投稿規定

1. 投稿論文は、臨床心理学をはじめとする実践に関わる心理学の研究における独創的で未発表のものに限ります。基礎研究であっても臨床実践に関するものであれば投稿可能です。投稿に資格は問いません。他誌に掲載されたもの、投稿中のもの、あるいはホームページなどに収載および収載予定のものはご遠慮ください。

2. 論文は「原著論文」「理論・研究法論文」「系統的事例研究論文」「展望・レビュー論文」「資料論文」の各欄に掲載されます。「原著論文」「理論・研究法論文」「系統的事例研究論文」「展望・レビュー論文」は、原則として400字詰原稿用紙で40枚以内、「資料論文」は、20枚以内でお書きください。

3. 「原著論文」「系統的事例研究論文」「資料論文」の元となった研究は、投稿者の所属機関において倫理的承認を受け、それに基づいて研究が実施されたことを示すことが条件となります。本文においてお示しください。倫理審査に関わる委員会が所属機関にない場合、インフォームド・コンセントをはじめ、倫理的配慮について具体的に本文でお示しください。

★ 原著論文:新奇性、独創性があり、系統的な方法に基づいて実施された研究論文。問題と目的、方法、結果、考察、結論で構成される。質的研究、量的研究を問わない。

★ 理論・研究法論文:新たな臨床概念や介入法、訓練法、研究方法、論争となるトピックやテーマに関する論文。臨床事例や研究事例を提示する場合、例解が目的となり、事例の全容を示すことは必要とされない。見出しや構成や各論文によって異なるが、臨床的インプリケーションおよび研究への示唆の両方を含み、研究と実践を橋渡しするもので、着想の可能性およびその限界・課題点についても示す。

★ 系統的事例研究論文:著者の自験例の報告にとどまらず、方法の系統性と客観性、および事例の文脈について明確に示し、エビデンスとしての側面に着目した事例研究。以下の点について着目し、方法的工夫が求められる。
①事例を選択した根拠が明確に示されている。
②介入や支援の効果とプロセスに関して尺度を用いるなど、可能な限り客観的な指標を示す。
③臨床家の記憶だけでなく、録音録画媒体などのより客観的な記録をもとに面接内容の検討を行っている、また複数のデータ源(録音、尺度、インタビュー、描画、など)を用いる、複数の研究者がデータ分析に取り組む、などのトライアンギュレーションを用いる。
④データの分析において質的研究の手法などを取り入れ、その系統性を確保している。
⑤介入の方針と目的、アプローチ、ケースフォーミュレーション、治療関係の持ち方など、介入とその文脈について具体的に示されている。
⑥検討される理論・臨床概念が明確であり、先行研究のレビューがある。
⑦事例から得られた知見の転用可能性を示すため、事例の文脈を具体的に示す。

★ 展望・レビュー論文:テーマとする事柄に関して、幅広く系統的な先行研究のレビューに基づいて論を展開し、重要な研究領域や臨床的問題を具体的に示す。

★ 資料論文:新しい知見や提案、貴重な実践の報告などを含む。

4. 「原著論文」「理論または研究方法論に関する論文」「系統的事例研究論文」「展望・レビュー論文」には、日本語(400字以内)の論文要約を入れてください。また、英語の専門家の校閲を受けた英語の論文要約(180語以内)も必要です。「資料」に論文要約は必要ありません。

5. 原則として、ワードプロセッサーを使用し、原稿の冒頭に400字詰原稿用紙に換算した枚数を明記し、必ず頁番号をつけてください。

6. 著者は5人までとし、それ以上の場合、脚注のみの表記になります。

7. 論文の第1枚目に、論文の種類、表題、著者名、所属、キーワード(5個以内)、英文表題、英文著者名、英文所属、英文キーワード、および連絡先を記載してください。

8. 新かなづかい、常用漢字を用いてください。数字は算用数字を使い、年号は西暦を用いること。

9. 外国の人名、地名などの固有名詞は、原則として原語を用いてください。

10. 本文中に文献を引用した場合は、「…(Bion, 1948)…」「…(河合, 1998)…」のように記述してください。1)2)のような引用番号は付さないこと。
2名の著者による文献の場合は、引用するごとに両著者の姓を記述してください。その際、日本語文献では「・」、欧文文献では '&' で結ぶこと。
3名以上の著者による文献の場合は、初出時に全著者の姓を記述してください。以降は筆頭著者の姓のみを書き、他の著者は、日本語文献では「他」、欧文文献では 'et al.' とすること。

11. 文献は規定枚数に含まれます。アルファベット順に表記してください。誌名は略称を用いず表記すること。文献の記載例については当社ホームページ(http://kongoshuppan.co.jp/)をご覧ください。

12. 図表は、1枚ごとに作成して、挿入箇所を本文に指定してください。図表類はその大きさを本文に換算して字数に算入してください。

13. 原稿の採否は、『臨床心理学』査読委員会が決定します。また受理後、編集方針により、加筆、削除を求めることがあります。

14. 図表、写真などでカラー印刷が必要な場合は、著者負担となります。

15. 印刷組み上がり頁数が10頁を超えるものは、印刷実費を著者に負担していただきます。

16. 日本語以外で書かれた論文は受け付けません。図表も日本語で作成してください。

17. 実践的の研究を実施する際に、倫理事項を遵守されるよう希望します(詳細は当社ホームページ(http://www.kongoshuppan.co.jp/)をご覧ください)。

18. 掲載後、論文のPDFファイルをお送りします。紙媒体の別刷が必要な場合は有料とします。

19. 掲載論文を電子媒体等に転載する際の二次使用権については当社が保留させていただきます。

20. 論文は、金剛出版「臨床心理学」編集部宛に電子メールにて送付してください(rinshin@kongoshuppan.co.jp)。ご不明な点は編集部までお問い合わせください。

(2017年3月10日改訂)

編集後記 Editor's Postscript

　特集「発達的視点を活かす」はいかがでしたでしょうか。この特集に寄せられた各論をつぶさに拝見しつつ，いろいろ考えさせられました。それぞれが臨床体験に裏打ちされた，理論的にも整合性のある熟達した論考ばかりで，大きな手ごたえがありました。発達を動かす原動力とはどういうものでしょうか。人をとらえる基本的な視点が問われると感じます。発達への視点をとることは，生命の働きそのものに迫ることだと思います。病や障害の回復過程，リハビリの最中において，そして心理支援のそれぞれの局面で，生命の動きが感受される目を養いたいものです。

　心理職の制度的位置づけがなされ，心理職の専門性や実習訓練のあり方が大きな課題となっています。発達と心理臨床が交差領域を作っていくことが，今こそ求められています。本特集はそのひとつの試みです。関係する多くの方々のご意見をおうかがいできればと思います。

　この特集について，企画から編集にいたる精密な作業をすべてこなされた藤井裕二さんと，金剛出版編集部の方々には，あらためてお礼を申し上げます。

（森岡正芳）

!編集委員（五十音順）……… 石垣琢麿（東京大学）／岩壁 茂（お茶の水女子大学）／川島ゆか（府中刑務所）／熊谷晋一郎（東京大学）／黒木俊秀（九州大学）／境 泉洋（徳島大学）／橋本和明（花園大学）／妙木浩之（東京国際大学）／村瀬嘉代子（大正大学）／森岡正芳（立命館大学）

!編集同人（五十音順）　伊藤良子／乾 吉佑／氏原 寛／大塚義孝／大野博之／岡 昌之／岡田康伸／神村栄一／亀口憲治／河合俊雄／岸本寛史／北山 修／倉光 修／小谷英文／下山晴彦／進藤義夫／滝口俊子／武田 建／田嶌誠一／鑢幹八郎／田中康雄／田畑 治／津川律子／鶴 光代／成田善弘／成瀬悟策／長谷川啓三／馬場禮子／針塚 進／東山紘久／平木典子／弘中正美／藤岡淳子／藤原勝紀／松木邦裕／溝口純二／村山正治／山上敏子／山下一夫／山田 均／山中康裕／吉川 悟

!査読委員（五十音順）　岩壁 茂（査読委員長）／安田節之（査読副委員長）／相澤直樹／青木佐奈枝／石井秀宗／石丸径一郎／石盛真徳／伊藤正哉／梅垣佑介／大対香奈子／金子周平／坂爪洋美／末木 新／能智正博／野村理朗／別府 哲／松嶋秀明／本岡寛子／山口智子／山根隆宏／湯川進太郎

臨床心理学　第18巻第2号（通巻104号）

発行＝2018年3月10日
定価（本体1,600円＋税）／年間購読料12,000円＋税（増刊含／送料不要）

発行所＝（株）金剛出版／発行人＝立石正信／編集人＝藤井裕二
〒112-0005　東京都文京区水道1-5-16
Tel. 03-3815-6661／Fax. 03-3818-6848／振替口座 00120-6-34848
e-mail　rinshin@kongoshuppan.co.jp（編集）　eigyo@kongoshuppan.co.jp（営業）
URL　http://www.kongoshuppan.co.jp/

装幀＝岩瀬 聡
印刷＝太平印刷社／製本＝井上製本

● ストレスチェック制度をはじめとする法改正に対応した待望の新訂版

〔新訂版〕
職場のメンタルヘルス100のレシピ

大西 守・廣 尚典・市川佳居 編　　　　A5判・264頁　本体 2,800円＋税

日常業務の疑問や悩みの解消・解決の糸口を、100項目のQ&Aで提供する。各項目のキーワードでポイントがわかる。メンタルヘルス活動担当者、産業保健スタッフに役立つ実用書。全国の支援センターや相談窓口なども掲載。

● カウンセリングの知識や心構えを実践で発揮するために
心理カウンセリング 実践ガイドブック
面接場面に大切な7つのプロセス

福島脩美 著　　　　A5判・272頁　本体 2,800円＋税

カウンセラーとクライエントの出会いから別れまでのかかわりあいを有効なカウンセリング関係へと結実させる技量とは。面接のプロセスごとにふまえておきたいことがらを総点検できる、実践のための基本書。

● 現代社会に適応する新たな自己モデル「多元的循環自己」の提唱
多元的自己の心理学
これからの時代の自己形成を考える

杉浦 健著　　　　A5判・200頁　本体 2,700円＋税

本書で提唱する新しい自己モデルから、自己理解が深まり、よりよい生き方が見えてくる。アイデンティティ形成やセルフコントロール、教育のあり方、キャリア形成についても提言。

● 明日から使える！わかりやすい体験学習の実践書
Off-JTに活用する 人間関係づくりトレーニング

星野欣生 監修／船木幸弘 著　　　　B5判・184頁　本体 2,300円＋税

7つのキーワードを通してわかりやすく人間関係づくりを学びます。個人でもグループでも活用できる14のエクササイズを体験学習のプロが厳選して紹介。明日から使え、明るく楽しい職場づくりに欠かせない1冊。

子どものADHDとその関連症状を評価する質問紙

Conners 3® 日本語版 DSM-5対応

C. Keith Conners 原著
田中康雄 訳・構成

DSM-5に準拠した最新版登場！

6〜18歳の児童・生徒を対象に、注意欠如・多動症（ADHD）およびADHDと関連性の高い問題や障害を評価します。

※Conners 3®日本語版は一定の要件を満たしている方が購入・実施できます。
詳細は金子書房ホームページ（http://www.kanekoshobo.co.jp）でご確認ください。

自閉症スペクトラム（ASD）評価のための半構造化観察検査

ADOS-2 日本語版
[自閉症診断観察検査 第2版]

モジュール1-4: C.Lord, M.Rutter, P.C.DiLavore, S.Risi, K.Gotham, & S.L.Bishop
乳幼児モジュール: C.Lord, R.J.Luyster, K.Gotham, & W.Guthrie　原著
黒田美保・稲田尚子　監修／監訳

関連ワークショップも開催！

検査用具や質問項目を用いてASDの評価に関連する行動を観察する半構造化アセスメント。発話のない乳幼児から、知的な遅れのない高機能のASD成人までを対象に、年齢と言語水準別の5つのモジュールで結果を数量的に段階評価できます。

〈写真はイメージです〉

※ADOS-2日本語版は一定の要件を満たしている方が購入・実施できます。詳細は金子書房ホームページ（http://www.kanekoshobo.co.jp）でご確認ください。

〒112-0012 東京都文京区大塚3-3-7　　**K 金子書房**　　URL http://www.kanekoshobo.co.jp
TEL 03(3941)0111　FAX03(3941)0163

聴くと聞こえる on Listening 1950-2017

谷川俊太郎著　定価（本体 1,800 円＋税）

故・河合隼雄氏は谷川俊太郎の作品「みみをすます」をカウンセラーのための詩であると絶賛した。初期の作品から本書のための書き下ろしまで、60年を越える詩業から選び抜かれた46の詩と文章が、言い交す声に、川の瀬音に、弦の調べに、静けさに耳をすますことを勧め、時には自分の耳を信じるなと警告する。

今こそたましいの耳をすますとき

自己愛的な人たち

岡野憲一郎著
定価（本体 1,600 円＋税）

身近にもいる、周りを振り回す病的な自己愛（ナル）人間の心の深層を探る。自らがそうならないためにもおすすめの本。

週一回サイコセラピー序説
精神分析からの贈り物

北山修監修／髙野晶編著
定価（本体 2,800 円＋税）

現在の心理療法は「週一」で設定されることが多いが、それは妥当なのか？　実際の心理面接の力動を踏まえながら多角的に検討する。

ユング派精神療法の実践
西洋人との夢分析の一事例を中心として

武野俊弥著
定価（本体 2,200 円＋税）

人間存在を総合的に理解しようとしたC・G・ユングの考え方をもとに、自らの夢分析の実践事例のプロセスを丹念にたどる。

心理療法の未来
その自己展開と終焉について

田中康裕著
定価（本体 2,600 円＋税）

ポストモダンの時代においてもはや成立しがたい状況に直面している心理療法というプロジェクトの今日の在り方を根底から問う。

3つの自分で人づきあいがラクになる
エゴグラムで見える本当の私

杉田峰康著　定価（本体 1,400 円＋税）

こじれる人間関係のからくりと科学的な解決策を紹介。

こころの臨床セミナー BOOK
無心の対話
精神分析フィロソフィア

西平直、松木邦裕著　定価（本体 2,700 円＋税）

哲学者と精神分析家による稀代の異種ダイアローグ。

赤の書 [図版版]

C・G・ユング著
定価（本体 5,000 円＋税）

テキスト版と同じハンディーなサイズ・仕様で、オリジナル版『赤の書』の図版のみをオールカラーで収録したコンパクト版。ユングによる色彩豊かなイメージの数々を手軽に参照できる。テキスト版とセットで、オリジナル版の内容全体をカバーする。

赤の書 [テキスト版]

C・G・ユング著／S・シャムダサーニ編
河合俊雄監訳　定価（本体 4,500 円＋税）

オリジナル版『赤の書』からテキスト部分のみを取り出した、より読書に適した普及版。

〒541-0047　大阪市中央区淡路町 4-3-6
Tel.06-6231-9010 Fax.06-6233-3111

創元社
http://www.sogensha.co.jp/

〒101-0051　東京都千代田区神田神保町 1-2
田辺ビル　Tel.03-6811-0662

「公認心理師の基礎と実践」シリーズ

野島一彦（九州大学名誉教授）・**繁桝算男**（東京大学名誉教授） 監修

各巻　価格 2,000 円～ 2,800 円（税別・予価）　**2018 年 3 月刊行開始**

① 公認心理師の職責……野島一彦
② 心理学概論……繁桝算男
③ 臨床心理学概論……野島一彦・岡村達也（文教大学）
④ 心理学研究法……村井潤一郎（文京学院大学）・藤川　麗（駒沢女子大学）
⑤ 心理学統計法……繁桝算男・山田剛史（岡山大学）
⑥ 心理学実験……山口真美（中央大学）・金沢　創（日本女子大）・河原純一郎（北海道大学）
⑦ 知覚・認知心理学……箱田裕司（京都女子大学）
⑧ 学習・言語心理学……楠見　孝（京都大学）
⑨ 感情・人格心理学……杉浦義典（広島大学）
⑩ 神経・生理心理学……梅田　聡（慶応義塾大学）
⑪ 社会・集団・家族心理学……竹村和久（早稲田大学）
⑫ 発達心理学……本郷一夫（東北大学）
⑬ 障害者・障害児心理学……柘植雅義（筑波大学）・野口和人（東北大学）・石倉健二（兵庫教育大学）・本田秀夫（信州大学）
⑭ 心理的アセスメント……津川律子（日本大学）・遠藤裕乃（兵庫教育大学）
⑮ 心理学的支援法……大山泰宏（放送大学）
⑯ 健康・医療心理学……丹野義彦（東京大学）
⑰ 福祉心理学……中島健一（愛知学院大学）
⑱ 教育・学校心理学……石隈利紀（東京成徳大学）
⑲ 司法・犯罪心理学……岡本吉生（日本女子大学）
⑳ 産業・組織心理学……新田泰生（神奈川大学）
㉑ 人体の構造と機能及び疾病……北村　聖（国際医療福祉大学）・佐伯由香（愛媛大学）
㉒ 精神疾患とその治療……神庭重信・加藤隆弘（九州大学）
㉓ 関係行政論……元永拓郎（帝京大学）

- 公認心理師養成カリキュラムに沿った内容
- 心理学およびその周辺領域の知識を網羅
- 最良の編者と執筆陣をセレクト
- 基礎心理学と臨床心理学のバランスを重視
- A5 版　ソフトカバー　平均 200 頁
- 詳細は小社 HP をご覧ください

臨床アドラー心理学のすすめ
セラピストの基本姿勢からの実践の応用まで
八巻　秀・深沢孝之・鈴木義也著
ブーム以前から地道にアドラー心理学を臨床に取り入れてきた 3 人の臨床家によって書かれた，対人支援の実践書。アドラーの知見を取り入れることでスキルアップ間違いナシ。2,000 円，四六並

読んでわかる やって身につく
解決志向リハーサルブック
面接と対人援助の技術・基礎から上級まで
龍島秀広・阿部幸弘・相場幸子ほか著
解決志向アプローチの「超」入門書。わかりやすい解説＋盛り沢山のやってみる系ワークで，1 人でも 2 人でも複数でもリハーサルできる！ 2,200 円，四六並

象関係論の源流
フェアベーン主要論文集
W・R・D・フェアベーン著
相田信男監修／栗原和彦訳
「対象関係論」という言葉を初めて用い，フロイト以後の精神分析学の理論的な整備と発展に大きく寄与した独創的な臨床家の主要論文集。5,000 円，A5 並

治療者としてのあり方をめぐって
土居健郎が語る心の臨床家像
土居健郎・小倉　清著
土居健郎と，その弟子であり児童精神医学の大家 小倉による魅力に満ちた対談集。精神医学が生きる道はどこなのか？〈遠見こころライブラリー〉のために復刊。2,000 円，四六並

武術家，身・心・霊を行ず
ユング心理学からみた極限体験・殺傷の中の救済
老松克博著
武術家として高名な老師範から，数十年にわたる修行の過程を克明に綴った記録を託された深層心理学者。その神秘の行体験をどう読み解き，そこに何を見るのか。1,800 円，四六並

催眠トランス空間論と心理療法
セラピストの職人技を学ぶ
松木　繁編著
「催眠」を利用する催眠療法や壺イメージ療法，自律訓練法，そこから派生した動作法，家族療法，フォーカシングなどの職人芸から，トランスと心理療法の新しい形を考える。3,200 円，A5 並

金平糖：自閉症納言のデコボコ人生論
森口奈緒美著
高機能自閉症として生きる悩みや想いを存分に描き各界に衝撃を与えた自伝『変光星』『平行線』の森口さんが，鋭い視点とユーモアたっぷりに定型発達社会に物申す！　当事者エッセイの真骨頂，ここに刊行。1,700 円，四六並

［新版］周産期のこころのケア
親と子の出会いとメンタルヘルス
永田雅子著
望まれぬ妊娠，不仲，分娩異常，不妊治療の末の妊娠，早産，死産，障害のある子を産むこと——周産期心理臨床に長年携わってきた臨床心理士によって書かれた待望の入門書。2,000 円，四六並

森俊夫ブリーフセラピー文庫③
セラピストになるには
何も教えないことが教えていること
森　俊夫ら著
「最近，1 回で治るケースが増えてきた」——東豊，白木孝二，中島央，津川秀夫らとの心理療法をめぐる対談。最後の森ゼミも収録。2,600 円，四六並

N：ナラティヴとケア
第 9 号（1 月末刊行）
やまだようこ編　特集：ビジュアル・ナラティヴ
新しい価値観を創出する　B5 判,110 頁　年 1 回
実践家たちのための雑誌　定価 1,800 円（+税）　（1 月発行）

子どもの心と学校臨床
SC，教師・養護教諭らのための学校臨床の専門誌
年 2 回（2,8 月発行）
本間友巳・川瀬正裕・村山正治編
最新第 17 号 特集：SC の「育ち」と「育て方」
A5 判,140 頁 定価 1,400 円（+税）

心と社会の学術出版 tomishobo
〒181-0002 東京都三鷹市牟礼6-24-12-004
TEL 050-3735-8185／FAX 050-3488-3894
遠見書房 http://tomishobo.com　tomi@tomishobo.com

小社メールマガジンの購読をご希望の方は，mailmagazine@tomishobo.com へ空メールをお送りくださいますよう
全国の主要書店で販売しております。

北大路書房

〒603-8303 京都市北区紫野十二坊町12-8
☎ 075-431-0361 FAX 075-431-9393
http://www.kitaohji.com
振替 01050-4-2083

発達心理学をアクティブに学ぶ

山本真由美編著 四六・232頁・本体2200円+税 アクティブラーニングとインストラクショナルデザインの手法を試験的に導入。主体的学習と自由度を保持しつつ、発達心理学に関する学習の成立を目指す。理論と研究法、身体・運動発達、知覚・認知発達、記憶・思考の発達、感情・パーソナリティの発達、コミュニケーションと社会性の発達を取り上げる。

シリーズ心理学と仕事5 発達心理学

太田信夫監修 二宮克美・渡辺弥生編集 A5・200頁・本体2000円+税 誰もが辿り、辿るであろう人生の出来事へ焦点を当て、一生涯を6つの時期に分けて概観。関連する21の仕事に就く人の現場の声を掲載。国家資格「公認心理師」を含め、心理学を活かした仕事に興味を抱く人々に向けて、シリーズ総勢300名以上の執筆陣が心理学の今を伝える全20巻。

セルフ・コントロールの心理学

―自己制御の基礎と教育・医療・矯正への応用― 高橋雅治編著 A5・408頁・本体4800円+税 経済行動をはじめ、基礎から応用の最新成果を重点的に解説。神経基盤に関する論述まで包含。即時的な小報酬(衝動性)および遅延される大報酬(セルフ・コントロール)を軸に行動背景にある心理的なメカニズムや影響を及ぼす社会的諸要因の解明を目指す。

心理学からみた食べる行動

―基礎から臨床までを科学する― 青山謙二郎・武藤崇編著 A5・264頁・本体2500円+税 なぜ食べるのか。どうして過食はおきるのか。重要な研究を厳選し、食行動のコントロールにおける「心理学的メカニズム」を解説。また、偏食や肥満、糖尿病の問題、摂食障害を取りあげ、科学的な根拠に基づいた食行動の異常の理解と介入方法を紹介する。

ポジティブ心理学を味わう

―エンゲイジメントを高める25のアクティビティ― J. J. フロウ・A. C. パークス編 島井哲志・福田早苗・亀島信也監訳 A5・248頁・本体2700円+税 ポジティブ心理学の全体像を掴み、その神髄に触れる実践活動を厳選。この領域の第一人者が、勇気、謙遜、共感性、感謝、希望といった概念を、現実世界の実践と繋げて理解できるよう促す。

愛着関係とメンタライジングによるトラウマ治療

―素朴で古い療法のすすめ― J. G. アレン著 上地雄一郎・神谷真由美訳 A5・366頁・本体3800円+税 トラウマの原因を情動的苦痛の中での孤立無援のまま放置されることと捉え、愛着関係のメンタライジングがすべての心理療法を有効にする共通要因であると主張。最新の知見を紹介し、実践できる「素朴で古い療法」を提唱する。

テキスト 司法・犯罪心理学

越智啓太・桐生正幸編著 A5上製・632頁・本体5800円+税 本物の犯罪心理学を学ぶための骨太な教科書。「犯罪行動」「捜査・防犯・矯正」の2部で構成。プロファイリング、ポリグラフ検査、目撃証言、取調べなど、行動科学的な犯罪心理学を中心に、実証的知見を数多く取り入れて編集。日本における真の犯罪心理学者の姿が浮かぶ仕掛け。

心理カウンセラーと考えるハラスメントの予防と相談

―大学における相互尊重のコミュニティづくり― 杉原保史著 四六・208頁・本体2100円+税 心理相談に携わった経験と、心理学の知見を背景に、相談対応で必要となる知識と技術を紹介する。加害と被害の二者関係に留まらず、コミュニティ全体の問題として扱う。相談窓口である相談員や教職員に向け、日常的で身近な問題への取り組みに誘う。

心理学って面白そう！
どんな仕事で活かされている？ **シリーズ 心理学と仕事**(全20巻)　シリーズ監修　太田信夫

●A5判・約160~220頁・予価2000~2600円+税

1 感覚・知覚心理学	2 神経・生理心理学	3 認知心理学	4 学習心理学	5 発達心理学
6 高齢者心理学	7 教育・学校心理学	8 臨床心理学	9 知能・性格心理学	10 社会心理学
11 産業・組織心理学	12 健康心理学	13 スポーツ心理学	14 福祉心理学	15 障害者心理学
16 司法・犯罪心理学	17 環境心理学	18 交通心理学	19 音響・音楽心理学	20 ICT・情報行動心理学

トラウマ関連疾患心理療法ガイドブック
―― 事例で見る多様性と共通性

U. シュニーダー・M. クロワトル 編/前田正治・大江美佐里 監訳　トラウマ心理療法の先駆者による論文を1冊に収めたトラウマ治療の決定版。事例を通じてエビデンスに根差した各種療法の特徴やストレングス、課題を浮かび上がらせた臨床家必携の書。■ A5判 上製 5000円

臨床家の感性を磨く
―― 関係をみるということ

小林隆児 著　症状や行動と違い目にみえず数値化もできない関係というものを、主観的な独断に陥らずに捉えるにはどうしたらよいのだろうか。大学院で臨床家を育成するなかで、関係を捉え損なう理由とその克服法がみえてきた。本書はその道筋を示すものである。■ A5判 上製 2500円

職場のポジティブメンタルヘルス2
―― 科学的根拠に基づくマネジメントの実践

島津明人 編著　従業員のメンタルヘルス対策に役立つ最新理論を、第一線の研究者がわかりやすく紹介した好評書籍の第2弾。個人・組織・生活へのマネジメントをするうえで心身の健康にかかわる理論を、いかに現場に当てはめ、応用していくかを実践例とともに示す。■ A5判 並製 1800円

自律的な学習意欲の心理学
―― 自ら学ぶことは、こんなに素晴らしい

櫻井茂男 著　最新の研究成果を整理し、一般読者向けにまとめ上げた『学習意欲の心理学』待望の続編。とくに、子どもの成長に好ましい影響をもたらし、アクティブ・ラーニングとの関わりも深い「自己実現のための、意識的な学習意欲」に重点を置いている。■ A5判 並製 1800円

アタッチメントに基づく評価と支援

北川恵・工藤晋平 編著　近年、強い関心が寄せられているアタッチメント理論。本書はこの理論を正確に臨床家へと伝えるため、実証研究で標準化されているアタッチメントのアセスメント法、測定法を紹介し、その評価方法および支援の実際を示す。■ A5判 並製 2700円

実践 武術瞑想
―― 集中力と観察力を研ぎ澄ます武術ボディワーク

湯川進太郎 著　マインドフルネスストレス軽減法等で脚光を浴びている瞑想に、武術の動きを取り入れたオリジナルのエクササイズを紹介。呼吸と身体に意識を向けるこの方法は、思考の暴走を抑え、ストレスをため込むことを防ぎ、心身の真の解放を促してくれる。■ A5判 並製 1400円

心理臨床実践

矢永由里子 編［身体科医療を中心とした心理職のためのガイドブック］ベテランが現場を語り読者に実践へのヒントを投げかける。より良い出会い、アセスメント、地域と繋がる臨床のために。■ A5判 並製 2700円

日本のありふれた心理療法

東畑開人 著［ローカルな日常臨床のための心理学と医療人類学］臨床心理学と医療人類学の二つの視点から、日本で妥協され変形された心理療法のダイナミズムを明らかにする。■ A5判 上製 3400円

グループにおける動機づけ面接

C. C. ワグナー・K. S. インガーソル 著/藤岡淳子・野坂祐子 監訳　治療者の機能、焦点をあてるべき問題、ありがちな失敗など、動機づけ面接をグループに拡張するために必要な一切を解説する技法書。■ A5判 並製 4200円

アスリートのこころの悩みと支援

中込四郎・鈴木壯 著［スポーツカウンセリングの実際］スポーツカウンセラーとしての30年にわたる実践をもとに、事例研究を含めたアスリートへの奥深い心理臨床の取り組みを世に問う書。■ A5判 並製 2500円

職場で出会うユニーク・パーソン

原雄二郎・鄭理香 著［発達障害の人たちと働くために］精神科産業医による発達障害者への接し方、指示の出し方等をユーモラスに解いた書。彼らとの日々に頭を抱えている人にお勧めの一冊。■ A5判 並製 1800円

家族と向きあう不登校臨床

中西庸介 編著［保護者の積極的な関わりを引きだすために］登校復帰の最終的な決め手となる保護者の積極関与を引きだすワザをはじめ、不登校臨床のノウハウを現場目線で徹底解説。■ A5判 並製 1800円

スキーマ療法最前線

M. ヴァン・ヴリースウィジク・J. ブロアーゼン・M. ナドルト 編/伊藤絵美・吉村由美 監訳［第三世代CBTとの統合から理論と実践の拡大まで］進化し続けるスキーマ療法の「今」を紹介。CBTのひとつの最先端、そして明日の臨床が見えてくる。■ A5判 並製 3900円

日常臨床に活かす精神分析

祖父江典人・細澤仁 編［現場に生きる臨床家のために］精神分析が日常臨床にどのように活かしうるのか、一流の執筆陣が実践を論じる。精神分析の応用に関心があるすべての医師や心理臨床家に一読を勧めたい。■ A5判 並製 3200円

誠信書房　1955年創業　〒112-0012　東京都文京区大塚 3-20-6　TEL 03-3946-5666　FAX 03-3945-8880　〔税別〕
http://www.seishinshobo.co.jp/

心理検査のご案内

■ 当社は日本心理検査協会・日本心理検査振興協会会員です。
「安心」「安全」をモットーに、心理検査専門発行/取扱所として責任をもってお引き受けいたします。心理検査の出版依頼・カタログや見本のご請求・心理検査のご注文などご遠慮なくお申し付けください。電話/FAX/HPでお待ちしております。

最新刊 バウムテスト

描画事例108点を掲載!! 検査キットを新発売!!

【著者】中村延江 【適用範囲】小児～成人
【診療報酬点数】D284-(2) 280点

2017年10月発売!自由に描かせた「木」から人格特徴の把握を試みる投影法心理検査。描かれた木から、描き手の無意識の自己像やこころの在り方、プリミティブなパーソナリティを把握することが可能で、対象者の理解と支援に有益。検査の実施・評価・結果の報告に必要なツール一式を収納した検査キットをご用意しました。【キット税込価格】24,300円（マニュアル/作品集/氏名等記入欄付き画用紙・レポート用紙 各20部/筆記用具類/収納ケース付）

日本語版 ECBIアイバーグ子どもの行動評価尺度

【日本語版著者】加茂登志子 【適用範囲】2歳～7歳

子どもの行動上の問題と親の育児困難感を同時に評価することができる簡便な評価尺度。注意欠陥・多動性障害（ADHD）、自閉症スペクトラム障害（ASD）、反抗挑戦性障害（ODD）、素行障害（CD）、脱抑制型対人交流障害、反応性アタッチメント障害など、子ども期に事例化する数々の精神健康障害に対する診断と治療のファーストステップとして有用。【税込価格】使用マニュアル 3,240円・検査用紙（20部）6,048円

成人期ADHD検査／成人期ASD検査

【著者】福西勇夫 【適用範囲】18歳から

DSM-5に準拠した大人のためのADHD／ASDスクリーニング検査。○成人期ADHD検査……ADHDの三大症状（注意散漫、多動性、衝動性）に関する20項目を含む35項目から構成。○成人期ASD検査……DSM-5の診断基準に基づく20項目を含む38項目（男性は35項目）から構成。両検査ともに二次障害および併発しやすい神経発達障害に関する項目が設けられている。【税込価格】検査マニュアル 各2,160円・検査用紙（20部）各5,400円

幼児総合発達診断検査

【著者】辰見敏夫／余語正一郎 【適用範囲】3.0歳～6.11歳

幼児の行動から発達の様相を捉え保育・指導の手がかりを得ることを目的とする。「運動の発達」「情緒の発達」「知的発達」「社会性の発達」「基本的生活習慣の発達」「言語の発達」の6領域から構成され、個人プロフィールにより各領域と全体の発達状態を知ることができる。一定の間隔をおいて再検査することにより幼児の発達過程がどのように変化したのかを調べることも可能。【税込価格】解説書 864円・検査用紙 432円

小児ANエゴグラム

【著者】赤坂徹／根津進 【適用範囲】小学生～高校2年

小児期や思春期にある子ども達が理解できるエゴグラム。交流分析理論に基づいて子どもの性格特性や行動パターンを捉え、自我発達の過渡期にある子ども達が自己への理解を深められるよう援助する。小学校版と中学校版では、両親の標準化もなされており、父親と母親のエゴグラムを作成することができる。【税込価格】共通手引書 1,296円・検査用紙（30部）小学低学年／小学高学年／中学校／高校 各9,180円

心理検査専門所　千葉テストセンター

〒167-0022 東京都杉並区下井草4-20-18
TEL 03(3399)0194　　FAX 03(3399)7082

・24時間受付／商品点数 800点
・お見積り／お問い合わせフォーム完備

検査内容の詳細については、右記QRコードよりHPにてご確認ください。

東京認知行動療法アカデミー
第47回 ワークショップ

期日 2018年4月22日(日)
会場 早稲田大学国際会議場
（〒169-0051 東京都新宿区西早稲田1-20-14）

学割ご利用いただけます

◆ 第1会場　テーマ別ワークショップ　公認心理師に備える認知行動療法⑤

時間	テーマ	講師	定員
9:15～12:15　3H	精神疾患の認知行動療法－うつ病、統合失調症、強迫性障害を中心として	原田 誠一（原田メンタルクリニック・東京認知行動療法研究所院長）	80名
13:00～15:30　2.5H	児童・思春期の支援に活かす認知行動療法	神村 栄一（新潟大学 人文社会 教育科学系 教授）	80名
16:00～18:30　2.5H	感情調節困難の理解と支援：弁証法的行動療法と感情調節プロセスモデルから学べること	遊佐 安一郎（長谷川メンタルヘルス研究所 所長）	80名

◆ 第2会場　テーマ別ワークショップ　ストレスマネジメント

時間	テーマ	講師	定員
9:30～11:30　2H	コーピングスキル支援と認知行動療法	嶋田 洋徳（早稲田大学 人間科学学術院 教授）	80名
12:30～18:30　6H（2コマ）	ストレスマネジメントに生かす認知行動療法	伊藤 絵美（洗足ストレスコーピング・サポートオフィス 所長／千葉大学子どもこころの発達教育研究センター 特任准教授）	80名

- 原則として、医師、臨床心理士、看護師、精神保健福祉士、作業療法士、理学療法士、薬剤師、教員免許、学校心理士、産業カウンセラーの資格を持つ方か、心理系の学部に在学中か卒業された方、心理系の大学院に在学中か修了された方を対象とした講座です。
- 上記資格に該当しない学生・一般の方でも、ご希望があれば受講いただけます。
※すべて専門家向けの講座となりますのでご注意ください。

今後の予定
第48回ワークショップ
期日 2018年秋（予定）
会場 早稲田大学国際会議場
テーマ（予定）「公認心理師に備える認知行動療法⑥」

2018年秋（予定）
東京認知行動療法アカデミー
認定カウンセラー資格試験
詳細はホームページをご覧ください
http://www.tokyocbt.com/nintei.php

学院長　久保木富房（東京大学名誉教授）／事務局長　貝谷久宣（医療法人和楽会理事長）
教務担当　丹野義彦（東京大学教授）／総務担当　野村 忍（早稲田大学人間科学学術院教授）
監査担当　福井 至（東京家政大学教授）

お問合せ
Tokyo Academy Of Cognitive Behavior Therapy
NPO法人 東京認知行動療法アカデミー
〒102-0084
東京都千代田区二番町11番1号 朝日サテライト306号室
E-mail: academy@tokyocbt.com

ワークショップの詳細や、受講のお申込はホームページにてご確認ください。
パソコン・携帯電話からご覧いただけます。
http://www.tokyocbt.com/

統合的心理療法研究所
ＩＰＩ（Institute for Psychotherapy Integration）

夫婦・家族療法を中軸とした統合的心理療法の実践・研究・専門家養成

公開講座 （詳しくはホームページをご覧下さい）

【心理臨床家のための理論講座（通年講座）】
― 個人・夫婦（父母）・家族への統合的アプローチの理論と基礎的技法を学ぶ ―
2018年 4/14, 5/26, 6/30, 7/28, 9/29, 10/20, 11/10, 12/15
いずれも土曜日 10:00 ～ 12:30（2時間30分） ／81,000円（税込）

【家族療法技法訓練（夏期集中講座）】
― 個人・夫婦(カップル)・家族への統合的アプローチの基礎的技法を
　　　夫婦・家族合同面接場面のロールプレイを通して体験的に学ぶ ―
2018年7月14日(土) ～ 7月16日(月) 9:30 ～ 16:30 ／86,400円（税込）

【家族理解と援助のための入門講座Ⅱ】
― 夫婦（父母）関係と子どもの心 ―
2018年11月3日(土)・11月4日(日) 9:30 ～ 16:30 ／21,600円（税込）

【事例検討会（1日講座）】
― 夫婦・親子・家族の事例検討を通して統合的心理療法の実際を学ぶ ―
2018年6月3日(日)および11月11日(日) 10:00 ～ 17:30
※ 1日だけの参加も可 ／各日とも16,200円（税込）

【ビデオで学ぶ夫婦・家族合同面接の実際（1日講座）】
― 中釜洋子「説き明かし私の家族面接」他より ―
2018年10月14日(日) 9:30 ～ 16:30 ／12,600円（税込）

（会場はいずれも都内）

スーパーヴィジョン （詳しくはホームページをご覧下さい）
個人・夫婦・家族療法　ロールシャッハ（エクスナー法）
ロールプレイを活用した夫婦・家族合同面接のグループ・スーパーヴィジョン

相談室併設　個人・カップル（夫婦）・家族のための相談室

IPI統合的心理療法研究所　所長　野末　武義・顧問　平木　典子
〒113-0034 東京都文京区湯島2-23-8 ルーフ御茶ノ水ヒルズ6MB
TEL 03-5846-4770・FAX 03-5846-4771
http://integrative.jp

こころの科学 198号

特別企画：現場から考える愛着障害
金井 剛［編］●三重県立子ども心身発達医療センター

発展を続ける愛着研究の骨子を押さえ、周産期医療・心理臨床・児童養護施設や児相、精神科など幅広い臨床現場の「今」を伝える。
●予価1370円+税
2/24発売予定

◆こころの科学 special issue メンタル系サバイバルシリーズ
私はこうしてサバイバルした
松本俊彦・斎藤 環・井原 裕［監修］

生きづらさを抱えて苦しんできた当事者、回復者たちが贈る、人生をサバイバルするためのヒントとエール。黒木俊秀、熊谷晋一郎ほか
●1300円+税

◆こころの科学 special issue
公認心理師入門 知識と技術
野島一彦［編］

検討が重ねられた公認心理師養成のための大学・大学院カリキュラムの最終報告書に合わせて各科目の第一人者が要点をいち早く解説。
●1600円+税

子どものそだちとその臨床
滝川一廣［著］

『そだちの科学』編集人の著者がこの10年に書き記した精神発達論・発達障害論・治療論など全14論文を収載。「そだち」と「おくれ」の見方・考え方の明日をひらく。
●こころの科学叢書
●2000円+税

地域精神医療の真髄
和迩秀浩［編著］

想田和弘監督の映画『精神』山本昌知医師との対談を収録し、多職種協働による訪問看護事例の紹介や、日々続けられる往診録記を通して地域精神医療を映し出す。
●1700円+税

マンガでわかる家族療法 親子のカウンセリング編
東 豊［著］ 武長 藍［漫画］

子どもの不登校、非行…そんな悩みを、家族の関係変化により解決する家族療法。その多彩な事例がマンガで手に取るようにわかる！
●1200円+税

日本評論社 〒170-8474 東京都豊島区南大塚3-12-4　TEL：03-3987-8621／FAX：03-3987-8590
https://www.nippyo.co.jp/　ご注文は日本評論社サービスセンターへ　TEL：049-274-1780／FAX：049-274-1788

SACCESS・BELL ご利用ください。
お電話一本, メール一本で

あらゆる発行元の検査ツールをお届けします。
サクセス・ベルは心理検査の総合代理店。
日本のエーゲ海（瀬戸内海）のネット型・参画型事業体です。

総合カタログ～パンフ等お送りします。
ホームページからダウンロードも出来ます。

http://www.saccess55.co.jp/

Scientific
ACCESS
for
the
BEtter
Life
というスタンスが社名です。

SACCESS・BELL
サクセス・ベル株式会社
http://www.saccess55.co.jp/
E-mail（代）
jp-bell@saccess55.co.jp
Tel　0823-45-5555
IP電話　050-3539-6806
Fax　0823-45-3535

〒737-2302
広島県江田島市能美町鹿川3642-1

●代表的ユーザー	●代表的発行元	●代表的検査
学生相談室カウンセラー	チーム医療	交流分析ビデオ
スクールカウンセラー	金子書房	箱庭療法用具
臨床心理士	クリエーションアカデミー	カウンセリング
クリニック・精神科医師	日本文化科学社	ロールシャッハテスト
産業カウンセラー	日本精神技術研究所	TEG・SCT
能力開発トレーナー	三京房	CMI・SDS・YG
人事採用担当者・研修担当者	竹井機器	内田クレペリン検査
福祉関係指導者	田研出版	WISC～WAIS
特殊教育障害児教育指導者	実務教育出版	SLTA・リハブ・MMS
学校教諭養護教諭	日本ポーテージ協会	自律訓練ビデオ
幼児教育関係者	学芸図書	人事採用検査　各種
	ユーネット研究所	学校用集団式検査　各種

季刊 発達 153

特集 最新・アタッチメントからみる発達
——養育・保育・臨床の場における"愛着"をめぐって

最新知見の報告から臨床実践にいたるまで、非認知的能力の源とされるアタッチメントをめぐる最前線を幅広く紹介。アタッチメントの基本から、実践への応用までを押さえた特集。

【特集執筆者】
遠藤利彦／篠原郁介／小山悠里／本島優子／西田季里／中尾達馬／数井みゆき／高橋 翠／堀かおり／野澤祥子／内海新祐／石井 悠／土屋昭子／北川 恵

1・4・7・10月各25日発売／B5判各120頁／各号1500円（税別）
【定期購読のおすすめ】発達、保育などの最新の情報をお届けする発達の定期購読のお申し込みは、小社営業部（075-581-0296）迄どうぞ

アタッチメント 生涯にわたる絆
数井みゆき／遠藤利彦編著　3500円

アタッチメントと臨床領域
数井みゆき／遠藤利彦編著　3500円

アタッチメントを応用した養育者と子どもの臨床
D・オッペンハイム／D・F・ゴールドスミス編
工藤晋平／青木 豊訳　数井みゆき／北川 恵　4000円

男性は何をどう悩むのか
濱田智崇／「男」悩みのホットライン編●男性専用相談窓口から見る心理と支援　男性の心理や相談の基本的な解説に加え、男性特有の悩みを事例別に検討。支援法を示す。2600円

新シリーズ〈思春期のこころと身体Q&A〉刊行開始！
心身症 身体の病からみたこころの病
高尾龍雄編著　子どもの力を生かした治し方を第一線で活躍中の小児科医らがQ&A形式でやさしく紹介。＊A5判美装260頁 2200円

ミネルヴァ書房
〒607-8494 京都市山科区日ノ岡堤谷町1 ＊表示価格税別　目録呈
TEL 075-581-0296　FAX 075-581-0589　www.minervashobo.co.jp/

「夏目狂セリ」
——ロンドンで何が起きたのか

三上 命（みかみ あきら）著

ロンドンの下宿で、漱石は「毎日毎日幾日でも、まっ暗の中で、悲観して泣いて」いた。文部省には「夏目狂セリ」という電報が届いた。土井晩翠は、十日ほども泊まり込みで看病しなくてはならなかった。一体何が起きたのだろう。うつ状態になったのです。漱石は執着性格者でしたから、下田光造のいう執着性格者のうつ病になったわけです。私たちは、その時の漱石の心の中をのぞき見ることができます。その時の気持ちを作品にして書き残しているからです。それが『坑夫』と『夢十夜』の第二夜です。

『うつ病者の性格学』『うつ病者の心理学』も発売中　お近くの書店でご注文下さい。

ISBN978-4-9909633-2-3　B6判 上製 165頁 本体1500円＋税

〒381-0043 長野県長野市吉田3-11-6　**満天地**　TEL026-219-2281／FAX026-219-2282

ナカニシヤ出版

システムズアプローチ入門
——人間関係を扱うアプローチのコミュニケーションの読み解き方
中野真也・吉川 悟 著
人間関係の問題をときほぐすための〈ものの見方〉を鍛える。 3500円

新行動療法入門
宮下照子・免田賢 著
行動療法の心理療法の中での位置づけや、背景となる行動理論、事例と方法を詳しく解説。 3500円

リフレクティング
——会話についての会話という方法
矢原隆行 著
会話による新たなコミュニケーション空間の創出方法を開拓。 2000円

保健と健康の心理学 標準テキスト④
臨床健康心理学
島井哲志 監修／羽鳥健司 編著
援助のしかた、介入法として認知行動療法とコーチングを解説。 3200円

保健と健康の心理学 標準テキスト⑤
産業保健心理学
島井哲志 監修／島津明人 編著
労働者の安全・健康・幸福の保持・増進に向けて。 3200円

保健と健康の心理学 標準テキスト⑥
健康・医療心理学
島井哲志監修／岸 太一・藤野秀美 編著
保健医療領域で働く心理職の基礎づくりに。 6000円

傾聴・心理臨床学アップデートとフォーカシング
——感じる・話す・聴くの基本
池見陽 編著
新たな傾聴の心理学。 2800円

やさしく学ぶ認知行動療法
長尾 博 著
認知行動療法を図表やキーワードを用いてやさしく解説。 1500円

世代継承性シリーズ②
境界を生きた心理臨床家の足跡
鑪幹八郎からの口伝と継承
岡本祐子 編著 4500円

保健と健康の心理学 標準テキスト①
保健と健康の心理学
島井哲志 監修／大竹恵子 編著
◎ポジティブヘルスの実現
新しい健康心理学概論。 3400円

保健と健康の心理学 標準テキスト②
保健医療・福祉領域で働く心理職のための法律と倫理
島井哲志 監修／山崎久美子他 編著
医療と法律と倫理をつなぐ。 3200円

働く人たちのメンタルヘルス対策と実務
森下高治・本岡寛子・杉田香 編
◎実践と応用
人事・労務担当から産業保健スタッフや臨床心理士まで。 2400円

TEL 075-723-0111 FAX 075-723-0095 〒606-8161 京都市左京区一乗寺木ノ本町15 http://www.nakanishiya.co.jp/ 〔税抜価格〕

朝倉書店

◎自然の臨床心理的役割を考える2冊

森林アメニティ学
——森と人の健康科学——
上原 巌・高山範理・住友和弘・清水裕子 著
B5判 180頁
定価（本体 3,400円＋税）(47052-9)
2017年9月刊行

森林環境のもつ保健・休養機能の効果を解説。森林療法とは、どこで、どのようなことが行われているのか。「森の幼稚園」やビジネスマンのためのメンタルヘルスから、海外での森林ウォーキングまで様々な事例を取り上げる。

自然セラピーの科学
——予防医学的効果の検証と解明——
宮崎良文 編
A5判 232頁
定価（本体 4,000円＋税）(64044-1)

自然セラピーに実際にどのような生理的効果があるかを科学的に検証し、「データに基づいた自然利用」を推進する解説書。
〔目次〕自然セラピーの概念と目的／ストレス状態測定法／個人差と生体調整効果／他

【好評関連書】

感情マネジメントと癒しの心理学
（朝倉実践心理学講座 7）
久保真人 編
A5判 192頁
定価（本体 3,400円＋税）(52687-5)

日常における様々な感情経験の統制の具体的課題や実践的対処を取り上げる。
〔内容〕感情のマネジメント（心の病と健康、労働と生活、感情労働）／心を癒す（音楽、ペット、皮肉、セルフヘルプグループ、観光、笑い、空間）

情動と呼吸 （情動学シリーズ 6）
——自律系と呼吸法——
本間生夫・帯津良一 編
A5判 176頁
定価（本体 3,000円＋税）(10696-1)

精神に健康を取り戻す方法として臨床的に使われる意識呼吸について、理論と実践の両面から解説。
〔内容〕呼吸と情動／自律神経と情動／香りと情動／伝統的な呼吸法（坐禅の呼吸、太極拳の心・息・動、ヨーガと情動）／補章：呼吸法の系譜

〒162-8707 東京都新宿区新小川町6-29
電話 営業部(03)3260-7631 FAX(03)3260-0180
http://www.asakura.co.jp

(ISBN)は 978-4-254- を省略
価格は税抜本体

SPSSで学ぶデータ解析の本

SPSSによる心理統計
◎山田剛史・鈴木雅之 著／B5判変形／本体2800円+税

SPSSによる統計処理の手順　第8版
◎石村貞夫・石村光資郎 著／B5判変形／本体2800円+税

SPSSでやさしく学ぶ統計解析　第6版
◎石村貞夫・石村友二郎 著／B5判変形／本体2500円+税

SPSSによるアンケート調査のための統計処理
◎石村光資郎 著／石村貞夫 監修／B5判変形／本体2800円+税

〒102-0072 東京都千代田区飯田橋3-11-19
TEL 03(3288)9461　FAX 03(3288)9470
東京図書　URL http://www.tokyo-tosho.co.jp

アサーティブな生き方を学ぶ

増補改訂 セルフ・アサーション・トレーニング
◎菅沼憲治 著／A5判／本体2000円+税

複雑化する社会の中で疲れない人生を送るために、自分の心の課題を知り、アサーティブな生き方を学びます。生き方を変えたい人、ファシリテーターを目指す人に。

論文ビギナーに贈る心理学論文の演習書

テンプレートで学ぶはじめての心理学論文・レポート作成
◎長谷川桐・鵜沼秀行 著／B5判変形／本体2000円+税

論文ビギナーに贈る心理学論文・レポート作成のための実践的ワークブック。参考論文を使った丁寧な解説で、書くべきポイントがしっかりおさえられます。

出版協力のご案内

小社は1968年の創業以来，1975年には『季刊精神療法』（1991年『精神療法』と改題），2001年には『臨床心理学』を創刊し，精神医学，臨床心理学，精神保健福祉の専門誌・専門書・研究書を刊行して参りました。このたび学位論文，研究論文，記念論文集など，日々の研究成果を世に問いたいと願うご希望にお応えするべく，出版協力を承ることとなりました。詳細に関しましてはご相談をさせていただきたく存じますので，ご関心のある皆様におかれましては，ぜひ一度ご連絡をいただけますようお願い申し上げます。

❶ 教科書出版
大学および関連する研究機関における教科書採用を前提とした出版をお手伝いいたします。

❷ 研究助成出版
日本学術振興会，大学，各種財団・団体による出版助成補助，ならびに著者個人による出版費用補助を前提とした出版をお手伝いいたします。

❸ 学会誌制作
進捗管理・編集・校正・印刷など，学会誌刊行までの出版業務をお手伝いいたします。

⊙ お問い合わせ先────金剛出版出版部（Tel 03-3815-6661 / E-mail pub@kongoshuppan.co.jp）

Ψ 金剛出版　〒112-0005 東京都文京区水道1-5-16　URL : http://kongoshuppan.co.jp
Tel : 03-3815-6661　Fax : 03-3818-6848　E-Mail : kongo@kongoshuppan.co.jp

新刊案内

Ψ 金剛出版　〒112-0005　東京都文京区水道1-5-16　Tel. 03-3815-6661　Fax. 03-3818-6848
e-mail eigyo@kongoshuppan.co.jp　URL http://kongoshuppan.co.jp/

子どもの視点でポジティブに考える
問題行動解決支援ハンドブック

［著］ロバート・E.オニール　リチャード・W.アルビン　キース・ストーレイ
　　　ロバート・H.ホーナー　ジェフリー・R.スプラギュー
［監訳］三田地真実　神山努　［訳］岡村章司　原口英之

本書では、問題行動の機能的アセスメント、また問題行動を起こしている子どもたちへの個別化したポジティブな行動介入・支援計画を立てる際に、必要な情報を集める手段としての記録用紙の使い方や手続きについて解説する。問題行動を起こしている人たちが、いまよりも過ごしやすい環境となるような手助けを考えていこう。そうすることは、社会的インクルージョン・地域社会の活性にもつながっていく。　　　　　　　本体3,200円＋税

必携 発達障害支援ハンドブック

［編著］下山晴彦　村瀬嘉代子　森岡正芳

障害者が不利なく社会活動にコミットできる「イコールアクセス」は，対人援助職が担う社会的責任，目指すべき共通課題となりつつある。発達障害支援の現状と課題，発達障害当事者・保護者の視点，制度設計を巡る行政的視点，生活を整える福祉的視点，学校・コミュニティとの連携，発達障害研究，そして支援スキルまで，変わりゆく現状に即応するためには欠かせない発達障害支援のエッセンスを提供する。豪華執筆陣の英知と経験を集約して，広範なテーマを網羅しながら，本当に役に立つ支援を構想する。多様化する当事者ニーズに応えるための包括的発達障害ガイド。　　本体6,200円＋税

復職支援ハンドブック
休職を成長につなげよう

［著］中村美奈子

休職から再び働けるようになるために，まず休職原因を自分の考え方や対人関係などさまざまな側面から分析し，1つ1つの問題を解決していこう。本書では「Bio-Psycho-Social-Vocational」の視点から，体調管理・自己理解・コミュニケーション・業務遂行能力といった働くために必要な能力を，回復・獲得するための具体的なリワークプログラムを提示している。休職者の本人も，周りでサポートをする方，復職支援に関わる専門家にも読んでいただきたい一冊である。　　　　　　　　　　　　　本体2,400円＋税

新刊案内

Ψ 金剛出版　〒112-0005　東京都文京区水道1-5-16　Tel. 03-3815-6661　Fax. 03-3818-6848
e-mail eigyo@kongoshuppan.co.jp　URL http://kongoshuppan.co.jp/

子どものこころの
生きた理解に向けて
発達障害・被虐待児との心理療法の3つのレベル

[著]アン・アルヴァレズ　[監訳]脇谷順子

本書でアルヴァレズは，3つのレベル（探索的レベル・記述的レベル・強化的に活気づけるレベル）の精神分析的な治療とコミュニケーションについて明らかにし，構造化された図式を提示しながら解説していく。本書の目的は，子どもとの治療について，セラピストが治療における適切な解釈を見つけられるようにすることである。医者・心理士・精神分析家・ソーシャルワーカー・教師・子どもの養育者の方に有用だろう。　本体4,200円＋税

精神分析過程における
儀式と自発性
弁証法的−構成主義の観点

[著]アーヴィン・Z・ホフマン　[訳]岡野憲一郎　小林陵

分析の場での儀式的な側面は，場所や時間，料金といった治療構造に代表される。一方の自発性は，その場で治療者に自然に浮かび上がってくるパーソナルな応答性ともいえるものである。儀式と自発性は一方があるから他方が効果を発揮する関係にある。さらに考えれば，すべての活動は，反復的で儀式的な側面と，それにとらわれない自発的な面を有する。両者は弁証法的な関係を有し，その存在の根拠を与え合っているのである。　本体6,000円＋税

心理療法における無意識的空想
セラピストの妊娠に焦点を当てて

[著]若佐美奈子

わが国の臨床心理士の7割は女性で，なおかつ20代，30代がその半数を占めている。それにもかかわらず，セラピストの妊娠に関する議論は臨床心理学の俎上に乗り始めたところにすぎない。本書では，セラピストの妊娠時に，セラピストが自身の心身の変化を丁寧に吟味し，クライエントの無意識的空想の変容や，治療関係における呼応について検討する視点について精神分析理論および臨床事例を用いて論じている。そして，セラピストの妊娠に特有のダイナミクス，セラピストが妊娠を治療に生かすための条件を提示している。　本体4,200円＋税

新刊案内

Ψ 金剛出版　〒112-0005　東京都文京区水道1-5-16　Tel. 03-3815-6661　Fax. 03-3818-6848
e-mail eigyo@kongoshuppan.co.jp　URL http://kongoshuppan.co.jp/

火星からの侵略
パニックの心理学的研究

[著] ハドリー・キャントリル　[解説] アルバート・H・キャントリル
[訳] 高橋祥友

1938年のハロウィーンの晩に名優オーソン・ウェルズは，H・G・ウェルズの空想小説『宇宙戦争』を基にしたラジオドラマを，いかにも現実の出来事かのように放送した。その結果，少なくとも百万人の米国人が恐怖に駆られ，数千人がパニックに陥った。本書で報告する研究は，放送直後に開始され，集団行動の心理的理由を探るために人々の反応について調査した。80年前の有名なこの事件から，現代にも起こりうるパニック状況における，伝染性のある恐怖の人間心理を詳細に分析する。　　本体2,200円＋税

片付けられない自分が気になるあなたへ
ためこみ症のセルフヘルプ・ワークブック

[著] デビッド・F・トーリン　ランディ・O・フロスト　ゲイル・スティケティー
[監修] 坂野雄二　[訳] 五十嵐透子　土屋垣内晶

モノに支配されている状態であるためこみ症は，ためこんだモノを"一掃"しても，解決にはつながりません！　モノをためこむことは病気である可能性があります。本書では，ためこみ状態への適切な理解と対応の"道しるべ"を提供します。すぐに直す必要はありませんので，このワークブックをゆっくり進めていきましょう。　　本体2,700円＋税

ロールシャッハ・テスト統計集
数値の比較検討と解釈に役立つ変数データ

[著] 西尾博行　高橋依子　高橋雅春

本書では，わが国の健常成人400人（男性200人・女性200人）に実施した包括システムによるロールシャッハ・テストに関する変数の詳細な統計値を表と図によって明らかにした。各種の統計値は，ロールシャッハ・テストを用いる臨床家や研究者が，結果を解釈したり，被検者の数値と比較検討したりする時，実証的で客観的な資料として活用できる。また，初学者が健常者のロールシャッハ・テスト反応の特徴を正確に理解するのにもきわめて有益であろう。　　本体4,500円＋税

新刊案内

Ψ 金剛出版　〒112-0005　東京都文京区水道1-5-16　Tel. 03-3815-6661　Fax. 03-3818-6848
e-mail eigyo@kongoshuppan.co.jp　URL http://kongoshuppan.co.jp/

PTSD・物質乱用治療マニュアル
「シーキングセーフティ」

[著] リサ・M・ナジャヴィッツ
[監訳] 松本俊彦　森田展彰

本書で展開される治療モデルでは，患者の安全の確立こそが臨床的にもっとも必要な支援であるとする「シーキングセーフティ」という原則にもとづいて，PTSDと物質乱用に対する心理療法を構成する，25回分のセッションをとりあげている。認知・行動・対人関係という3つの領域に大別されるすべてのセッションで，両疾患に関するセーフティ（安全）な対処スキルが示される。かぎられた時間のなかですぐに使えるツールを求めているセラピストにとって，現状でもっとも有用な治療アプローチである。　本体6,000円+税

子どもの虐待とネグレクト
診断・治療とそのエビデンス

[編] キャロル・ジェニー
[監訳] 一般社団法人 日本子ども虐待医学会　溝口史剛　白石裕子　小穴慎二

テーマごとに8のセクションと70の章に細かく章立てられ，子ども虐待の知識が網羅的に記載されており，医療者だけでなく児童相談所・保健センター・警察／検察・教育などの関係者にとっても自身の分野の必須知識を補完するうえで有用な一冊。米国で小児科のサブスペシャリティーとして確立している「虐待小児科医」に必須とされるContents Outlineを網羅した，虐待医学のスタンダードテキスト。　本体42,000円+税

犯罪学と精神医学史研究 II

[著] 影山任佐

人間学を欠いた犯罪学は罔く，科学を欠いた犯罪学は殆い。犯罪精神医学の展延と深化の追求のなかで著者が提唱してきた「総合犯罪学」から「統合犯罪学」への道程と，フランス精神病理学の泰斗アンリ・エーの器質・力動論を導きの糸に，犯罪学史・精神医学史の草叢にわけいり，没理論的精神医学の現状に抗して，犯罪学・精神医学の精緻化の鍵とその基盤となる人間学を探索する。有機的に重層する各章を通して，著者の壮大な理論的・実践的構想を垣間見る論集の第二弾。　本体6,000円+税

好評既刊

Ψ 金剛出版　〒112-0005 東京都文京区水道1-5-16　Tel. 03-3815-6661　Fax. 03-3818-6848
e-mail eigyo@kongoshuppan.co.jp　URL http://kongoshuppan.co.jp/

子どもから大人への発達精神医学
自閉症スペクトラム・ADHD・知的障害の基礎と実践
[著]本田秀夫

発達障害の子どもたちに精神科医は何ができるか？　著者の実践の中から生み出された，発達精神医学の基礎と実践の書。21世紀初頭の精神医学における最大のトピックスの一つである発達障害は，人口の少なくとも十数％はいると考えられ，医療，教育，福祉など，さまざまな分野に強いインパクトを与えている。本書では，乳幼児期から成人期までを縦断的に捉えた「発達精神医学」の視点から，DSM-5での変更点も含めて発達障害の基本的知識と実践の考え方が示されている。発達障害に関わるすべての臨床現場に必携の一冊。　　　　　　　　　　　　　　　　　　　　　　　　本体3,200円＋税

発達障害支援必携ガイドブック
問題の柔軟な理解と的確な支援のために
[編]下山晴彦　村瀬嘉代子

発達障害の基礎理解，診断学，アセスメント技法により，発達障害者が生きる世界に近づき，支援家族生活・学校生活・社会生活支援へつなぐこと。4部構成全11章33論文からなる本書は，理解から支援への移行をより正確なものとすることを目的に，「第I部　序論」「第II部　問題の理解から支援へ」「第III部　学校生活を支援する」「第IV部　社会生活を支援する」という4つのフェイズから発達障害を考えていく。発達障害当事者が生きる世界を理解して支援を構築することが要請される今，だからこそ求められる支援者必携ガイドブック！　　　　　　　　　　　　　　　　　　　　　　本体5,800円＋税

つなげよう
発達障害のある子どもたちとともに私たちができること
[著]田中康雄

恐怖と期待，不安と希望，哀しみと喜びの世界で，終わりのない明日を迎える発達障害の子どもたちへ，支援者には何ができるのだろう。家族や世界とつながりあう道を探す発達障害の子どもたち，その傍らに寄り添う支援者のためにつづられた，たったひとつの臨床試論。発達障害のある子どもたちの生きづらさを「生活障害」と読み替え，支援者ができることを提案する本書は，発達障害のある子どもたちの現状をさまざまな面から理解し，支援へとつなげていく。子どもたちに注ぐ慈愛のまなざしから支援のあるべき姿が浮き彫りにされる，田中康雄，最新形の思考集成。　　　　　本体2,800円＋税

好評既刊

Ψ 金剛出版　〒112-0005　東京都文京区水道1-5-16　Tel. 03-3815-6661　Fax. 03-3818-6848
e-mail eigyo@kongoshuppan.co.jp　URL http://kongoshuppan.co.jp/

対人援助専門職のための
発達障害者支援ハンドブック

［編］柘植雅義　菜倫子　大石幸二　松村京子

発達障害支援にたずさわる対人援助専門職のためのテクニカル・ハンドブック。今やチームアプローチが主流となってきた学齢期の発達障害支援について，第1部「基礎編」では特別支援教育の理念と支援の基本を解説し，第2部「実践編」では16の専門職種と12の支援内容にまとめられた支援の実際を紹介する。学校関係者や保護者の理解の理解のために「専門職リスト」を巻末に掲載した，わかりやすい発達障害支援ガイド。地を這うような支援を重ねてきた実践家のドキュメントから生まれた，発達障害当事者と共生する開かれた社会のための「はじめの一歩」！　　　　　　　本体2,800円＋税

発達障害大学生支援への挑戦
ナラティブ・アプローチとナレッジ・マネジメント

［著］斎藤清二　西村優紀美　吉永崇史

富山大学が平成19年度文部科学省「新たな社会的ニーズに対応した学生支援プログラム（学生支援GP）」の選定を受け，独自のプログラムを開始した。このプログラムは発達障害傾向をもった学生の支援を中核においているが，社会的コミュニケーションに困難をもつ学生を包括的に支援するプロジェクトとして設計された。支援対象者が発達障害と診断されているか否かにかかわらず，支援対象者（発達障害大学生）が困っていることに対応できるよう支援していくことが目標になっているのだ。対話と実践の中から生み出された支援モデルを提案する。　　　　　　　　　　　　　本体3,200円＋税

発達障害とキャリア支援

［監修］田中康雄
［編］藤森和美　辻惠介

武蔵野大学社会連携センターが3年度にわたり主催・実施したシンポジウムから，発達障害のある人の青年期・成人期においてとくに配慮すべき障害特性について理解を深め，社会との関わりにおける課題を見つめ，現状を解説する「理解編」と，特別支援教育からの移行支援・ジョブマッチングを重視した就労支援などのいま行われている各地の取り組み取り組みを探る「実践編」の2部を編み上げ，発達障害のある人の自立を目指し就労を視野に入れたキャリア形成を広く支援することを目指す。

　　　　　　　　　　　　　　　　　　　　　　　　　　本体3,200円＋税

好評既刊

Ψ金剛出版　〒112-0005 東京都文京区水道1-5-16　Tel. 03-3815-6661　Fax. 03-3818-6848
e-mail eigyo@kongoshuppan.co.jp　URL http://kongoshuppan.co.jp/

児童生活臨床と社会的養護
児童自立支援施設で生活するということ
［編］田中康雄

人の育ちという終わりなき刻のなかで，子どもたちと共に生活に留まり，生活と対峙し，生活から護られること。生活の力を知る実践家たちの言葉，石原登の「情性教育」，青木延春の「児童とともにある精神（withの精神）」，そしてブルーノ・ベッテルハイムの「生活環境重点型の情緒障害児治療教育」を導きの糸に，精神医学，心理臨床，児童福祉など複数の視点から見えてきた児童自立支援施設の現状を実践的課題として検証する。生き存えた子どもたちの「生活」を今ふたたび支えるため，多職種連携の名の下に集った対人援助者に求められる条件を問う。　　　　本体2,800円＋税

［増補］不登校の児童・思春期精神医学
［著］齊藤万比古

増補版として3章を追加し，現在の不登校事情を明らかにする。「筆者は10年にわたって本書の考え方を温め続け，それを土台に現在の不登校，とりわけ思春期の不登校にあらわれた，2016年現在の思春期心性をとらえようと努めてきた。……本書初版をここまで育んでくれた読者と，これから新たに不登校の治療・支援に関わろうとする若き読者に，不登校論の展開と現在の考え方を一連の流れとしてとらえる機会を提供し，その展望を持って臨床に関わろうと感じてくれることを期待した。」（緒言より）　本体3,500円＋税

子ども虐待と治療的養育
児童養護施設におけるライフストーリーワークの展開
［著］楢原真也

親のいない子どもや虐待を受けた子どもの養育と自律を目的とする児童養護施設では，家族を遠く離れた子どもたちが，複雑に交錯する想いを胸に生きている。施設の生活で出会う子どもたちの深い怒りや哀しみ，はからずも課せられた自らの運命への切実な問いかけ――この声なき声に応える臨床試論として，自らのナラティヴを紡ぎ人生の歩みを跡づける「ライフストーリーワーク」の理論，それにもとづく治療的養育の理論と実践を報告する。子どもと事実を分かちあいながらその自己形成を見守る「名もなき英雄」としての支援者の条件を問う。　　　　　　　　　　本体3,600円＋税

好評既刊

Ψ金剛出版　〒112-0005　東京都文京区水道1-5-16　Tel. 03-3815-6661　Fax. 03-3818-6848
e-mail eigyo@kongoshuppan.co.jp　URL http://kongoshuppan.co.jp/

子どもの法律入門 [第3版]
臨床実務家のための少年法手引き
[著]廣瀬健二

子どもに関する法律のあり方や運営方法，その下で行われる非行少年らの司法的処遇といった少年法に関するものだけではなく，非行に走った子どもにかかわりの深い児童福祉法などに関しても，本書では多くの解説がなされている。また，「法と心理の対話」と題された対談では，元家庭裁判所調査官で心理臨床家の村瀬嘉代子教授との，非行少年と家庭裁判所の問題などをめぐる座談も収録している。今回の改訂では，平成26年の改正等はもちろん，今後の少年法の行方だけでなく，海外における少年法の実態調査等も掲載。

本体2,600円＋税

[新訂増補] 母子臨床と世代間伝達
[著]渡辺久子

「子育てでは，親自身が知らぬ間におし殺してきた記憶が子どもに伝わる」子どもたちの心の相談の場では，親の苦悩が子から孫へと伝達するケースにしばしばで会うことがある。そして，母性とは，生命あるものを，ありのままの存在として慈しみ，育む姿勢をいう。本書は，「世代間伝達」という母子臨床における重要概念を確立した名著の増補決定版である。母子関係の臨床にかかわる，臨床心理士，精神科医，小児科医，看護師，精神保健福祉士等すべての対人援助職に。

本体3,400円＋税

現実に介入しつつ心に関わる [展開編]
多面的援助アプローチの実際
[編著]田嶌誠一

現場のニーズを「汲み取る，引き出す，応える」ために独創的かつ多面的なアプローチを実践し，〈壺イメージ法〉と称するユニークなイメージ療法を考案，さらには青少年のさまざまな心の問題の相談活動や居場所づくりとネットワークを活用した心理的援助，そして児童福祉施設における暴力問題への対応を行ってきた田嶌誠一による臨床実践と，田嶌から影響を受けた周囲の臨床家たちによる，論考を集約。

本体4,400円＋税